TRANSLATIONS

INTO

GREEK VERSE AND PROSE

T0382218

TRANSLATIONS

INTO

GREEK VERSE AND PROSE

by

R. D. ARCHER-HIND, M.A.

Fellow of Trinity College, Cambridge

CAMBRIDGE:

at the University Press

1905

CAMBRIDGE
UNIVERSITY PRESS

University Printing House, Cambridge CB2 8BS, United Kingdom

Cambridge University Press is part of the University of Cambridge.

It furthers the University's mission by disseminating knowledge in the pursuit of education, learning and research at the highest international levels of excellence.

www.cambridge.org
Information on this title: www.cambridge.org/9781316626078

© Cambridge University Press 1905

First published 1905
First paperback edition 2016

A catalogue record for this publication is available from the British Library

ISBN 978-1-316-62607-8 Paperback

I

ΠΑΤΡΙ ΤΡΟΦΕΙΑ

ΜΟΥϹΆΩΝ προθύροιϲι, πάτερ, πρὸϲ ϲεῖο πελαϲθεὶϲ

τΥτθὴν ἀντὶ τόϲΗϹ τΗΝδ' ἀπέλωκα χάριν

II

VETERI AMICO

HENRICO IACKSON

COLL. SS. TRIN. SOCIO

φιλοϲόφῳ φιλοκάλῳ φιλοφίλῳ

PREFACE.

NONE of the versions here printed have ever before been published, and the greater part have not even seen the dim light of a lecture-room. I have to apologise for the intrusion of a single Latin set on p. 103, which I inserted, not because of any particular merit which I supposed it to possess, but because I wished to point to the resemblance between the only two passages of Tennyson included in this collection and two earlier poems, which, it will be observed, furnish the words to two of Beethoven's best-known songs. The other passage is on p. 34.

I have to make my grateful acknowledgments to those who have given their consent to the publication of certain copyright pieces : above all to Mr Swinburne for permission, accompanied by many kind expressions, to ransack his treasure-house ; also to Mr W. J. Courthope for letting me print two excerpts from the *Paradise of Birds* ; to Miss Clementina Black for a poem by Miss Amy Levy ; to Dr Greville MacDonald, for several passages from *Phantastes* ; to Mr T. Fisher Unwin, for an extract from Harriet W. Preston's translation of *Mirèio* ; and to Messrs Longmans, for passages from William Morris.

My last and deepest debt is due to my friend Dr Henry Jackson for his extreme kindness in reading through the proof-sheets and offering much invaluable criticism—a labour which none but a very busy man would have found time to accomplish.

CAMBRIDGE,
19 *October* 1905.

CORRIGENDA.

Page 3, line 13, *for* ἅματα *read* ἥματα.

,, 115, line 2 of 2nd piece *for* ἦλθε *read* ἦλθε.

,, 61, line 7, *for* δύων *read* δύνων.

,, 221, line 14, *for* βροντῆ *read* βροντῇ.

TRANSLATIONS
INTO GREEK VERSE

The Garden of Proserpine.

HERE, where the world is quiet,
   Here, where all trouble seems
Dead winds' and spent waves' riot
   In doubtful dreams of dreams;
I watch the green field growing
For reaping folk and sowing,
For harvest-time and mowing,
   A sleepy world of streams.

I am tired of tears and laughter,
   And men that laugh and weep;
Of what may come hereafter
   For men that sow to reap:
I am weary of days and hours,
Blown buds of barren flowers,
Desires and dreams and powers
   And everything but sleep.

Here life has death for neighbour,
   And far from eye or ear
Wan waves and wet winds labour,
   Weak ships and spirits steer;
They drive adrift, and whither
They wot not who make thither;
But no such winds blow hither,
   And no such things grow here.

No growth of moor or coppice,
   No heather-flower or vine,
But bloomless buds of poppies,
   Green grapes of Proserpine,
Pale beds of blowing rushes
Where no leaf blooms or blushes
Save this whereout she crushes
   For dead men deadly wine.

ΠΕΡΣΕΦΟΝΗΣ ΚΗΠΟΙ.

ΕΝΘΑΔ᾽, ἵν᾽ ἡ πάγκοινος ἀνάσσει πᾶσι γαλήνη,
ἐνθάδ᾽, ὅπῃ ταλαῶν πήματ᾽ ἐφημερίων
σβεσθέντι προσέοικε πνοῶν θ᾽ ὑδάτων τ᾽ ὀρυμαγδῶ,
ὧν τις ὀνειροπολεῖν δύσκριτ᾽ ἔδοξεν ὄναρ,
ἀλδῆσκον προσορῶ χλοερὸν πέδον, ἔνθα τάχ᾽ ἄνδρες
ἐς σπόρον ἥξουσιν τοὶ δ᾽ ἄρ᾽ ἀμησόμενοι,
λήι᾽ ἀμησόμενοι δρεπάνοις τ᾽ ἐριθηλέα ποίην,
πάντα τ᾽ ἔδυ κρηνέων κῶμα κατειβομένων.
ἀλλά νύ τοι δακρύων μάλ᾽ ἄση μ᾽ ἔχει ἠδὲ γέλωτος
οἵ τε γελῶσι μάτην καὶ στενάχουσι βροτοί·
τοῖς δέ ποτε σπείρασιν ἵν᾽ οἴκαδε καρπὸν ἄγωνται
εἴ τι φέρει δαίμων οὐδὲν ἔμοιγε χρέος·
τίκτει γὰρ κόρον ἄματ᾽ ἰδ᾽ ἠελίοιο κέλευθοι,
ἄνθεά τ᾽ ἐξ ἀγόνων ἡμιθαλῆ καλύκων·
μή νυ πόθους καὶ ὄνειρ᾽ ἀγορεύετε μηδέ μοι ἀρχάς·
ὕπνον γ᾽ αἱρεῦμαι τἄλλ᾽ ἀπαναινόμενος.
ἐνθάδε μὲν προσόμουρον ἔχει βίος Ἅιδος οἶμον·
κεῖθι δ᾽ ἀφ᾽ ἡμετέρης ὄψιος ἠδ᾽ ἀκοῆς
τηλόθι κύματά τ᾽ ὠχρὰ πνοαί θ᾽ ἅλιαι μοχθεῦσι,
νηυσί τ᾽ ἐπ᾽ ἀβληχραῖς ναῦται ἀφαυρότεροι.
τοὶ δ᾽ ἄρα κεῖσ᾽ ἔρροντες ἀεὶ κατ᾽ ἀπείρονα πόντον
αὔτως δινεύουσ᾽, οὐδέ τις οἶδεν ὅποι·
ἐνθάδε δ᾽ οὐ τοίων ποτ᾽ ἐφίκετο πνεύματ᾽ ἀητῶν,
οὐδὲ τὰ πὰρ κείνων τῇδε θάλη θαλέθει.
οὔθ᾽ ὅσ᾽ ἐν οὔρεσιν οὔθ᾽ ὅσ᾽ ἀνὰ σκιοειδέας ὕλας
βλαστάνει, οὐκ οἴνης ἄνθεμον, οὐ κυτίσου·
μήκωνες δ᾽ ὠμῇσι χλοάζουσιν καλύκεσσι
πάντοθι, Περσεφόνης ὄμφακες ἡμιτελεῖς,
ἐν δ᾽ ὠχροὶ δονακῆες ἀνέδραμον, οὔ τι χλιδῇσιν
ἡβῶντες πετάλων οὐδ᾽ ἐρυθαινόμενοι,
πλήν γ᾽ ὀτέων ῥαίνουσα θεὰ γάνος ἀνθρώποισιν
οὔλιον ὀλλυμένοις οἶνον ἀπηρύσατο.

Pale, without name or number,
  In fruitless fields of corn,
They bow themselves and slumber
  All night till light is born ;
And like a soul belated,
In hell and heaven unmated,
By cloud and mist abated
  Comes out of darkness morn.

Though one were strong as seven,
  He too with death shall dwell,
Nor wake with wings in heaven,
  Nor weep for pains in hell ;
Though one were fair as roses,
His beauty clouds and closes ;
And well though love reposes,
  In the end it is not well.

Pale, beyond porch and portal,
  Crowned with calm leaves, she stands
Who gathers all things mortal
  With cold immortal hands ;
Her languid lips are sweeter
Than Love's who fears to greet her
To men that mix and meet her
  From many times and lands.

She waits for each and other,
  She waits for all men born ;
Forgets the earth her mother,
  The life of fruits and corn ;
And spring and seed and swallow
Take wing for her and follow
Where summer song rings hollow
  And flowers are put to scorn.

τοὶ δ', ὠχρός τις ὅμιλος, ἀνώνυμοι ἠδ' ἀνάριθμοι,
ἄμμιγ' ἂν' ἀτρύγετον λήιον εἰλόμενοι
νευστάζοντες ἔραζε κατὰ χθόνα κοιμάζονται
παννύχιοι, φέγγος μέσφ' ὅτ' ἐφημέριον
ἀντείλῃ, ψυχῆς δὲ δίκην φοιτεῦντος ἀωρὶ
φάσματος, οὐρανίδαις οὔτε μετὰ φθιμένοις
συννόμου, ἠερίῃσιν ἀμαυρωθεῖσ' ἀχλύεσσιν
Ἠὼς ἐννυχίης ἐκ σκοτίης προμόλῃ.
ἤ ῥά τις, εἶς περ ἀνὴρ ἔπτ' ἀνδράσιν ἰσοφαρίζων
ἶφι, συνοικήτωρ ἔσσεται εἰν Ἀίδεω,
οὐδ' ἀφ' ὕπνου κατὰ δώμαθ' ὑπόπτερος Οὐλύμποιο
στήσεται, οὐδ' ἐνέρων πήμασι τρυχόμενος·
εἰ δ' ἤβη σφι ῥόδοισι μάλ' εἰαρινοῖσι τεθήλῃ,
ἀλλ' ἔτ' ἀκμὴν κνεφάσει γῆρας ἀμαυρόβιον·
ζῇ γὰρ Ἔρως ἀγαθοῖσιν ἀβρυνόμενος πολεέσσι
ῥεῖα μάλ', ἐς δὲ τέλος νίσσεται οὐκ ἀγαθόν.
ἡ δ' ἄρ' ὑπὲρ προπύλων τε παραστάδον ἠδὲ πυλάων
λευκή, ληθανέμοις κλωσὶ πυκαζομένη,
ἵσταται, ἡ καταμῶσ' ὅσ' ἐφημερίοισιν ἱκάνει
θνητὰ χερὸς ψυχρῇ προσβολῇ ἀθανάτης
χείλεά γ' οὔ τι τέθηλε γελάσμασιν, ἀλλ' ἔτ' Ἔρωτος
τοῦ σφε κατοκνεῦντος πρυσπελάσαι γλυκίω
γίγνεται ἀνθρώποισιν ἄμ' ἀλλοίων ἀπ' ἀρουρέων,
ἀλλοίων ἐτέων, ὧδ' ἐπιμισγομένοις.
χὠ μὲν ἰὼν τὸν ἰόντ' ἐπαμείβεται, ἡ δέ τε μίμνει,
μίμνει θνητὸν ὅσους ἐξελόχευσε γένος·
μητρός που γαίης ἐπιλήθεται, οἷα δ' ἀλωαῖς
ληνοῖσιν θ' ὁ πάρος κεῖθι βρύει βίοτος.
τῇ γὰρ ἔαρ τ' ἀροτός τε καὶ ἠνεμόεσσα χελιδὼν
μαρμαρυγαῖς πύματον παλλομένη πτερύγων
κεῖσ' ἔπεται, θέρεός θ' ἵν' ἀπημβλύνθησαν ἀοιδαί,
ἄνθεμα δ' αἰσχύνην ἀντέλαχεν χάριτος.

There go the loves that wither,
   The old loves with wearier wings;
And all dead years draw thither,
   And all disastrous things;
Dead dreams of days forsaken,
Blind buds that snows have shaken,
Wild leaves that winds have taken,
   Red strays of ruined springs.

We are not sure of sorrow,
   And joy was never sure;
To-day will die to-morrow;
   Time stoops to no man's lure;
And Love, grown faint and fretful,
With lips but half regretful
Sighs, and with eyes forgetful
   Weeps that no loves endure.

From too much love of living,
   From hope and fear set free,
We thank with brief thanksgiving
   Whatever gods may be
That no life lives for ever;
That dead men rise up never;
That even the weariest river
   Winds somewhere safe to sea.

Then star nor sun shall waken,
   Nor any change of light:
Nor sound of waters shaken,
   Nor any sound or sight:
Nor wintry leaves nor vernal,
Nor days nor things diurnal;
Only the sleep eternal
   In an eternal night.

SWINBURNE.

κεῖσε μαραινόμενοί ποτ' ἐπιστρωφῶσιν ἔρωτες,
γηραλέοι, προπετεῖ λειπόμενοι πτέρυγι·
κεῖσ' ἀγύρεις ἔρρουσι καταφθιμένων ἐνιαυτῶν,
κεῖσ' ὅσα λωβήτειρ' ἄασεν ἀμμορίη.
ἤματ' ἀιστωθέντ' ἴσ' ἀποπταμένοισιν ὀνείροις,
εἴ τέ τιν' ἤμβλωσεν δῆγμα πάγου κάλυκα,
φύλλα τε ληιστῆσιν ἀναρπασθέντ' ἀνέμοισι
φύρεται, ὠκυμόρου σκῦλα δαφοίν' ἔαρος.
οὔ νύ τοι οὐδ' ἄχεός τι λελόγχαμεν ἔμπεδον, οὔπω
ἦεν ὅτ' εὐφροσύνης μοῖρα βέβαιος ἔφυ·
αὔριον αὖ τὸ παρὸν φάος ὄλλυται, οὐδέ ποθ' ὥρη
οὐδενὸς ἐν θέλκτρῳ στῇ δελεαζομένη.
ἤδη δ' αὐτὸς Ἔρως κεκμηότι δύσκολα θυμῷ
χείλεσί τ' οὔ τι πόθου κάρτα λιλαιομένοις
μύρεται, ὅσσοισίν τ' ἐπιλήσμοσι δάκρυα λείβει,
ἵμερος εἰ μήτις παρμόνιμος πέλεται.
ἡμεῖς μὴν τοῦ μηκέτ' ἄγαν βιοτῆς μενεαίνειν,
ἐλπίδος ἠδὲ φόβου παντὸς ἀφιέμενοι,
δαίμονας, εἴ τινες ἄμμιν ἐφιστάμενοι τελέθουσιν,
αἰνέομεν, βαιοῖς ῥήμασιν ἀντόμενοι,
οὕνεκεν οὐ πέλεται ζωῆς λάχος ἀείζωον,
οὔ τις ὁδὸς φθιμένοις νόστιμος ἐξ Ἀίδεω,
καί τε ῥόος μόχθοισι μαραινόμενος πολυπλάγκτοις
ἔστιν ὅποι πύματον σῴζεται ἐς πέλαγος.
οὔτε γὰρ ἠελίοιο φαεσφόρος, οὔτε τις ἄστρων
ἀμπτυχή, οὐ φέγγεος κεῖθι μεταιβολίη,
οὐδ' ἀνεμοσφαράγοισιν ἐπιβρέμει οἴδμασι πόντος,
πᾶν γὰρ ἀφώνητον, πᾶν ἀίδηλον ἔφυ.
οὐ θεριναὶ θάλλουσ', οὐ χειμέριαι φθινύθουσι
φυλλάδες, οὐκ ἔργων μεσταὶ ἐφημερίων
ἡμέραι ἀντέλλουσιν· ὁ δ' αἰανὴς καὶ ἄπαυστος
νύκτα δι' αἰανῇ πᾶσιν ἔπεστιν ὕπνος.

" MAGALI, queen of my soul,
　　The dawn is near!
Hark to my tambourine,
Hide not thy bower within,
　　Open and hear!

The sky is full of stars,
　　And the wind soft;
But, when thine eyes they see,
The stars, O Magali,
　　Will pale aloft!"

"Idle as summer breeze
　　The tune thou playest!
I'll vanish in the sea,
A silver eel will be,
　　Ere thou me stayest."

"If thou become an eel,
　　And so forsake me,
I will turn fisher too,
And fish the water blue
　　Until I take thee!"

"In vain with net or line
　　Thou me implorest:
I'll be a bird that day,
And wing my trackless way
　　Into the forest!"

"If thou become a bird,
　　And so dost dare me,
I will a fowler be,
And follow cunningly
　　Until I snare thee!"

ΔΑΦΝΙΣ. ΑΜΑΡΥΛΛΙΣ.

Δ. ΗΝΙΔ᾽, ἐμᾶς ᾽Αμαρυλλὶ φάος φρενός, ἔρχεται ἀώς,
τὶν δ᾽ ἄμμες τι φίλον συρίσδομες· ἀλλὰ κατ᾽ οἶκον
μή με λάθῃς, θυρίδας δὲ δίοιγέ μοι, ὄφρ᾽ ἐπακούῃς.
ἄστρων μὲν πλήρης μέγας ὠρανός, ἀδὺ δ᾽ ἄητι
πᾶσα πνοά· τεὰ δ᾽ ὄμμαθ᾽ ὅκ᾽ ἂν ποθορῶντ᾽, ᾽Αμαρυλλί,
ὠχρότεροι πολὺ πάντες ἀν᾽ ὠρανὸν ἀστέρες ἐντί.

Α. ὡς μὲν ἄεντι μάταν θέρεος πνοαί, ὡς δὲ καὶ αὕτως,
ὠ᾽πόλε, μωσίσδες· τάχα δ᾽ ἐγχέλυς ἀργυροειδὴς
εἰς ἅλα δῦσ᾽ ἐσσεῦμαι, ἀθήρευτός θ᾽ ὑπαλυξῶ.

Δ. αἴ κα μὰν ἁλία γένῃ ἐγχέλυς, ὥς μ᾽ ἀλεείνῃς,
κἠγὼν πασάμενος μέγα δίκτυον ἐλλοπιευσῶ
κυανέας σκοπέων πόντω πλάκας, ἅς κε λάβω τυ.

Α. οὐκ ὄφελος καλάμω γ᾽, οὐ δικτύω, ὥς με κιχάνῃς·
ἀλλὰ μεταλλάξασα φίλον δέμας ἄματι τήνῳ
οἰωνῶ μεθέποισ᾽ ἄβατον πάτον εἶμι ποθ᾽ ὕλαν.

Δ. αἰ τὺ γένοι᾽ οἰωνός, ἐμὸν μέρος οὐκ ἀλέγοισα,
ἦ σοφὸς ἰξευτὰς μετανισσόμενός τυ δόλοισιν
ἔς τε λάβω ῥάβδοισιν ὑπαὶ λόχμαισι δοκευσῶ.

"When thou thy cruel snare
   Settest full surely,
I will a flower become
And in my prairie home
   Hide me securely!"

"If thou become a flower,
   Before thou thinkest
I'll be a streamlet clear
And all the water bear
   That thou, love, drinkest!"

"When thou, a stream, dost feed
   The flower yonder,
I will turn cloud straightway,
And to America
   Away I'll wander."

"Though thou to India
   Fly from thy lover,
Still I will follow thee:
I the sea-breeze will be
   To waft thee over!"

"I can outstrip the breeze,
   Fast as it flieth:
I'll be the swift sun-ray
That melts the ice away
   And the grass drieth!"

"Sunlight if thou become,
   Are my wiles ended?
I'll be a lizard green
And quaff the golden sheen
   To make me splendid!"

FRÉDÉRIC MISTRAL, *Mirèio*,
tr. HARRIET W. PRESTON.

A. ἀλλ᾽ ὅκα δὴ παγίδας θέσθαι τὰς ἀναρσίος οἴῃ
δύσσοος, εἶτα πάλιν μεταφύομαι ἠρινὸν ἄνθος
οἰκείαις ἀμέριμνον ἐν εἰαμεναῖσι κεκευθός.

Δ. καὶ τὺ δὴ ἀγροῖσιν πέλῃ ἄνθεμον· ἀλλ᾽ ἔτι κἠγὼν
κρουνὸς ἄφαρ ῥευσεῦμαι ἀγαλλόμενος ποτῷ ἀδεῖ,
ὡς ὅσα λῇς πίνην, κώρα φίλα, εἰσοχετεύσω.

A. καὶ δὴ κρουνὸς ἐὼν τῆν᾽ ἄνθεμον, αἰπόλ᾽, ἑέρσαις
φέρβες· ἀειρομένα κ᾽ ἐλαφρὸν νέφος ἰθὺ γενοίμαν
ἐκ σταλᾶν ζέφυρόνδε πλανωμένα Ἡρακλειᾶν.

Δ. αἰ δ᾽ ὑπὲρ ὠκεανῶ πτησεῖ ῥέος, ὡς τὸν ἐρῶντα
παρφεύγῃς, πτερύγεσσιν ὁμῶς ἁλίαις ἀνέμοιο
κουφισθεὶς ἐψεῦμαι ὑπὲρ πόντω τυ κομίζων.

A. ἀλλ᾽ ἔτι μὰν ἄνεμον φθαξῶ, ταχινόν περ ἐόντα,
ἀελίω κραιπναῖσιν ἀλιγκία ἀκτίνεσσιν,
αἱ τὸ κρύος τάκοντι καταναίνοντι δὲ ποίαν.

Δ. ἆρ᾽ ἀκτίς περ ἐοῖσα τὸν ἐκ γραμμᾶς με ποιησεῖς
κινῆσαι; σαυράν χ᾽ ὑποδὺς τάχα χρυσεόνωτον
μαρμαρυγαῖσι τεαῖς λιπαρὸν δέμας ἀγλαΐσαιμι.

NACHT liegt auf den fremden Wegen,—
   Krankes Herz und müde Glieder ;—
Ach, da fliesst, wie stiller Segen,
   Süsser Mond, dein Licht hernieder.

Süsser Mond, mit deinem Strahlen
   Scheuchest du das nächt'ge Grauen ;
Es zerrinnen meine Qualen,
   Und die Augen überthauen.

                    HEINE.

ΝΥΞ μὲν ἐπὶ ξείναισι ῥέπει σκοτόεσσα κελεύθοις,
κῶλα δ᾽ ἐγὼ νέομαι κῆρ τε βαρυνόμενος·
ἀλλά μοι οὐρανόθεν, Μήνα φίλα, ἱμερόεν φῶς
μεστὸν ἀνωδυνίας ἀσυχίως προίης.
αἶψα δὲ μειλιχίοισι, θεὰ φίλα, ἀκτίνεσσι
νυκτερὰ σευομένα δείματ᾽ ἀπεσκέδασας·
τακόμεναι δ᾽ ἅμ᾽ ἅπασαι ὑπεκπρορέουσι μέριμναι,
δάκρυσι δ᾽ ἀσπασίοις ὄμμαθ᾽ ὑπερκέχυται.

RARELY, rarely, comest thou,
    Spirit of Delight!
Wherefore hast thou left me now
    Many a day and night?
Many a weary night and day
'Tis since thou art fled away.

How shall ever one like me
    Win thee back again?
With the joyous and the free
    Thou wilt scoff at pain.
Spirit false! thou hast forgot
All but those who need thee not.

As a lizard with the shade
    Of a trembling leaf,
Thou with sorrow art dismayed;
    Even the sighs of grief
Reproach thee, that thou art not near,
And reproach thou wilt not hear.

Let me set my mournful ditty
    To a merry measure,
Thou wilt never come for pity,
    Thou wilt come for pleasure.
Pity then will cut away
Those cruel wings, and thou wilt stay.

I love all that thou lovest,
    Spirit of Delight!
The fresh Earth in new leaves drest,
    And the starry night;
Autumn evening, and the morn
When the golden mists are born.

ΕΥΦΡΟΣΥΝΑ θεόμορφε, λίαν σπανία γε πάρεδρος
τόσσας μὲν νύκτας τόσσα δ' ἄπει φάεα·
μυρία δῆτα φάη, νύκτες μάλα μυρίαι εἰσίν,
ἐξότ' ἐμᾶς βιοτᾶς ᾤχε' ἀποπταμένα.
πῶς ἄρ' ἐὼν τοιοῦτος ἂν' αὖ σὲ κομίσσομαι, ἅτις
ἁδομένοις συνεοῦσ' ἅδεαι ἠδ' ἀπόνοις,
ἄλγεα λὰξ πατεοῦσα; σὺ γὰρ πάντων, ἀχάριστε,
λάθεαι, εἰ μὴ ὅσοις μή τι σέθεν χρέος ᾖ.
οἷα σαλευομένας φρίκαν κλαδὸς ἀσκαλαβώτας
ἔτρεσε, τὼς στονόεν κᾶδος ἀτυζομένα
ἔσσυ'· ὀδυρόμενοι γὰρ ὀνειδίζουσ' ἀπεοῦσαν,
οὐδ' ἐλαφρῶς σὺ φιλεῖς τλῆναι ἐλεγχομένα.
χρῆν ἄρα τοῖς ἐλέγοις ἱλαρὸν μέλος ἁρμόσαι· ᾧ γὰρ
μή σ' αἰδώς, ἀτὰρ οὖν γαθοσύνα γ' ἂν ἄγοι·
ἐλθούσᾳ δ' ἀπό σοι τότ' ἀμείλικτον πτέρυγ' Αἰδὼς
χειρὶ τεμεῖ, σὺ δὲ κἂν ἄπτερος οὖσα μένοις.
ὅσσα, θεά, σὺ φιλεῖς, καὶ ἐμοὶ φίλα· φυλλάσι τ' αἶα
δαιδαλθεῖσ' ἀπαλαῖς ἀστερόεσσά τε νύξ·
ἁδὺ τὸ δειελινὸν θέρεος γάνος, ἁδὺ καὶ Ἀὼς
ταῖσι νεαγενέσιν χρυσόρυτος νεφέλαις,

I love snow, and all the forms
   Of the radiant frost;
I love waves, and winds, and storms,
   Everything almost
Which is Nature's, and may be
Untainted by man's misery.

I love tranquil solitude,
   And such society
As is quiet, wise, and good.
   Between me and thee
What difference? But thou dost possess
The things I seek, not love them less.

I love Love—though he has wings,
   And like light can flee,
But above all other things,
   Spirit, I love thee—
Thou art love and life! O come,
Make once more my heart thy home.

SHELLEY.

Allnächtlich im Traume seh' ich dich,
Und sehe dich freundlich grüssen,
Und laut aufweinend stürz' ich mich
Zu deinen süssen Füssen.

Du siehst mich an wehmüthiglich,
Und schüttelst das blonde Köpfchen;
Aus deinen Augen schleichen sich
Die Perlenthränentröpfchen.

Du sagst mir heimlich ein leises Wort,
Und giebst mir den Strauss von Cypressen.
Ich wache auf, und der Strauss ist fort,
Und das Wort hab' ich vergessen.

HEINE.

καὶ νιφὰς αἰγλᾶντός τε πολυτροπίαι παγετοῖο,
κύματά τ᾽ ἠδ᾽ ἀνέμων ὁρμαὶ ἀελλοπόδων,
καί που πάνθ᾽ ὅσα δῶρ᾽ ἐφάνη φύσιος βιοδώρου
τῶν παρ᾽ ἐφαμερίοις ἐκτὸς ἐόντ᾽ ἀχέων.
χαίρω δ᾽ αὖ καὶ ἐρῆμος ἐών, χαίρω συνεόντι
ὅς κεν ἄτερ ταραχῆς ἐσθλὰ φρονῶν σοφὸς ἦ.
εἶτα τί σεῦ καὶ ἐμεῦ τὸ μέσον πέλει; ἢ σὺ πέπασαι
πάνθ᾽ ὅσ᾽ ἐγώ, φιλέων ἴσά περ, οὐκ ἔλαχον.
στέργω πτανὸν Ἔρωτα, βολᾶν περ ἀφάρτερον ἀοῦς,
ἀλλ᾽, ἔτι γὰρ πάντων σεῖο μάλιστ᾽ ἔραμαι,
ἐλθέ μοι, ὦ ζωᾶς τε καὶ ἵμερου ἱερὸν ἄνθος,
αὖτις ἐμὰν κραδίαν, πότνι᾽, ἐφεζομένα.

ΠΑΝΝΥΧΙΟΣ κατ᾽ ὄναρ σὲ παρισταμέναν ποτιλεύσσω
εὔφρονά τ᾽ εὐμενέσιν τ᾽ ἀντομέναν μ᾽ ἔπεσιν,
ἐκ δὲ θορὼν λέκτροιο μέγ᾽ οἰμώξας θ᾽ ὁ ταλαίφρων
ἀμβροσίοις κεῖμαι σοὶ παρὰ ποσσὶ πεσών.
ἀλλὰ σὺ παπταίνεις με προνωπέα λευγαλέοισι
δέργμασι, τᾶς ξανθᾶς, Ἀστερία, κεφαλᾶς
βόστρυχον ἀνσείουσα, ποτιστάζεις δὲ κρυφηδὸν
οἷον ἀπ᾽ ὀφθαλμῶν μάργαρα λειβόμενα·
προσνεύσασα δέ μοι κυπαρίσσινον ἔρνος ὀπάζεις
ἠρέμ᾽ ἀκασκαῖον μῦθον ἀμειβομένα·
αἶψα δ᾽ ἐγειρομένῳ κυπαρίσσινον ἔρνος ἄϊστον
οἴχεται, ὧν τ᾽ εἶπες κάρτ᾽ ἐπιλανθάνομαι.

H. 2

AND now what awaiteth thee? For thou mayest say: I am lonely here, and there is no man to look on me. Of what avail, therefore, is my goodliness and shapeliness? Child, I answer thee that the time is coming when thou shalt see here a many of the fairest of men, and then shalt thou be rather rose than lily, and fully come to womanhood; and all those shall love and worship thee, and thou mayst gladden whom thou wilt, and whom thou wilt mayst sadden, and no lack soever shalt thou have of the sweetness of love, or the glory of dominion.

Think of it then! All this is for thee if thou dwell here quietly with me, doing my will till thy womanhood hath blossomed. Wherefore I beseech and pray thee put out of thy mind the thought of fleeing from me. For if thou try it, one of two things shall be: either I shall bring thee back and slay thee, or make thee live in misery of torment; or else thou wilt escape, and then what will it be? Dost thou know how it shall go with thee, coming poor and nameless, an outcast into the world of men? Lust shalt thou draw unto thee, but scarce love. I say an outcast shalt thou be, without worship or dominion; thy body shall be a prey to ribalds, and when the fine flower thereof hath faded, thou shalt find that the words of thy lovers were but mockery. That no man shall love thee, and no woman aid thee. Then shall Eld come to thee and find thee at home with Hell; and Death shall come and mock thee for thy life cast away, for nought, for nought. This is my word to thee.

WILLIAM MORRIS, *The Water of the Wondrous Isles.*

ΚΑΙ νῦν τί μέλλει; ταῦτ᾿ ἄρ᾿ ἀντερεῖς ἴσως,
τί μ᾿ ὠφελεῖ τὸ κάλλος ἤ τ᾿ εὐμορφία
μονόστολόν γ᾿ οἰκοῦσαν ἔνθα μὴ πάρα
ἀνδρῶν τις ὄψις; ἀλλ᾿ ἔθ᾿ ἵξεται, τέκνον,
χρόνος, σάφ᾿ ἴσθ᾿, ἐν ᾧ ποτ᾿ εἰσορᾶν σὲ χρὴ
ἀνδρῶν ἀρίστων πλῆθος εὐειδέστατον·
καὶ λειρίοισιν οὐκέτ᾿, ἀλλ᾿ ἤδη ῥόδοις
ἠκασμένη, τραφεῖσά γ᾿ ἐντελὴς γυνή,
ἔσει ποθεινὴ πᾶσι καὶ πᾶσιν σέβας,
πένθος φέρουσα, τῷ δ᾿, ὅτῳ θέλῃς, χαράν.
οὐ γάρ σ᾿ ἂν οὔποτ᾿ οὔτ᾿ ἔρωτος ἐκλίποι
ὄνησις οὔτ᾿ ἄγαλμα παντάρχου κράτους.
ταῦτ᾿ οὖν ἄθρησον· πάντα γὰρ τάδ᾿ ἔστι σοὶ
ἐνταῦθ᾿ ἔκηλον ἡμερευούσῃ βίον
ἡμῖν τε δρώσῃ πᾶν πρὸς ἡδονήν, ἕως
ἄνθῃ ποθ᾿ ὥρας ἐκτελειωθῇ δέμας.
πρὸς ταῦτα λιπαρῶ σε πρὸς θεῶν, τέκνον,
μὴ σοὶ παραστῇ μηδαμῇ μ᾿ ὑπεκφυγεῖν·
κεἰ μή, δυοῖν σοι θάτερον γενήσεται·
ἢ γὰρ ξυναρπάσασά σ᾿ εἶτ᾿ ἀποκτενῶ
ἢ ζῶσαν αἰαναῖσιν ἐκτενῶ δύαις,
ἢ κἂν ἀλύξαις· κᾆτά σ᾿ αὖ τί χρὴ παθεῖν;
οἶσθ᾿ οἷα τλήσει πτωχὸς ἠδ᾿ ἀνώνυμος
ἀπόπτολίς τ᾿ ἔρρουσ᾿ ἐπ᾿ ἀνθρώπων πόλεις;
αἰσχράν γ᾿ ἴσως σχολῇ δ᾿ ἂν εὐαγῆ Κύπριν
προσθεῖ᾿ ἄν, οὖσ᾿ αἰδοῦς τε καὶ τιμῆς κενή·
ἔσται δ᾿ ὑβρισταῖς ἁρπαγὴ τὸ σὸν δέμας,
κᾆτ᾿, εὖτ᾿ ἂν ἁβρὸν ἄνθος ἐκτακῇ χροός,
γνώσει γ᾿ ἐραστῶν γλῶσσαν ὡς ψευδὴς ἔφυ.
ἤδη γὰρ οὔτ᾿ ἀνδρῶν τις ἂν φιλοῖ σ᾿ ἔτι
οὔτ᾿ αὖ γυνὴ ῥύοιτ᾿ ἄν. εἶθ᾿ ὑφερπύσαν
γῆρας ξυνοῦσαν λήψεταί σ᾿ Ἐρινύσιν,
Ἅιδης τ᾿ ἔπεισι κερτομῶν σ᾿, ὁθούνεκα
αἰῶν᾿ ἀπέβαλες οὐδὲν ἐκκαρπουμένη
τοῦ τ᾿ οὐδενός γ᾿ ἔλασσον. εἴρηται λόγος.

2—2

HA! ha! the caverns of my hollow mountains,
  My cloven fire-crags, sound-exulting fountains,
Laugh with a vast and inextinguishable laughter.
  The oceans and the deserts and the abysses,
  And the deep air's unmeasured wildernesses,
Answer from all their clouds and billows, echoing after.

  They cry aloud as I do. Sceptred curse,
  Who all our green and azure universe
Threatenedst to muffle round with black destruction, sending
  A solid cloud to rain hot thunder-stones,
  And splinter and knead down my children's bones,
All I bring forth, to one void mass battering and blending,

  Until each crag-like tower and storied column,
  Palace and obelisk and temple solemn,
My imperial mountains crowned with cloud and snow and fire,
  My sea-like forests, every blade and blossom
  Which finds a grave or cradle in my bosom,
Were stamped by thy strong hate into a lifeless mire.

ΙΩ ἰώ.

κοίλων ὀρέων σπήλυγγες ἐμῶν,
αἱ πυρίφλεκτοί τ' ὀκρίδες, παγαί θ'
ὑγραῖς καναχαῖσιν ἀγαλλόμεναι,
πάντοθεν ἴησ'
ἄπλετον οὖρον πάντα γέλωτος·
πελάγους τε πλάκες ψαμμοί τ' ἄβατοι
κευθμοὶ χθόνιοι θεῖά τ' ἐρήμας
ἄσκοπα βένθεα παρθένου αὔρας,
νεφέλαις πόντος, πόντῳ νεφέλαι
ξύνθροον ἀχὼ
διαμειβόμεναι κελαδοῦσιν.
ἰαχαῖσιν ἐμαῖς πάντα συνᾴδει.
σὺ δὲ τὰν χλοεράν, στύγος ὑψίθρονον,
γᾶν καὶ ἀχράντους οὐρανοῦ αὐγὰς
ἄτᾳ δνοφερᾷ περιέπτυσσες,
νέφεος στερεοῦ γ' ἀποτοξεύων
μύδρους θνατοῖσι κεραυνοφαεῖς,
ὅσ' ἐγὼ δ' ἔτεκον πάμπαν ἐπόρθεις
σπέρμα πανῶλες
στυγεραῖσι βολαῖς λωβητὰ μέλη
διαϊστωθέντ' ἀμαθύνων.
τὰ δὲ κρημνώδη πέργαμ' ἀνάκτων,
γραπτοὺς κίονας, μακάρων ἕδρας,
τἀμὰ δὲ σεμναῖς νιφάδεσσιν ὄρη
στεφάνους τ' ἀχλύων ἐστεφανωμένα
τοὺς πυριλαμπεῖς,
πελάγη θ' ὑλῶν χερσαῖ', ὁπόσοις τ'
ἄνθεσσι τροφάς τε ταφάς τ' ἔπορον
δι' ἀδηρίτου τριφθέντ' ἔχθους
ἄμμιγ' ἔφυρες
δύσμορφον ἀκήριον ἰλύν.

How art thou sunk, withdrawn, covered, drunk up
By thirsty nothing, as the brackish cup
Drained by a desart troop, a little drop for all;
And from beneath, around, within, above,
Filling thy void annihilation, love
Burst in like light on caves cloven by the thunder-ball.

SHELLEY, *Prometheus.*

ICH stand in dunklen Träumen,
     Und starrte ihr Bildniss an,
Und das geliebte Antlitz
     Heimlich zu leben begann.

Um ihre Lippen zog sich
     Ein Lächeln wunderbar,
Und wie von Wehmuthsthränen
     Erglänzte ihr Augenpaar.

Auch meine Thränen flossen
     Mir von den Wangen herab—
Und ach, ich kann es nicht glauben
     Das ich dich verloren hab.

HEINE.

ICH trat in jene Hallen,
     Wo sie mir Treue gesprochen;
Wo einst ihre Thränen gefallen,
     Sind Schlangen hervorgekrochen.

HEINE.

νῦν δὲ πέπαυσαι κἀνέστραψαι,
νῦν κεκάλυψαι·
χὤσπερ ὁδῖται κατὰ γᾶν ἄνυδρον
κύλικα σπανίαν διαδασσάμενοι
πόματος πικροῦ
ψακάδ᾽ ὑστατίαν ἐξήντλησαν,
τὼς ἐκπέποσαι καὶ σύ γ᾽ ὑπ᾽ ἄτας
ἐς δὲ τὸ μηδὲν ταχ᾽ ἀπέρρεις.
ἀντί γέ τοι σᾶς νυκτὸς ἀκράντου
πέδοθεν θεόθεν τηλοῦ σχεδόθεν
καθαραῖς αὐγαῖς ἀνέλαμψεν ἔρως,
οἷά τ᾽ ἐπ᾽ ἄντρου δνόφον ἐρρωγὸς
σέλας ἐξήνθησε κεραυνοῦ.

———————

ΗΝ ποτ᾽ ἐρεμναῖσιν ποτὶ φροντίσιν, εἰκόνα δ᾽ ἤθρουν
Δωρίδος· ἁ δὲ λάθρα πνεῦμα λαβεῖν ἐδόκει,
φιλτάτα ὄψις ἐμοί· περὶ χείλεα δ᾽ εἷρπε γέλασμα
θέσφατον, ἔστιλβον δ᾽ ὄσσε διαὶ δακρύων.
κἀμοὶ ὑπὸ βλεφάρων ῥέε δάκρυα· πῶς τάδε πιστά,
ὡς Δωρίς με λέλοιπ᾽ αἰὲν ἀποιχομένα;

———————

ΔΩΜ᾽ ἐσέβην ὅθι μοι πιστώματα δῶκε Μέλισσα·
ᾗ δάκρυ᾽ ἧκε χαμᾶζ᾽ ἐξεγένοντ᾽ ὄφιες.

MARESNEST. WINDBAG.

M. Why do you grow pale and mutter? One thing, one, in this event
Will console me: you will pay for 't.

        W. I? I've nothing to repent.

M. Nothing?

    W. No, I never harmed them in a single feather.

        M. What?

How of all those odes you wrote with—goose-quills?

        W. Mercy! I forgot!

M. Hapless goose!

    W. More hapless poet!

        M. And what multiplies the offence
Thousandfold, you're always scribbling, but you never mend your pens.

W. Still the goose—

    M. Speak not too lightly—you have many a charge to dread.
Have you ever—

        W. No, I never—

        M. Slept upon a feather-bed?

W. Out, alas!

    M. Or ever relished, with a grating of nutmegs,
August wheat-ears?

        W. Oh!

        M. Or partridge *purées*—

        W. Ah!

        M. With plovers' eggs?

W. Guilty, guilty! All ye birds impeach me! But why mock me, you,
For my innocent ill-doing? You have crimes far worse to rue.

W. J. COURTHOPE, *The Paradise of Birds.*

ΟΝΟΠΟΚΙΔΗΣ. ΠΟΜΦΟΛΤΓΩΝ.

Ο. τί δ' ὠχριάσας σκορδινᾷ; τούτων γὰρ ἓν μόνον μοι
ἀρεστόν, ὡς κλαύσει σύ.
                                Π. πῶς γ'; ὃς οὐδὲν ἠδίκηκα.
Ο. οὐδὲν σύ γ';
                Π. οὐ πτερὸν γὰρ οὐδ' ἓν οὐδαμῶς ἔτρωσα.
Ο. τί δῆτ' ἐκείνων μελυδρίων πτεροῖσι χηνός—
                                        Π. ὦ Ζεῦ,
ἔλαθέ μέ πως.
        Ο. τάλας γε χήν.
                        Π. τάλας μὲν οὖν ποιητής.
Ο. θἀμαρτίᾳ δέ γ' οἶσθ' ὅσην σὺ προσβολὴν προσῆψας;
γράφων γὰρ ἀπέραντ' οὐδ' ἀκεῖ τοῦθ' ᾧ τοσαῦτ' ἔγραψας.
Π. ὁ χὴν δ' ἄρ'—
            Ο. εὐφήμει, τοσαῖσδ' ἔτ' ἔνοχος αἰτίαισιν.
ἤδη γάρ, εἴπ'—
        Π. οὐδέποτ' ἔγωγ'—
                        Ο. ἐπὶ πτεροῖς ἔδαρθες;
Π. Ἄπολλον.
        Ο. οὐδὲ Σικελικοῦ ποτ' ἐπιπάσας τι τυροῦ
κιχλῶν βέβρωκας;
                Π. Ἡράκλεις.
                        Ο. οὐδ' ὀρτύγων ποθ' ἐφθῶν;
Π. ἀπόλωλα.
        Ο. πρὸς δὲ χλωρίωνος ᾧ';
                                Π. ὄλωλα δῆτα
πᾶσιν καταγνωσθεὶς παρ' ὀρνέοις· ἀτὰρ τί δὴ σὺ
μαθών με κερτομεῖς ἐφ' οἷσιν ἐσφάλην μάλ' ἄκων,
αὐτός γε πολλῷ δεινότερα καὶ πλείον' ἠδικηκώς;

CHORUS. CHTHONIA.

Cho.　O wofullest of women, yet of all
　　　　Happiest, thy words be hallowed; in all time
　　　　Thy name shall blossom, and from strange new tongues
　　　　High things be spoken of thee; for such grace
　　　　The Gods have dealt to no man, that on none
　　　　Have laid so heavy sorrow.　From this day
　　　　Live thou assured of godhead in thy blood,
　　　　And in thy fate no lowlier than a God
　　　　In all good things and evil; such a name
　　　　Shall be thy child this city's, and thine own
　　　　Next hers that called it Athens.　Go now forth
　　　　Blest, and grace with thee to the doors of death.

Chth.　O city, O glory of Athens, O crown of my father's land,
　　　　　　farewell.

Cho.　For welfare is given her of thee.

Chth.　O Goddess, be good to thy people, that in them dominion
　　　　　　and freedom may dwell.

Cho.　Turn from us the strengths of the sea.

Chth.　Let glory's and theirs be one name in the mouths of all
　　　　　　nations made glad with the sun.

Cho.　For the cloud is blown back with thy breath.

Chth.　With the long last love of mine eyes I salute thee,
　　　　　　O land where my days now are done.

Cho.　But her life shall be born of thy death.

　　　　　　　　　　　　　SWINBURNE, *Erechtheus.*

ΧΟ. ἀλλ' ὦ γυναικῶν τλημονεστάτη θ' ἅμα
μακαρτάτη τ', ὄναιο γενναίων λόγων.
ἡ σὴ γὰρ ἀεὶ μνῆστις ἀνθήσει, κλέος
ἐσθλὸν κλυούσης ἀλλόθρων προσφθεγμάτων·
οὐ γὰρ βροτῶν τις ἐκ θεῶν λέλογχέ πω
οὔτ' οἰζύος τοσοῦτον οὔτ' ἴσην χάριν.
ἐκ τοῦδ' ἄρ' ἴσθι θεοῖσιν ἐμφερὴς γένος
τύχας τ' ἀνόλβους ζῶσα κἀγαθὰς ὁμῶς·
τοίαν προσάψεις ᾗ τ' ἐφιτύσω πόλει
σαυτῇ τε φήμην τῆς γ' ἐπωνύμου πέλας.
σὲ δ' εὐοδοῖεν θεοὶ 'πὶ νερτέρων πύλας.
ΧΘ. Ἀθάνας πόλις, πάτρια γᾶς κράτη,
κλυτὸν χάριτος ἄνθος, ὦ χαῖρέ μοι.
ΧΟ. χαίρει, τὸ χαίρειν γ' ἐκ σέθεν πεπαμένη.
ΧΘ. τεοῖσι τέλεσον, θεά, δαμόταις
ἰσονόμοις ἀεὶ ξυνεῖναι κράτει.
ΧΟ. πόντου δ' ἀπόστρεψόν σφιν ἀντίπνουν ὕβριν.
ΧΘ. φάτιν ἰσώνυμον λαχόντων κλέους
παρ' οἷς ἁλίου χλιαίνει χάρις.
ΧΟ. σκεδάννυται γὰρ σῇ πνοῇ λύπης ἀχλύς.
ΧΘ. πύματά γε πυμάτῳ πόθῳ σ' ὀμμάτων
βίου 'π' ἐξόδοισιν ἀσπάζομαι,
φίλα γαῖά μοι.
ΧΟ. τῶν σῶν ἄρ' ἀμπνέουσαν ὡς παρ' ἐκπνοῶν.

YE congregated powers of heaven, who share
    The glory and the strength of him ye serve,
Rejoice! henceforth I am omnipotent.
All else had been subdued to me: alone
The soul of man, like unextinguished fire,
Yet burns towards heaven with fierce reproach, and doubt,
And lamentation, and reluctant prayer,
Hurling up insurrection, which might make
Our antique empire insecure, though built
On eldest faith, and hell's coeval, fear;
And though my curses through the pendulous air,
Like snow on herbless peaks, fall flake by flake,
And cling to it; though under my wrath's night
It climb the crags of life, step after step,
Which wound it, as ice wounds unsandalled feet,
It yet remains supreme o'er misery,
Aspiring, unrepressed, yet soon to fall:
Even now have I begotten a strange wonder,
That fatal child, the terror of the earth,
Who waits but till the destined hour arrive.

SHELLEY, *Prometheus.*

UND als ich euch meine Schmerzen geklagt,
    Da habt ihr gegähnt und nichts gesagt;
Doch als ich sie zierlich in Verse gebracht,
Da habt ihr mir grosse Elogen gemacht.

HEINE.

Ω τῶν Ὀλύμπου κοιράνων πανήγυρις,
σεμνοῦ κράτους κοινωνός, ᾧ λατρεύετε,
ξυγχαίρετ'· ἐκ γὰρ τοῦδε παντάρχης κυρῶ.
ἢν μὲν γὰρ ἄλλο πᾶν ἐμοὶ δεδμημένον,
μόνος δ' ἔτ' ἀνθέστηκε λῆμ' ἀνθρώπινον
πυρὸς δίκην ἄσβεστον, οὐρανοῦ σίνος,
τεθηγμένον ψόγοισιν, αἰωρούμενον
κωκύμασίν τε καὶ λιταῖς ἀκουσίαις,
Ἄρη πνέον δύσαρκτον, ὡς παλαίφατον
ἀρχὴν ταράσσειν ἡμίν, αἰανὲς σέβας
κρηπῖδ' ἔχουσαν σύντροφόν θ' Ἅιδη δέος.
κἀγὼ μὲν ἄτας οἷ' ἐπ' ἀχλόοις ἄκραις
νιφὰς διώκει νιφάδα κολπώδους διὰ
ἀέρος ἐφῆκα προσφυεῖς βροτῶν γένει·
τὸ δ', ὡς παλαίων τις πέτραις ἀνείρπυσε
πάγῳ σφε κεντούσαισι νηλίπουν βάσιν,
ἀθλεῖ τυφλαῖς ἀραῖσιν ἐσκοτωμένον.
ὅμως δ' ἀναστὰν πημονῶν ὑπερτελὲς
ὑψηλὸν αἴρει λῆμ', ὅ τις παύσει τάχα.
τοῖον πέλωρ ἔφυσα, θέσφατον τέκος,
γαίας νεογνὸν δεῖμα· προσμένει δ' ἔτι,
ἕως γ' ἂν ἦμαρ ἐκφανῇ τὸ μόρσιμον.

_____

ΠΡΙΝ μὲν ἐμὰς στέναχόν σοι οἰζύας, Ἡλιοδώρα,
ἀλλὰ κόρος σε κατέσχ', οὐδ' ἔπος ἐξέβαλες·
νῦν δὲ μ' ἐπισταμένως μιν ἐπασκήσαντ' ἐλέγοισιν
ᾔνεσας, ὡς χαρίεν, Ζεῦ πάτερ, ὡς ἀγανόν.

TO the ocean now I fly,
   And those happy climes that lie
Where day never shuts his eye,
Up in the broad fields of the sky:
There I suck the liquid air,
All amidst the gardens fair
Of Hesperus, and his daughters three
That sing about the golden tree:
Along the crisped shades and bowers
Revels the spruce and jocund Spring;
The Graces and the rosy-bosomed Hours
Thither all their bounties bring;
There eternal Summer dwells,
And west-winds with musky wing
About the cedarn alleys fling
Nard and cassia's balmy smells.
Iris there with humid bow
Waters the odorous banks, that blow
Flowers of more mingled hue
Than her purfled scarf can show,
And drenches with Elysian dew
(List, mortals, if your ears be true)
Beds of hyacinth and roses,
Where young Adonis oft reposes,
Waxing well of his deep wound
In slumber soft, and on the ground
Sadly sits the Assyrian queen.

                    MILTON, *Comus.*

ΥΠΕΡ ὠκεανὸν συθεὶς   στρ. α΄
ἔνθ᾽ ἀκοιμάτοις σθένος ἁλίου ὄσσοις
εὐρυκόλπους δέρκεται αἰθέρος οἴμους
ἔδος ὄλβιον ἵκω·
πίομαι δὲ ῥοὰς ἀκραιφνῶν
αὐρᾶν, ἵν᾽ ἀν᾽ Ἑσπέρου
κάπους χρυσέον ἀμφὶ δένδρον
μελίζουσι κόραι τρίμορφοι.
ἑλικώδεσιν ἐρνέων   ἀντ. α΄
ἐν σκιαῖς κωμαζομένα κατὰ θάμνους
ἠρίν᾽ ἀνθουσᾶν λιπαρὰ βάσις ἄσσει
Δρυάδων, ῥοδόκολποί θ᾽
ἅμα σὺν Χαρίτεσσιν Ὧραι
πλῆθος χερὶ δαψιλεῖ
τοῦ σφᾶς οὔποτ᾽ ἂν ἐκλιπόντος
πάγκαρπον θέρεος φέρουσιν.
ὁ δὲ Ζέφυρος ἐν ἐλατίνοις   στρ. β΄
στίχοισιν ἐκ πτερῶν θύη
κίδναται κατείβων,
νάρδου τε καὶ λιβάνου πνοιάς·
τόθι δ᾽ ἀερίαις δρόσοισιν Ἶρις
πολύχροον ἐπότισε καλύκων
χλιδὰν βαφαῖς τόσαισιν, αἶς
οὐδ᾽ ἐὰν κοσμεῖ χλαμύδ᾽ ἀνθόκροκον,
τᾶς νοτίας ἀφ᾽ ἅλω ῥαίνουσα φαιδρὸν ὄμβρον.
ἄχναις γάρ (ὅσα γ᾽ ἄδολα βροτῶν   ἀντ. β΄
πρέπει τόδ᾽ ὦτ᾽ ἐπαΐειν)
ἀμβρότοισιν ἄρδει
τὰν αἰόλαν ὑακίνθοισιν τ᾽
ἀπαλαῖς τε ῥόδων ἕλιξι ποίαν·
ἐπὶ δ᾽ ὁ νεαρὸς ἄκος ἀδινῶν
Ἄδωνις ἀλγέων ἀωτεῖ λαχών,
δακρυσιστάκτοις δ᾽ ἀνακλινομέναν
ὀφρύσι τὰν Κυπρίαν πένθος δύσοιστον ἴσχει.

AND you, ye stars,
   Who slowly begin to marshal,
As of old, in the fields of heaven,
Your distant melancholy lines!
Have you, too, survived yourselves?
Are you, too, what I fear to become?
You, too, once lived;
You, too, moved joyfully
Among august companions,
In an older world, peopled by Gods,
In a mightier order,
The radiant rejoicing intelligent Sons of Heaven.
But now ye kindle
Your lonely, cold-shining lights,
Unwilling lingerers,
In the heavenly wilderness,
For a younger ignoble world;
And renew, by necessity,
Night after night your courses,
In echoing, unneared silence,
Above a race you know not—
Uncaring and undelighted,
Without friend and without home;
Weary like us, though not
Weary with our weariness.

MATTHEW ARNOLD.

Ω κατὰ κόλπους τοὺς αἰθερίους
τὰς ἀγελάστους ἐκάθεν τάξεις
ὡς κἀπ' ἀρχῆς ἠρέμα τάσσοντ',
ἆρα καὶ ὑμεῖς, ἄστρ', ὑμετέρας
ὥρας ἔξωρα λέλειφθε;
κεῖσ' ἄρα προὔβηθ' οἷπερ κἀγὼ
ταρβῶ τὸ μολεῖν;
ἦν γε καὶ ὑμῖν βίος εὐγηθὴς
ξυνθιασωτῶν μετὰ σεμνοτάτων
ἀρχαιοπρεπεῖς ἱστᾶσι χορούς·
ἐνθ' ἐθάμιζον θεοί, καὶ ἀρείω
κόσμον ἐκοσμεῖτ' αἰὲν ἄλυπον
παμφαὲς αἰὲν
φρόνιμον γένος οὐρανιώνων.
νῦν δ' οἰοφρόνων αἰθέρ' ἔρημον
πυρσῶν φλέγετε ψυχραῖσι βολαῖς,
μίμνετε δ' ἄκονθ' ὡς παρ' ἀγεννεῖ
νεαρῷ τε γένει, νῦν ὑπ' ἀνάγκης
διὰ νύκτ' ἀβάτους ἀνιόντα δρόμους
σιγὰς σιγαῖσιν ἀμειβομένους,
ἀγνῶτα λεὼν ἐφορῶντα κάτω·
κοὔ τι μεριμνῶντ' οὐδέ τι χαίροντ'
ἀφίλους ἀπόλεις φοιτᾶτε πλάνας,
κάμνοντα μὲν ὡς κάμνομεν ἡμεῖς,
ἀτὰρ οἰκείοις,
οὐχ ἡμετέροις καμάτοισιν.

COME not, when I am dead,
  To drop thy foolish tears upon my grave,
To trample round my fallen head
And vex the unhappy dust thou wouldst not save.
There let the wind sweep and the plover cry,
But thou, go by.
Child, if it were thine error or thy crime
I care no longer, being all unblest:
Wed whom thou wilt, but I am sick of time,
And I desire to rest.
Pass on, weak heart, and leave me where I lie:
Go by, go by.

                              TENNYSON.

IN questa tomba oscura
  Lasciami riposar:
Quando vivevo, ingrata,
  Dovevi a me pensar.

Lascia che l' ombre ignude
  Godan si pace almen,
E non bagnar mie ceneri
  D' inutile velen.

                    GIUSEPPE CARPANI.

ΜΗ δῆτ᾽ ἐπεμβαίνουσα κατθανόντι μοι
τάφον ματαίοις δάκρυσιν καθυβρίσῃς
κάρα μ᾽ ἄιστον λὰξ πατοῦσα, δυσπότμου
αἴκισμα τέφρας· οὐ γὰρ οὖν σῶσαί γ᾽ ἔτλης.
ἀρκεῖ ξυναλγεῖν ἤ θ᾽ ὑπαιθρία πνοὴ
πτηνῶν τ᾽ ἰυγαί· μὴ σύ γ᾽ ἐμβάλῃς πόδα.
ἄκουσα δ᾽ εἴθ᾽ ἥμαρτες ἢ λώβης χάριν
ἤδη λέγω παρ᾽ οὐδὲν ὧδ᾽ ἄνολβος ὤν·
γάμους γαμοῖ᾽ ἂν οὓς θέλοις, ζωῆς δ᾽ ἐγὼ
ἄσῃ κεκμηκὼς κἀναπαύεσθαι ποθῶ.
ἔρρ᾽ ὦ κέαρ μάταιον, ὡς κοίτας ποτὲ
σέθεν γ᾽ ἀμόχθους ἀλλ᾽ ἐκεῖ κοιμώμεθα.

———————

ΘΕΣΤΥΛ᾽, ἔα δνοφόεν με κατ᾽ ἠρίον ἐνθάδ᾽ ἀωτεῖν,
οὐ πότ᾽ ἔτι ζῶντος χρῆν σ᾽, ἀχάριστ᾽, ἀλέγειν,
φάσμ᾽ ἵνα περ σκιοειδὲς ἀπήμαντός γε καθεύδω·
μηδ᾽ ἁλίων ἰῷ τέγγε κόνιν δακρύων.

DRINK to me only with thine eyes,
 And I will pledge with mine;
Or leave a kiss but in the cup,
 And I'll not look for wine.
The thirst that from the soul doth rise
 Doth ask a drink divine:
But might I of Jove's nectar sup,
 I would not change for thine.

I sent thee late a rosy wreath,
 Not so much honouring thee
As giving it a hope that there
 It could not withered be.
But thou thereon didst only breathe,
 And sent'st it back to me:
Since when it grows, and smells, I swear,
 Not of itself, but thee.

BEN JONSON.

VENUS fair did ride,
 Silver doves they drew her
By the pleasant lawns
Ere the sun did rise.
Vesta's beauty rich
Opened wide to view her:
Philomel records
Pleasing harmonies.
Every bird of Spring
Cheerfully did sing:
Paphos' Goddess they salute.

HENRY CONSTABLE.

ΟΦΘΑΛΜΟΙΣ σὺ πρόπινε, προπίνω δ᾽ αὖ σοι ἐμοῖσι,
    δὸς φιάλᾳ τι φίλημ᾽, οἶνον ἄρ᾽ οὐκ ἀλέγω.
δίψα γὰρ ἀκ ψυχᾶς θείῳ τινὶ πώματι χρῆται,
    καὶ τὸ Διὸς πρὸ τεοῦ νέκταρος οὐ προφέρει.
ἄρτι ῥόδων σοι ἔπεμψα, τεὰν χάριν οὐ τόσον, ὅρμους,
    ὡς παρὰ σοὶ νομίσας οὐχὶ μαραινομένους·
αὐξομένους γ᾽ ἀπέδωκας, ἐπιπνεύσασά ποτ᾽ αὕτως,
    οἱ δέ τοι οὐχ αὑτῶν ἔπνεον, ἀλλὰ σέθεν.

ΑΡΓΥΡΟΠΕΖΑΝ ᾿Αφροδίταν
ἀργυροπτέρυγες πελειαὶ
πὰρ λειμῶνας ἐπηράτους
ἆγον ᾿Αελίου μόλις φανέντος.
Γᾶ μὲν εὐθαλέ᾽ ὥραν
ἐκκάλυψε θεᾶς χάριν,
μολπαῖσιν δ᾽ ἐλελίζετ᾽ αἰθὴρ
ἁδίσταισιν ἀηδόνων,
εἰαρινοὶ δ᾽ ὄρνιθες ἅμ᾽ εὐστομοῦσιν
τὰν Παφίαν πρὸς ἄνασσαν.

NEGLI occhi porta la mia donna Amore ;
　　Per che si fa gentil ciò ch' ella mira :
　Ov' ella passa, ogni uom ver lei si gira,
　E cui saluta fa tremar lo core.
Sicchè, bassando il viso, tutto smuore,
　E d' ogni suo difetto allor sospira :
　Fugge dinanzi a lei superbia ed ira ;
　Aiutatemi, donne, a farle onore.
Ogni dolcezza, ogni pensiero umile
　Nasce nel core a chi parlar la sente ;
　Ond' è beato chi prima la vide.
Quel ch' ella par quando un poco sorride,
　Non si può dicer, nè tener a mente,
　Sì è nuovo miracolo gentile.

DANTE, *Vita Nuova.*

THE rocks are cloven, and through the purple night
　I see cars drawn by rainbow-winged steeds
Which trample the dim winds : in each there stands
A wild-eyed charioteer urging their flight.
Some look behind, as fiends pursued them there,
And yet I see no shapes but the keen stars.
Others, with burning eyes, lean forth, and drink
With eager lips the wind of their own speed,
As if the thing they loved fled on before,
And now, even now, they clasped it. Their bright locks
Stream like a comet's flashing hair : they all
Sweep onward.

SHELLEY, *Prometheus.*

ΟΦΘΑΛΜΟΙΣΙΝ ἑοῖσι φέρει Μακαρηὶς Ἔρωτα,
ᾧ καταπραΰνει πάνθ' ὅσα που ποθορᾷ·
οὗ δ' ἂν ἴῃ, θαμὰ πάντες ὀπιζόμενοι σφε τρέπονται,
ᾧ κε προσαυδάσῃ, θῆχ' ὑποτρεῖν τὸ κέαρ,
ὥστε κατηφήσας τις ὑπωχριόων τε πρόσωπον
τᾶς σφετέρας μνάμων δύρεται οὐδενίας.
φυγγάνει ὕβρις ἐμὰν Μακαρηΐδα, φυγγάνει ἄχθος·—
σὺν δ' αἰνεῖτε, κόραι· μοῦνος ἐών γ' ἀπορῶ.
φροντὶς πᾶσ' ἀδεῖα κατὰ φρένα πᾶσά τε σώφρων
ἐγγέγον', αὐδώσας ὅστις ἔχει κλυέμεν,
πάμμακαρ, εἴ σφε δέδορκεν· ὁποίαν δ' ὄψιν ἔδειξεν
ἂν ὑπομειδάσῃ, τίς κε δύναιτ' ἐνέπειν;
οὐ φραστόν γε λόγοις, οὐ φροντίσιν ὄμμ' ὑπόληπτον,
καλλοσύνας τι νέον θαῦμα καὶ ἀμβρόσιον.

ΚΕΧΗΝΕ κρημνός, κυανέαν δ' ἂν' εὐφρόνην
τέθριπφ' ὁρῶ πώλοισιν αἰολοπτέροις
πατοῦντ' ἄημ' ἀμαυρόν· ἐν δ' ἱππηλάται
δίφροις ἐπιρροιζοῦσι δεινῶπες φυγήν·
χὡ μέν τις, ἐφόδους ὡς τρέσας ἀλαστόρων
παλίντροπ' ἴσχει δέργματ'· οὔ τι μὴν ἰδεῖν
πάρεστι, πλὴν διατόρον ἀστέρων σέλας·
ὁ δ' ἐμπύροις ὄσσοισι προσκύψας πνοὴν
τῶν αὐτὸς αὑτοῦ ταχυπετῆ δραμημάτων
ἔπιε, κατέπιεν, ὡς φθάσαν περ οὐπόθει
ἔχειν ἔχειν δὴ χερσὶν ἀλλὰ νῦν δοκῶν.
κόμαισι δ' ἀστράπτοντες ἀσσόντων δίκην
ἄστρων φέρονται πάντες ἐμμανῆ δρόμον.

COME with bows bent and with emptying of quivers,
    Maiden most perfect, lady of light,
With a noise of winds and many rivers,
   With a clamour of waters, and with might ;
Bind on thy sandals, O thou most fleet,
Over the splendour and speed of thy feet ;
For the faint east quickens, the wan west shivers,
   Round the feet of the day and the feet of the night.

Where shall we find her, how shall we sing to her,
   Fold our hands round her knees, and cling ?
O that man's heart were as fire and could spring to her,
   Fire, or the strength of the streams that spring !
For the stars and the winds are unto her
As raiment, as songs of the harp-player ;
For the risen stars and the fallen cling to her,
   And the south-west wind and the west wind sing.

                  SWINBURNE, *Atalanta.*

ΕΛΘΕ μοι ἀντιτόνοις   στρ.
τόξοις εὐφαρέτραν χερὸς ἐξανεγείρουσ' ἀκμὰν
παρθέν' ἀχραντοτάτα, φαεσίμβροτε,
ῥείθρων ἔλθ' ἀνέμων τε πολύρροθον
αἱρομένα κτύπον,
ἔν τε βαρυσφαράγων ὑδάτων μόλε
δίναισιν μαλεροῖς τε δραμήμασιν,
εἶ' ἄγε, καλλιπέδιλ' ὑποδήματα
δήσασ', ὦ ταχυτᾶτι κεκασμένα,
ἄρμεν' ἀελλόποδος βάσεως ἀμαρυγαῖς·
ἑσπέροθεν γὰρ αἰθὴρ
πὰρ ποδὶ νυκτὸς ἔφριξε παλιντρόπου,
ἄλλοθι δ' αὖ δνοφόεις περ ἐρεύθεται
ἀοῦς ἐφόδοισι φαενναῖς.
πῶς σέ γε, πότνια, πῶς   ἀντ.
εὕρωμεν; τίσιν εὐκελάδοις ὀάροις ὑμνῶμεν
σοῖς γόνασιν περιβαλλόμεναι χέρας;
εἰ γάρ πως μερόπεσσι πέλοι κέαρ
ἀνεμόεν φλογός—
ἢ φλογὸς ἢ ζαθέων ποταμῶν λαχὸν
ὤκιστον μένος, ὡς ἐφικοίμεθά σ'·
ἀλλ' ἀνέμων ἐλελιζομένων μέλος
ἠδ' ἄστρων στόλος ἀμφί σε βάλλεται,
εἵματος οὔτε λύρας παριόντα σ' ἄτιμον.
οὐδὲ γὰρ ἐκλέλοιπέν σ'
οὔτ' ἀνιὸν φάος οὔτε καταρρέπον
ἀλλὰ Νότος Ζεφύρου κελαδήμασιν
ἵησ' ὁμόφωνον ἀοιδάν.

EL Amor, hijo del cielo,
    Vida latente del mundo,
Germen de luz y fecundo
Manantial de consuelo,
Tiende muy alto su vuelo,
Y sobre los astros mora
En región encantadora
De la tierra tan lejana
Que á veces la mente humana
Donde vive Amor ignora.
Mas hay otro amor terreno,
Que de Amor usurpa el nombre,
Y ofrece, traidor, al hombre
En vez de nectar veneno;
Amor de malicia lleno,
En cuyo engañoso altar
Va el corazón a inmolar
Por un sueño su ventura;
Rico sueño mientras dura,
Horroroso el despertar.

JUAN VALERA.

DAS Meer erstrahlt im Sonnenschein,
    Als ob es golden wär'.
Ihr Brüder, wenn ich sterbe,
Versenkt mich in das Meer.

Hab' immer das Meer so lieb gehabt,
Es hat mit sanfter Fluth
So oft mein Herz gekühlet;
Wir waren einander gut.

HEINE.

ΜΑΚΑΡΩΝ μὲν Ἔρως γένος οὐρανίων,
πάγκοινος Ἔρως ἀφανής τε βίου
δωτήρ, φάεος σπέρμ᾽ ἀρχιγενές,
ζώφυτον αἰεὶ νᾶμ᾽ εὐφροσύνης,
πτέρυγ᾽ ὑψιπετῆ νωμῶν πέτεται
τῆλ᾽ ὑπὲρ ἄστρων,
ἵνα θεσπεσίοις δώμασι ναίει
χθονὸς ἡμετέρας ὧδ᾽ ἐκτοπίοις
ὥστε βροτεῖον δή ποτε θυμὸν
δώματ᾽ Ἔρωτος,
   ποῦ ποτὲ φοιτᾷ, διαφεύγειν.
ἔτι δ᾽ ἄλλος ἔρως ἔστι παρ᾽ ἡμῖν
κλέπτων μὲν Ἔρωτος ἐπωνυμίαν
θείου χθόνιος, κακόβουλος ἔρως,
νέκταρος ἰὸν
κακὸν ἀντάλλαγμα βροτοῖσι διδούς·
τοῦ δ᾽ ἐπὶ βωμοὺς τοὺς ψυχαπάτας
εἵνεκ᾽ ὀνείρων εὐημερίαν
ἔμολον θνητοὶ καταθύσοντες,
τότε μὲν τρυφερὸν χάρμα φερόντων,
ἀνεγερθεῖσιν δ᾽
   ἀμέγαρτον ἀμήχανον ἄλγος.

ΠΟΝΤΟΣ ὑπ᾽ ἀελίοιο δίκην χρυσοῖο λέλαμπεν.
  εὖτε θάνω, πελάγευς κρύπτετ᾽ ἀν᾽ οἶδμα, φίλοι.
οὐδὲ γὰρ ἅδιον οὐδὲν ἁλός μοι τᾶς ἀμιάντου·
  ἁ γὰρ μειλιχίοις μ᾽ ἀμφιπολεῦσ᾽ ὕδασι
πολλάκι δὴ κεκμηκὸς ἀνέψυχέν με φίλον κῆρ·
  τοία νὼ συνέδησ᾽ ἀμφοτέρω φιλία.

AND thou, my wife and child, all loves in one,
  Sweet life, sweet heart, fare ever well, and be
Blest of God's holier hand with happier love
Than here bids blessing on thee. Hark, the guard
Draws hither : noon is full : and where I go
Ye may not follow. Be not faint of heart :
I go not as a base man goes to death,
But great of hope. God cannot will that here
Some day shall spring not freedom : nor perchance
May we, long dead, not know it, who died of love
For dreams that were and truths that were not. Come :
Bring me but toward the landing whence my soul
Sets sail, and bid God speed her forth to sea.

SWINBURNE, *Marino Faliero.*

MUSIC, when soft voices die,
  Vibrates in the memory—
Odours, when sweet violets sicken,
  Live within the sense they quicken.
Rose-leaves, when the rose is dead,
Are heaped for the beloved's bed ;
And so thy thoughts, when thou art gone,
Love itself shall slumber on.

SHELLEY.

ΣΤ δ' αὖ δάμαρ τέκνον τε, διὰ μορφῆς μιᾶς
μείλιγμα διπλοῦν, χαῖρε λῆμ' ἐπήρατον·
θεός γ' ἐμοῦ σοι νῦν τὰ λῷστ' ἀρωμένου
μακαρτέραν ἔρωτος ἁγνίζοι δόσιν.
ἔα·
οἵδ' οὖν ἐπιστείχουσι, καὶ μεσημβρία
ἔστηκεν· εἶμι δ' ἔνθα σ' οὐ μολεῖν θέμις.
μηδὲν δ' ἀθύμει γ'· οὐ γὰρ ὡς κακός τις ὢν
ἄπειμ' ἐφέψων πότμον, ἀλλ' ὑπ' ἐλπίδος
ἰσχυρός· οὐ γὰρ ἔσθ' ὅπως κρινεῖ θεὸς
τὸ μήποτ' ἐλθεῖν τῇδ' ἐλεύθερον φάος·
οὐ κἂν ποθ' ἡμεῖς οἱ πάλαι τεθνηκότες
αἰσθοίμεθ', οἳ ποθοῦντες ὠλόμεσθα δὴ
ὕπαρ τὰ μὴ παρόντα συλλαβεῖν γ' ὄναρ.
νῦν μοι πρόπομπος ἴσθι τῆς ψυχῆς, ὅθεν
μεθορμιεῖται· πλοῦν δ' ἐπουρίζοι θεός.

ΝΑΜΑ μελιγλώσσοιο λέλοιπ' ὀπός, ἐν δ' ἔτι φρεσσὶν
ῥιπαὶ ἐυμνάστοις ζῶσ' ἐλελιζόμεναι·
οὐδ' ἅμ' ἴων χαρίεσσα πνοά, κἂν αὐτὰ μαρανθῇ,
ἔφθιτο· σῴζει γὰρ τὰν ἀνέγειρε πάθα.
λέκτρα χαμαιπετέεσσι ῥόδων πετάλοισιν ἐραστὰς
νῆσεν ἑᾷ κούρᾳ μαλθάκ' ἐνευδέμεναι·
ὡς ἀνθεῦντα τεᾶς ῥόδα φροντίδος, εὖτ' ἂν ἀποίχῃ,
αὐτὸς Ἔρως αὐτῷ κοῖτον ὑποστορέσει.

DAS Meer erglänzte weit hinaus
    Im letzten Abendscheine ;
Wir sassen am einsamen Fischerhaus,
Wir sassen stumm und alleine.

Der Nebel stieg, das Wasser schwoll,
Die Möwe flog hin und wieder ;
Aus deinen Augen liebevoll
Fielen die Thränen nieder.

Ich sah sie fallen auf deine Hand,
Und bin auf's Knie gesunken ;
Ich hab' von deiner weissen Hand
Die Thränen fortgetrunken.

Seit jener Stunde verzehrt sich mein Leib,
Die Seele stirbt vor Sehnen ;—
Mich hat das unglücksel'ge Weib
Vergiftet mit ihren Thränen.

HEINE.

UEBER die Berge steigt schon die Sonne,
    Die Lämmerherde läutet fern ;
Mein Liebchen, mein Lamm, meine Sonne und Wonne,
Noch einmal säh' ich dich gar zu gern.

Ich schaue hinauf mit spähender Miene—
Leb' wohl, mein Kind, ich wandre von hier !
Vergebens ! es regt sich keine Gardine ;
Sie liegt noch und schläft—und träumt von mir ?

HEINE.

ΜΑΡΜΑΙΡΕΝ μέγα λαῖτμα φλογιζόμενον πόντοιο
ὑστατίαις αὐγλας ἑσπερίας βέλεσιν·
ἐκτόπιον κατὰ δῶμα καθήμεθα γριπέος ἄμφω,
ἥμεθ' ἀκὴν ἀκέοντ', οἴοθεν οἰοπόλω.
αἶψα δ' ἔπειτ' ἐπόρουσε νέφη, φύρθη δε θάλασσα,
ἔνθα δὲ κῆκες ἴσαν κάνθάδ' ἐρεσσόμεναι,
ἐκ δὲ τεῶν ἀδινὸς μάλ' ὑφ' ἱμέρου, Ἡλιοδώρα,
ὀφθαλμῶν πίτυλος λείβετο δακρυόεις.
δάκρυα μὲν καθορῶ τὰν σὰν ἐπὶ χεῖρα πεσόντα,
σοῖσι δ' ἰδὼν νεύω πὰρ ποσὶ γουνυπετής·
δάκρυα δὴ τὰν χεῖρα κατέβρεχεν, ἐκ δ' ἄρα λευκᾶς
χειρὸς ἐγὼ βλεφάρων ἐξέπιον ρανίδα.
ἐκ τούτου μοι ὄλωλε μαραινόμενον χροὸς ἄνθος,
ἁ ψυχὰ δὲ πόθῳ τάκεται οὐλομένῳ·
ἦ γὰρ ἄνολβος ἐοῦσα δυσαμερίᾳ προσέμιξας
ἰῷ σῶν δακρύων κἄμ' ἀναπιμπλάμενον.

───────────

ΙΣΤΑΤΑΙ ἀκροτάτοισιν ἐπ' οὔρεσιν ἄλιος ἤδη,
μηκᾶται δ' ἀν' ἀγρούς πώεα τηλεφανῆ·
Ἀστερία, σὲ δ' ἐμᾶς ψυχᾶς φάος ἁδύ τε χάρμα,
εἴθε μοι ἐξείη κἂν ἐς ἅπαξ ἐπιδεῖν.
ζατῶ σ' ὀφθαλμοῖσι περισκοπέω τ' ἀνακύπτων,
καί σ' ἐνέπω χαίρειν ὡς ἀπονισσόμενος
μαψιδίως· θυρίδες γὰρ ἀκίνητοι μάλα πᾶσαι·
ἁ δ' εὕδει· περί μευ δ' ἄρ' ἂν ὀνειροπολοῖ;

THE sun and the serenest moon sprang forth ;
    The burning stars of the abyss were hurled
Into the depths of heaven ; the daedal earth,
  That island in the ocean of the world,
Hung in its cloud of all-sustaining air.
            But this divinest universe
            Was yet a chaos and a curse,
For Thou wert not : but, power from worst producing worse,
  The spirit of the beasts was kindled there,
    And of the birds, and of the watery forms,—
And there was war among them and despair
  Within them, raging without truce or terms.
The bosom of their violated nurse
  Groaned, for beasts warred on beasts and worms on worms,
And men on men ; each heart was as a hell of storms.

SHELLEY, *Ode to Liberty.*

FIRST our pleasures die, and then
    Our hopes, and then our fears : and when
These are dead, the debt is due,
Dust claims dust, and we die too.
All things that we love and cherish,
Like ourselves must fade and perish :
Such is our rude mortal lot :
Love itself would, did they not.

SHELLEY.

ΕΚΘΟΡ' ἀέλιος σελάνας τε μειλίχιον φάος,   στρ.
πανοὶ δ' ἐξ ἀφανοῦς ἄφαρ
ἐδίνηθεν αἰθέριοι
βένθε' ἀμφὶ πόλου· νᾶσος δ' ὡς ἐνὶ ῥοθίῳ θαλάσσας
αἰωρητὸν οὐρανόθεν γᾶς κύκλωμα δαιδάλεον
βάθρον ἐπ' ἀχλύος ἀερίας ἐξιδρυθὲν ἐφάνθη.
    ἀτὰρ οὖν θείας τόδ' ἄγαλμα τέχνης   σύστ.
    κόσμος ἄκοσμος κάτηρος ἔκειτ'·
    οὔπω γὰρ ἔφυς, πότνια· χείρω δ'
    ἀεὶ 'πὶ κακοῖς Κήρ τις ἀνιεῖσ'
    ἐξέφλεξεν θηρσί τ' ὀρείοις
    πτηνῶν τ' ἀγέλαις
    ὀργὰς ἐνύδροισί τε μορφαῖς.
τοῖς δ' ἄρ' ἔμπεσ' ἔρις θ' ὑπὸ στήθεσίν τ' ἄπορον κρύος,
λύσσ' ἄσπονδος, ἀμάχανος·   ἀντ.
βιασθεῖσα δὲ φρενόθεν
πάντροφος στένε γᾶ θηρείων τ' ἰδοῦσα φυτλῶν ἀπασῶν
ἀλλαλοκτόνους μανίας ἑρπετῶν τε καὶ μερόπων·
φρεσὶ γὰρ ἐρεβόθεν προσέπνει πάμφθαρτός τις Ἐρινύς.

ΠΡΩΤΟΝ μὲν ἐκθνήσκουσιν ἡδοναὶ βροτοῖς,
εἶτ' ἐλπίδες, τρίτον δὲ χοὶ φόβοι· τὸ δὲ
μεταῦθις, εὖτ' ἂν πάντ' ἀπῇ, τὸ πᾶν χρέος
τίνοντας, αὐτοὺς δὴ θανεῖν θνητοὺς ἐχρῆν.
ὅσ' ἂν τρέφωμεν καρδίας ἔσω φίλα
φθίνουσιν αὐτοῖς συμφθίνοντ' ἀποίχεται.
τοίᾳ γ' ἀνάγκῃ τρίβεται βροτῶν γένος·
εἰ μὴ γάρ, αὐτὸς ἂν τάχ' ἐξόλοιτ' Ἔρως.

H.   4

IN mezzo di duo amanti onesta altera
    Vidi una donna, e quel Signor con lei
Che fra gli uomini regna e fra gli Dei ;
E dall' un lato il sole, io dall' altr' era.
Poi che s' accorse chiusa dalla spera
Dell' amico più bello, agli occhi miei
Tutta lieta si volse ; e ben vorrei
Che mai non fosse in ver di me più fera.
Subito in allegrezza si converse
La gelosia, che 'n su la prima vista
Per sì alto avversario al cor mi nacque.
A lui la faccia lagrimosa e trista
Un nuviletto intorno ricoverse :
Cotanto l' esser vinto li dispiacque.

               PETRARCA, *Sonetto xcii.*

ES stehen unbeweglich
    Die Sterne in der Höh'
Viel tausend Jahr', und schauen
Sich an mit Liebesweh.

Sie sprechen eine Sprache,
Die ist so reich, so schön ;
Doch keiner der Philologen
Kann diese Sprache verstehn.

Ich aber hab' sie gelernet,
Und ich vergesse sie nicht ;
Mir diente als Grammatik
Der herzallerliebsten Gesicht.

               HEINE.

ΤΑΙ καὶ τᾷ δύ᾽ ἐρῶντε, μεταξὺ δὲ τῶν γεραρά τις
ὑψίφρων τε γυνά, σὺν δ᾽ ἄρ᾽ Ἔρως ἄμαχος,
πᾶσιν ὃς ἀνθρώποισι μέδει μετά τ᾽ ἀθανάτοισι·
ἦ δ᾽ ἕτερος μὲν ἐγὼ χἄτερος ἀέλιος.
ἁ δ᾽ ἐπεὶ ἀμφιχυθεῖσα φιλήτορος ᾔσθετο κύκλῳ
καλλίονός περ, ἐὰν ᾖχ᾽ ὑποστρεψαμένα
ὄψιν ἐμὰν εἰς ὄψιν ἑκοῦσα μάλ᾽—εἴθε γὰρ ὄσσοις
τῶνδέ μ᾽ ἐσαυγάζοι μήποτε πικροτέροις—
αἰφνιδίας μ᾽ ἀνέπλησε χαρᾶς· δεινὰ γὰρ ἂν᾽ ἧπαρ
ζηλοσύνα τοίου μ᾽ ἔλλαβεν ἀντιπάλου.
τῷ δ᾽ ὄψιν νεφέλα περιέστεγε δακρυόεσσαν
πένθιμος, οἰκείαν ἧσσαν ὀδυσσαμένῳ.

———

ΕΣΤΑΤ᾽ ἀκινήτοισιν ἀν᾽ οὐρανόν, ἀστέρες, ἕδραις
μυριετεῖς, δυσέρωτ᾽ ὄψιν ἀμειβόμενοι,
ἐν δ᾽ ὀμφὰν μὲν ἀφίετ᾽ ἐπήρατον, αὐδάεσσαν,
οὐδ᾽ ἄρα τὰν οὐδεὶς γραμματικῶν ἔμαθεν·
αὐτὰρ ἔγωγ᾽ ἔμαθόν τε μαθών τ᾽ ἐπιλάσομαι οὐδέν,
ἑρμηνέας γε λαβὼν Ἀστερίας βλέφαρα.

CANST thou, O cruel, say I love thee not,
　When I against myself with thee partake?
Do I not think on thee, when I forgot
Am of myself, all tyrant, for thy sake?
Who hateth thee that I do call my friend?
On whom frown'st thou that I do fawn upon?
Nay, if thou lour'st on me, do I not spend
Revenge upon myself with present moan?
What merit do I in myself respect,
That is so proud thy service to despise,
When all my best doth worship thy defect,
Commanded by the motion of thine eyes?
　But, love, hate on, for now I know thy mind:
　Those that can see thou lovest, and I am blind.

SHAKESPEARE.

ONE day I wrote her name upon the strand;
　But came the waves and washed it away:
Agayne I wrote it with a second hand,
　But came the tyde and made my paynes his pray.
Vayne man, sayd she, that doest in vaine assay
　A mortall thing so to immortalize:
For I my selve shall lyke to this decay,
　And eke my name bee wyped out lykewise.
Not so, quod I; let baser things devyze
　To dy in dust, but you shall live by fame:
My verse your vertues rare shall eternize
　And in the heavens wryte your glorious name,
Where, when as death shall all the world subdew,
Our love shall live, and later life renew.

SPENSER.

ΠΩΣ εἰπεῖν, σχετλία, ποτ᾽ ἔτλας ὡς οὐκ ἔραμαί σευ,
ὅστις ἐμὰν καθ᾽ ὕβριν σὰν χάριν ἀμφιέπω;
οὐ σέο φροντίδ᾽ ἔχω τὸν ἀεὶ χρόνον, αὐτὸς ἐμαυτοῦ
εἵνεκα σεῦ φρενόθεν, δεσπότι, λαθόμενος;
ὅς γε σοὶ ἐχθρὰ φρονῇ, τίς ἐμοὶ φίλος; ἢ τίνα σαίνω,
ᾧτινι σὺ ξυνάγῃς σκυθρὸν ἐπισκύνιον;
αὐτὸν δ᾽ ἢν ἄρ᾽ ὑπόδρα μ᾽ ἴδῃς, οὐκ εὐθὺς ἐμαυτοῦ
ποινάτωρ ἀπέβαν πόλλ᾽ ὀλοφυρόμενος;
ἢ τίν᾽ ἐμὰν ἀρετὰν αἰνῶ τόσον, ἅ γε φρόνημα
σᾶς ποτὲ λατρείας τέτροφ᾽ ἀγαυρότερον,
ᾧ ψυχᾶς τὸ κράτιστον ἐμᾶς σέο καὶ τὰ χερείω
πᾶν σέβεται, βλεφάροις σοῖσιν ἐπισπόμενον;
φιλτάτα, ἀλλ᾽ ἔχθαιρέ μ᾽, ἐπεὶ σοὶ δὴ νόον ἔγνων,
ὡς τὸν ὁρῶντα φιλεῖς μοῦνον, ἐγὼ δ᾽ ἀλαός.

ΑΣΤΕΡΙΑΣ ποτὲ τοὔνομ᾽ ἀλιπλάκτοις ἀμάθοισιν
ἔγραφον· ἠφάνισεν δ᾽ οἶδμα κορυσσόμενον·
δεύτερον αὖ παλάμας πόνον ἄμφεπον· ἀλλά μοι αὖτις
πόντος ἀναρροίαις ἔργον ὑπεξέλετο.
ἁ δ᾽ ἔφατ᾽, Ὦ κενεόφρον, ἄγαν μεταμώνια μοχθεῖς,
ὃς τὸ θνατὸν ἐρᾷς ἀθάνατον θέμεναι·
οὕτω γάρ ποτ᾽ ἐγὼ κατατάξομαι ἐκ χθονὸς αὐτά,
οὐδ᾽ ὑπὸ γᾶν κληδὼν ἔσσεται οἰχομένας.
Μὴ σύ γ᾽, ἔφαν· τὰ γὰρ ἄλλα χαμαιγενέ᾽ ἐν κονίαισι
κἂν φθινύθοι· σὺ δ᾽ ἐμαῖς ἄφθιτος εὐλογίαις
ἀνθήσεις· ἁμὰ γὰρ ἀριστεύουσαν ἀνέξει
Μοῦσ᾽ ὑπὲρ ἄστρα γράφουσ᾽ Ἀστερίας ὄνομα·
ἔνθ᾽, ὅτε Γᾶς Ἀΐδας εἷς κοίρανος ἔσται ἁπάσας,
ζήσεται ἄμμιν ἔρως ἀρτιθαλής τε βίος.

L A flor delicada, que apenas existe una aurora,
  Tal vez largo tiempo al ambiente le deja su olor—
Mas ¡ ay ! que del alma las flores, que un día atesora,
Muriendo marchitas no dejan perfume enredor.
La luz esplendente del astro fecondo del día
Se apaga, y sus huellas aún forman hermoso arrebol—
Mas ¡ ay ! cuando al alma le llega su noche sombría,
¿ Que guarda del fuego sagrado que ha sido su sol ?
Se rompe, gastada, la cuerda del arpa armoniosa,
Y aún su eco difunde en los aires fugaz vibración—
Mas todo es silencio profundo, de muerte espantosa,
Si da un pecho amante el postrero tristísimo son.

Doña Gertrudis Gómez de Avellaneda.

T HE colour from the flower is gone,
  Which like thy sweet eyes smiled on me ;
The odour from the flower is flown,
  Which breathed of thee and only thee !

A withered, lifeless, vacant form,
  It lies on my abandoned breast,
And mocks the heart which yet is warm
  With cold and silent rest.

I weep—my tears revive it not ;
  I sigh—it breathes no more on me ;
Its mute and uncomplaining lot
  Is such as mine should be.

Shelley.

ΕΝ μόνον ἆμαρ ἁβρὸν θαλέθει μόλις ἄνθος, ὅμως δὲ
χεῦέ ποτ᾽ ἀμφ᾽ αὔραις δαρὸν ἔτ᾽ εὐπνόϊαν·
τᾶς ψυχᾶς δ᾽, ὀλίγου κειμήλιον ἅματος, ἄνθη
οὐκέτι τὰν ὀδμὰν ἐσκέδασ᾽ ὀλλύμενα.
αἴγλα μὲν σβεσθεῖσα φυτάλμιος ἀελίοιο
ἴχνια παμφεγγῆ κάλλιπεν ἐν νεφέλαις·
τᾷ ψυχᾷ δ᾽ ὅτε νυκτὸς ἐπῇ δνόφος, εἰπέ, τί πάσχει
πῦρ ἱερόν, τὸ πάρος τᾶς φρενὸς ἅλιος ἦν;
ἁ λιγυρὰ μὲν ὄλωλε λύρα ῥηχθεῖσ᾽, ἔτι δ᾽ αὔρας
ἅψατο ῥιπαῖσιν βαί᾽ ἐλελιζομένα·
σιγὰ δ᾽ αὖ θανάτου φοβερωτέρα, εἰ δυσέρως φρὴν
τὸν πύματόν τε λέλακ᾽ οἰκτρότατόν τε γόον.

ΑΝΘΕΤΣ δή μοι φέγγος ἀπέφθιται, ἡδὺ γελώσης
σοῖσί ποτ᾽ ὀφθαλμοῖς εἴκελα προσγελάσαν·
πνεῦμα δ᾽ ἄρ᾽ ἐκ κάλυκος γλυκυμείλιχον ἐκπεπότηται
σεῦ ποτέ, σεῦ μούνης οὐρίσαν εὐπνοΐην.
νῦν δὲ μαραινομένοισι παρηβηκὸς πετάλοισι
ψυχρὸν ἐπὶ ψυχροῖς στήθεσί μοι φθινύθει,
ψυχρὸν ἔτι ζώῃσιν ἐφεζόμενον πραπίδεσσι
κεῖται ἐμῶν ὀδυνῶν αἰὲν ἄφωνος ὕβρις.
πολλὰ μὲν ἐνδάκρυσα, τὸ δ᾽ οὔ τι τὰ δάκρυ᾽ ἰαίνει·
πολλὰ δ᾽ ἐπιστενάχω, καὶ πάλιν οὐδὲ πνοὴν
ἧκεν ἔτ᾽, ἀλλ᾽ ἄφθεγκτον ἐὴν διακαρτερεῖ αἶσαν,
ὡς καὶ ἐγὼ τλαίην τἀμά γ᾽ ὑφιστάμενος.

FROM the winds of the north and the south
    They gathered as unto strife;
They breathed upon his mouth,
    They filled his body with life;
Eyesight and speech they wrought
    For the veils of the soul therein,
A time for labour and thought,
    A time to serve and to sin;
They gave him light in his ways,
    And love, and a space for delight,
And beauty, and length of days,
    And night, and sleep in the night.
His speech is a burning fire;
    With his lips he travaileth;
In his heart is a blind desire,
    In his eyes foreknowledge of death;
He weaves and is clothed with derision;
    Sows, and he shall not reap;
His life is a watch or a vision
    Between a sleep and a sleep.

                    SWINBURNE, *Atalanta*.

MAG da draussen Schnee sich thürmen,
    Mag es hageln, mag es stürmen,
Klirrend mir an's Fenster schlagen:
Nimmer will ich mich beklagen,
Denn ich trage in der Brust
Liebchen's Bild und Frühlingslust.

                    HEINE.

ΟΙ δὲ μεσαμβρίας τ᾽ ἀγερθέντες κἀκ βορέα βολᾶς,   στρ.
ὡς ἐπ᾽ ἔριν, κατὰ στόμ᾽ ἀνθρώπῳ πνεῦμα κατέπνεον
ζωάν τ᾽ ἐν αἵματι ῥαῖνον
φάος τ᾽ ἐπ᾽ ὄμμασιν
λόγον τε φροντίδων καλύπτραν,
καὶ παλάμαις τε νόῳ τ᾽ ἔθεσαν μέτρα
δουλοσύνας τ᾽ ἀλιτήματά τ᾽ ἔνταμον,
ὀρθοῦντες βίου κελεύθους.
ἵμερον αὖ χαράν τε μακραίωνάς τε θεὸς τροφὰς   ἀντ.
καλλοσύναν τ᾽ ὄπασσε καὶ νύκτας παννύχιόν θ᾽ ὕπνον,
γλώσσας τ᾽ ἀκμὰν πυρόεσσαν
τυφλόν τε καρδίας
πλάνημα καὶ πρόνοιαν Ἅιδου·
δῶκε δ᾽ ὑφῶντ᾽ ἐρέφεσθαι ὀνείδεσι,
δῶκεν ἄκαρπ᾽ ἀρόσαι, τὸ μεταίχμιον
οἰκουροῦνθ᾽ ὕπνων νύχευμα.

ΠΤΡΓΩΣΑΤΩ μὲν Ζεὺς νιφέτοις ὕπερ
αἶαν χολάσδαισίν τε κυκασάτω
   πάντ᾽ ὤρανον, βαρύκτυπος δὲ
      κὰτ θύριδας βιάσαιτ᾽ ἄελλα·
ἄμμες τάδ᾽ ἀχνασδήμεθεν οὐδάμως,
ἔσω γε καρδίας ἀνακειμέναν
   Μύρτως τε τὰν μείδαισαν ὦπα
      σύν τ᾽ ἔαρος χάριτας φόρεντες.

AH woe is me! Winter is come and gone,
　　But grief returns with the revolving year;
The airs and streams renew their joyous tone,
　The ants, the bees, the swallows reappear;
　Fresh leaves and flowers deck the dead Seasons' bier;
The amorous birds now pair in every brake
　And build their mossy homes in field and brere;
And the green lizard and the golden snake,
Like unimprisoned flames, out of their trance awake.

Through wood and field and stream and hill and ocean
　A quickening life from the Earth's heart has burst,
As it has ever done, with change and motion,
　From the great morning of the world, when first
　God dawned on chaos. In its steam immersed
The lamps of heaven flash with a softer light;
　All baser things pant with life's sacred thirst,
Diffuse themselves, and spend in love's delight
The beauty and the joy of their renewed might.

　　　　　　　　　　SHELLEY, *Adonais.*

WHEN first the world grew dark to me,
　　I called on God, yet came not he.
Whereon, as wearier waxed my lot,
On Love I called, but Love came not.
When a worse evil did befall,
Death, on thee only did I call.

　　　　　　　　　　AMY LEVY.

Ω μοι ἐγὼν οἰζυρός, ἐπῆνθ' ἀπὸ δ' ἔππαθ' ὁ χειμών,
ἦνθε δ' ἄμ' ὥραισιν πένθος ἀμειβομέναις·
μύρμακές τ' ἔμολόν τε χελιδόνες αἵ τε μέλισσαι,
ἀντεχάρη τ' ἀνέμοις νάματα μελπομένοις·
καδείοις στεφάνοισιν ἀποφθιμενᾶν τάφον ὡρᾶν
ἄνθεμ' ἐποίκιλεν καὶ θάλε' εἰαρινά,
ὄρνιχες δὲ πλέκοντι κατὰ δρία τοὶ φιλέρωτες
ποιάεντα λέχη σύνδυ' ἐποιχόμενοι·
οἷά τε φλὸξ ἀνόρουσε τέφρας, γλαυκὸς γαλεώτας
χὠ χρύσειος ὄφις κώματος ἐξέγρετο.
ὥρεα καὶ γουνὼς καὶ πίδακας ὑλαέσσας
καὶ πέλαγος γαίας ματρὸς ἀπὸ κραδίας
θαλπωρὰ διάιξε φερέσβιος, ὡς τὸ πάρος περ,
πάντα μεταπλάσσοισ', ἐξόχ' ὑπὲρ χάεος
ὄμμα θεῶ διέφαινεν. ἀν' αἰθέρα δ' ἀτμίσιν ἄστρα
βαπτόμεν' αὐγαῖσιν πραοτέραις σελαγεῖ·
τῶν δ' ὅσ' ἔφυ πολὺ δεύτερ', ἀνὰ χθόνα πάντ' ἐχαλάσθη
ἀσπαίροντα βίω δίψεῖ θεσπεσίῳ,
γαθοσύναν τ' ἐς ἔρωτος ἀνειμένα τᾶς τε νεανθέος
ἁδροσύνας ἱλαρῷ φέγγει ἀγαλλόμενα.

———

ΠΡΩΤΟΝ ἐπεί μοι φέγγος ἀμαυρώθη βιότοιο,
σύμμαχον ἀγκάλεον Ζῆν', ὁ δ' ἄρ' οὐκ ἔκλυεν.
ὡς δ' αὖθις μόχθοισι τύχη πλέον' ἔμβαλε μόχθον,
ἀγκάλεον τὸν Ἔρωτ', οὐδ' ἄρ' Ἔρως ἔκλυεν.
εἶτα δ' ἐπεὶ καὶ τῶνδε χερείων μοι περιέστη
αἶσα, σὲ δή, σὲ μόνον προσκαλέω, Θάνατε.

IO non lo dissi a voi, vigili stelle,
 A te no'l dissi, onniveggente sol :
Il nome suo, fior de le cose belle,
Nel mio tacito petto echeggiò sol.

Pur l' una de le stelle a l' altra conta
Il mio secreto ne la notte bruna,
E ne sorride il sol, quando tramonta,
Ne' suoi colloqui con la bianca luna.

Su i colli ombrosi e ne la piaggia lieta
Ogni arbusto ne parla ad ogni fior :
Cantan gli augelli a vol—Fosco poeta,
Ti apprese al fine i dolci sogni amor.—

Io mai no'l dissi ; e con divin fragore
La terra e il ciel l' amato nome chiama,
E tra gli effluvi de le acacie in fiore
Mi mormora il gran tutto—Ella, ella t' ama.

GIOSUÈ CARDUCCI.

ROMPENDO il sole tra i nuvoli bianchi a l' azzurro
 Sorride e dice—O primavera, vieni !—

Tra i verzicanti poggi con mormorii placidi il fiume
Ricanta a l' aura—O primavera, vieni !—

O primavera, vieni ! ridice il poeta al suo cuore
E guarda gli occhi, Lalage pura, tuoi.

GIOSUÈ CARDUCCI.

ΟΥΧ ὑμῖν ποτ' ἔειπον, ἀειφρούρων στόλος ἄστρων,
οὐδὲ σοί, ὦ κατὰ γᾶν "Αλιε πάντ' ἐφορῶν·
'Αστερίας ὄνομ' ἁδύ, καλῶν κάλλιστον ἁπάντων,
σῖγ' ἐν ἐμοῖς μοῦνον στήθεσιν ἐγκελάδει.
ἀλλά μοι ἄρρητόν περ ἀναυγάτου διὰ νυκτὸς
ἀστέρι πάντ' ἀστὴρ τὸν λόγον ἐξέφρασεν·
ἔφρασας ἁδὺ γελῶν, ἦμος κατὰ κύματα δύων,
"Αλιε, πρὸς μήναν τὰν ὀαριστὺν ἔχεις.
ἐν δὲ λόφοις σκιαροῖς ἐριθηλέσι τ' ἀϊόνεσσι
πᾶν δένδρον τόδε, πᾶν ἄνθος ἐμυθολόγει.
ὄρνεα δ' ἀμφιποτώμεν' ἔμελπ', 'Ω δύσφρον ἀοιδέ,
ὀψέ σ' ὅμως δ' ἐδίδαξ' ἁδέ' ὀνείρατ' "Ερως.
οὔ τοι ἔλεξ' οὐπώποτ', ἀτὰρ θεία τις ἰωὰ
γᾶθέν τ' οὐρανόθεν τ' οὔνομ' ἴησ' ἐρατόν·
κηῶδές τι πνέει μοι τἄνθεμα, πᾶς θ' ἅμ' ὁ κόσμος
'Αστερία σύ, λέλακ', 'Αστερίᾳ φίλος εἶ.

ΑΕΛΙΟΙΟ γέλασμα δι' αἰθέρος ἀργυροέσσας
ἐσκέδασεν νεφέλας, εἴαρος ἀγγελίαν·
εὐστομέει δὲ τὸ ῥεῦμα χλοαζούσας ἀνὰ κλιτῦς
πνεύμασιν ἀνταχεῦν εἴαρος ἀγγελίαν.
εἴαρος ἀγγελίαισι φίλαν φρένα θάλψεν ἀοιδός,
'Αστερία, τὸ τεὸν παρθένον ὄμμ' ἐσορῶν.

Semichorus I.

WOULD I were the winged cloud
  Of a tempest swift and loud!
  I would scorn
  The smile of morn
And the wave where the moonrise is born!
  I would leave
  The spirits of eve
A shroud for the corpse of the day to weave
From other threads than mine!
Bask in the blue noon divine
  Who would, not I.

Semichorus II.

Whither to fly?

Semichorus I.

Where the rocks that gird th' Aegean
Echo to the battle paean.
  Of the free—
  I would flee
A tempestuous herald of victory!
  My golden rain
  For the Grecian slain
Should mingle in tears with the bloody main,
  And my solemn thunder-knell
  Should ring to the world the passing-bell
  Of tyranny!

SHELLEY, *Hellas.*

ΕΙΗΝ μὲν ὑπόπτερος   στρ.
πρηστῆρος ἐριβρόμου
πνοιά, πρόδρομον νέφος·
μειδήμασίν τ᾿ ἀτιμάσασ᾿
᾿Αοῦς φρέν᾿ ἰαίνειν,
θαλασσίας τ᾿ ἀφρογενοῦς μῆνας γονάς,
πέπλον δὲ θναισκούσας ἑῶσ᾿
ἀμέρας τὰν νύχθ᾿ ὑφαίνειν
οὐκ ἐμῶν ἐκ στημόνων,
ἐν δ᾿ αὐγαῖς μεσαμερινῶν
κυανέαις θείων τροχῶν
τὰς ἀερονηχεῖς
εἴκουσ᾿ οἷς φίλον κάμπτειν τροπάς,
τῆλε πετοίμαν—
ἢ ποῖ, τάχ᾿ ἔροιό μ᾿ ἄν,   ἀντ.
νωμῶσ᾿ ἐλαφρὰν φυγάν;
ἔνθ᾿ εἰνάλιαι πέτραι
Θερμαῖον εἴργουσαι κλύδων᾿
ἀχοῦσ᾿ ἀλαλατοῖς
ἐλευθέρων, ἀγγελίαν νικαφόρον
κάρυξ ἀελλαῖος φέροιμ᾿,
ὄμβρον εὔχρυσον, θανόντων
πένθος ῾Ελλάνων ὕπερ,
λείβουσ᾿ οἶδμ᾿ ἐφ᾿ αἱματόεν,
πᾶσιν ὅπως εὐαγγέλοις
βρονταῖσι προφωνῶ,
τοῦ θνατοῖσιν ἐχθίστου βαθὺ
πτῶμα τυράννου.

ICH lieb' eine Blume, doch weiss ich nicht welche;
　Das macht mir Schmerz:
Ich schau' in alle Blumenkelche,
Und such' ein Herz.

Es duften die Blumen im Abendscheine,
Die Nachtigall schlägt;
Ich such' ein Herz so schön wie das meine,
So schön bewegt.

Die Nachtigall schlägt, und ich verstehe
Den süssen Gesang:
Uns beiden ist so bang und wehe,
So weh und bang.

HEINE.

———————

ICH wollt' meine Schmerzen ergössen
　Sich all' in ein einziges Wort,
Das gäb' ich den lustigen Winden,
Die trügen es lustig fort.

Sie tragen zu dir, Geliebte,
Das schmerzerfüllte Wort;
Du hörst es zu jeder Stunde,
Du hörst es an jedem Ort.

Und hast du zum nächtlichen Schlummer
Geschlossen die Augen kaum,
So wird dich mein Wort verfolgen
Bis in den tiefsten Traum.

HEINE.

ΑΝΘΕΟΣ ἱμείρω μέν, ὅτευ δέ τοι οὐκέτ᾽ ἴσαμι,
τοῦ δ᾽ ἕνεκ᾽ ἐν στέρνοις ἄλγος ἔχει με κέαρ.
ἀνθέων ἐν καλύκεσσι περισκοπέων ἀνερευνῶ
σύμφωνον κραδίᾳ θἀμετέρᾳ κραδίαν.
δύνει δ᾽ εὔδιον ἆμαρ, ἀηδονίδες δ᾽ ἀπὸ δένδρων
μέλπουσιν, γλυκερὰν δ᾽ ἄνθεμ᾽ ἵησι πνοάν.
ἐν δ᾽ ἄρα τοῖς φοιτῶ διζήμενος, οἷά τε κἀμοὶ
φροντίσιν ἱμερταῖς κῆρ ἐρεθιζόμενον.
μέλπει γ᾽ ἐν δένδροισιν ἀηδονίς· αὐτὰρ ἐγώ τοι
τὰν μολπὰν ἀίων τὰν λιγυρὰν ἔμαθον,
κάρτ᾽ ἔμαθον δύστανος· ἐπεὶ μία μοῖρα δύ᾽ ὄντε
ἔλλαχε, θυμοβόρον πένθος ἔσωθεν ἔχειν.

ΕΙΘΕ μιᾷ πᾶν τοὐμὸν ἄχος προχέαιμ᾽ ἐνὶ φωνᾷ,
τὰν ἐλαφροῖς δοίην ῥίμφα λαβεῖν ἀνέμοις·
οἱ δ᾽ ἄρα τὸν στονόεντα, φίλα, λόγον ὡς σὲ φέρουσι,
καὶ σὺ παναμέριον πανταχόθεν τε κλύεις.
καὶ γὰρ ἐπὰν ὕπνῳ νύχιον μόλις ὄμμα συνάψῃς,
ἐς βαθύ περ διαδὺν τοὔπος ὄναρ μεθέπει.

¿QUIEN interroga á los sepulcros? Nadie
Sabrá jamas lo que en su abismo encierran.
¿Es la vida? ¿Es la muerte? ¿Es el principio?
¿Es el fin? ¿Es la nada? ¡Eterno enigma!
¡Este es el mundo! El vértigo en su altura;
Abajo el bullente podredumbre,
Y en el altar la sombra.

GASPAR NÚÑEZ DE ARCE.

I CANNOT feed on beauty for the sake
Of beauty only, nor can drink in balm
From lovely objects for their loveliness;
My nature cannot lose her first imprint;
I still must hoard and heap and class all truths
With one ulterior purpose: I must know!
Would God translate me to his throne, believe
That I should only listen to his word
To further my own aim! For other men
Beauty is prodigally strewn around,
And I were happy could I quench as they
This mad and thriveless longing, and content me
With beauty for itself alone: alas,
I have addressed a frock of heavy mail
Yet may not join the troop of sacred knights;
And now the forest creatures fly from me,
The grass-banks cool, the sunbeams warm no more.

BROWNING, *Paracelsus*.

ΤΙΣ ποτὲ τὰς θήκας ἀνερήσεται; ἢ τίς ἂν εἴποι
αὐτόθι τὸ χθονίοις πυθμέσιν εἰργόμενον;
ἢ βίος; ἢ θάνατος; πάντων τέλος ἢ τὸ κατ' ἀρχάς;
ἤ ῥα τὸ μηδὲν ἐόν; Σφιγγὸς ἀμηχανίη.
τοιόσδ' ἐστὶν ὁ κόσμος· ἄνω δίνη, τὰ κάτω δὲ
ζεῖ σῆψις, βωμοῖς δ' ἀμφεχύθη τὸ κνέφας.

———————

ΟΥ καλλονῆς γ' ἕκατι καλλονῇ φρένα
βόσκειν ἔχοιμ' ἄν, οὐδ' ὅσ' ἦν ἐράσμια
τῇ σφῶν με χάριτι θυμὸν ἀλδαίνοι μόνῃ.
τύπῳ γὰρ ἐμμένοντα τἀρχαίῳ φύσεως
κοσμεῖν ἀθροίζειν πάντα τἀληθῆ χρεὼν
πρὸς ἓν τόδ', ἄλλο δ' οὐδέν, ὡς εἰδῶ μόνον.
εἰ γὰρ μεταστάντ' ἐς θεῶν ἕδη δέοι
Ζηνός μ' ἀκούειν φθέγματ', οὐ, σάφ' ἴσθ', ἐγὼ
ἄλλου χάριν κλύοιμ' ἂν ἢ τοὐμοῦ χρέους.
ἄλλοις μὲν ἄφθονόν τι καλλονῆς γάνος
προὔκειθ', ὃ κἀγὼ σφόδρ' ἂν εἱλόμην λαχὼν
δίψος τόδ' ἄπορον φρενομανές τ' ἀποσβέσαι,
εἴ πως τὸ κάλλος αὔτ' ἐπαρκέσειέ μοι·
ἀτὰρ φέρων νάρθηκα δυσπλάνοις ὁδοῖς
οὐ ξυντελεῖν Βάκχοισιν ἢ κατάξιος·
φεύγει μ' ἀν' ὕλην θηρί', οὐδαμῇ δ' ἔτι
ψύχει με λειμὼν οὐδὲ θερμαίνει φάος.

ALTHAEA.

NIGHT, a black hound, follows the white fawn day,
　　Swifter than dreams the white flown feet of sleep;
Will ye pray back the night with any prayers?
And though the spring put back a little while
Winter, and snows that plague all men for sin,
And the iron time of c rsing, yet I know
Spring shall be ruined with the rain, and storm
Eat up like fire the ashen autumn days.
I marvel what men do with prayers awake
Who dream and die with dreaming; any god,
Yea the least god of all things called divine,
Is more than sleep and waking; yet we say
Perchance by praying a man shall match his god.
For if sleep have no mercy, and man's dreams
Bite to the blood and burn into the bone,
What shall this man do waking?　By the gods,
He shall not pray to dream sweet things tonight,
Having dreamt once more bitter things than death.

CHORUS.

Queen, but what is it that hath burnt thy heart?
For thy speech flickers like a blown-out flame.

ALTHAEA.

Look, ye say well, and know not what ye say;
For all my sleep is turned into a fire,
And all my dreams to stuff that kindles it.

SWINBURNE, *Atalanta.*

ΑΛ. ΝΤΞ μὲν μέτεισιν ἡμέραν, λευκὸν νέβρον
κυὼν μέλαινα, λευκόπουν ὕπνου φυγὴν
θᾶσσον τὰ νυκτὸς ἢ φθάνει φαντάσματα.
ποίαις δ᾽ ἐπῳδαῖς εὐφρόνην κηλήσετε
ἄψορρον ἐλθεῖν; καὶ γὰρ εἰ βραχὺν χρόνον
ἤμυν᾽ ἔαρ χειμῶνα κἀλιτημάτων
μιάστορας θνητοῖσι νιφοβόλους δύας,
ὥραν ἀπευκτόν, ἄμαχον, ἀλλ᾽ ἔξοιδά τοι
ὄμβρον τ᾽ ἔαρ φθεροῦντα καὶ βροντὴν θέρος
γνάθοις ἀναλώσουσαν ἠνθρακωμένον.
τί δ᾽ ἔργον εὐχῶν τοῖς ἀγρυπνοῦσίν γ᾽, ὅσους
ὀνείρασι ξυζῶντας εἶθ᾽ Ἅιδης ἔχει;
θεὸς γάρ, εἴ τι παντὸς ὑστερῶν ἔφυ
ὃ δὴ καλεῖται θεῖον, ἀλλ᾽ ὕπνου γέ που
ἀγρυπνίας τε κρεῖσσον· εἶτ᾽ εὐχῶν διὰ
βροτοὶ θεοῖς ἂν δῆθεν ἐξισοίατο;
εἰ δ᾽ ὕπνος ὧδ᾽ ἄνοικτος, εἰ δ᾽ ὀνείρατα
πᾶν αἷμα δάκνει, πάντ᾽ ἀναφλέγει μέλη,
τί δῆτ᾽ ἐγερθεὶς δρᾷ τις; ἆρ᾽ εὔχοιτό γ᾽ ἂν
τερπνοῖς ξυνεῖναι νυκτεροῖσι φάσμασιν,
Ἅιδου πάροιθεν εἰσιδὼν ἀλγίονα;

ΧΟ. ἄνασσα, ποίᾳ πημονῇ δαίει κέαρ;
ἔφριξε γοῦν ὁ μῦθος ὡς φθίνουσα φλόξ.

ΑΛ. ὀρθῶς γ᾽ ἐλέξατ᾽ οὐδὲν εἰδυῖαι, φίλαι,
ἐμοὶ γὰρ ὕπνος πᾶς ὁμοιοῦται πυρί,
ὃν πάντ᾽ ὄνειρα ζώπυρ᾽ ὣς ἀναφλέγει.

O THOU to whom on the sun-bright mountains
    We chirped and chattered within the yew,
Or on red fruits falling by orchard fountains,
  Fresh, well watered by rain and dew!
Oh! how oft hast thou heard Ilissus' meadows
  Of olives quiver with morning tune,
Or the nightingale's notes through the garden shadows
  Ring on the river beneath the moon!

              W. J. COURTHOPE, *Paradise of Birds.*

WARUM sind denn die Rosen so blass,
    O sprich, mein Lieb, warum?
Warum sind denn im grünen Gras
Die blauen Veilchen so stumm?

Warum singt denn mit so kläglichem Laut
Die Lerche in der Luft?
Warum steigt denn aus dem Balsamkraut
Hervor ein Leichenduft?

Warum scheint denn die Sonn' auf die Au
So kalt und verdriesslich herab?
Warum ist denn die Erde so grau
Und öde wie ein Grab?

Warum bin ich selbst so krank und so trüb',
Mein liebes Liebchen, sprich!
O sprich, mein herzallerliebstes Lieb,
Warum verliessest du mich?

                     HEINE.

Ω φίλταθ', ᾧ ποτ' ἐν πάγοις   στρ.
εὐηλίοις ἀπ' ὄγχνης
τὸν ἀμφίλαλον νόμον
τρίζοντες, ἵν' εὐδρόσων
καρπῶν ἐρυθρὸν γάνος
κεῖται παρὰ κρουνῷ
πέσημα νεοθαλὲς κλάδου
διαυγέσσιν ὑπ' ὄμβροις,
Ἴλισσον ἠλελίζομεν   ἀντ.
ἠῷον ἀμφ' ἐλαίας
μινυρόμενοι μέλος·
δείλῃ δ' ὑπ' ἀκρεσπέρῳ
κήποισι βαθυσκίοις
μήνη τ' ἀνέτελλεν,
ξυνῳδία τ' ἀηδόνων
ἐπήχει κατὰ ῥεῖθρον.

ΕΙΠΕ μοι, ὦ χαρίεσσα, τί δὴ ῥόδα πάντ' ἐμαράνθη,
    πῶς δ' ἴα χλωροκόμοις εἰαμεναῖσι νοσεῖ;
πῶς κορυδὸς νόμον οἰκτρὸν ἀν' οὐρανὸν ὧδε μελίζει,
    ὡς δέ τιν' ἐκ τύμβου χεῖ μελίτεια πνοάν;
στυγνὸν τί κρυερόν τε διαὶ λειμῶνα δέδορκεν
    ἄλιος, ἐς δὲ τέφραν γαῖα μέλαιν' ἐσάπη;
αὐτὸς δὴ τί καμὼν τάδ' ἀτύζομαι; ὦ πολὺ πασῶν
    εἰπέ μοι ἀδίστα, πῶς σύ μ' ἔτλας προλιπεῖν;

KING by king came up against them, sire and son, and turned to flee,
    Host on host roared westward, mightier each than each, if more
        might be :
Field to field made answer, clamorous like as wave to wave at sea.
Strife to strife responded, loud as rocks to clangorous rocks respond
Where the deep rings wreck to seamen held in tempest's thrall and bond,
Till when war's bright work was perfect peace as radiant rose beyond :
Peace made bright with fruit of battle, stronger made for storm gone
    down,
With the flower of song held heavenward for the violet of her crown
Woven about the fragrant forehead of the fostress maiden's town.

SWINBURNE.

O MOTHER, I am not fain to strive in speech
    Nor set my mouth against thee, who art wise,
Even as they say, and full of sacred words.
But one thing I know surely, and cleave to this ;
That though I be not subtle of wit as thou
Nor woman-like to weave sweet words, and melt
Mutable minds of wise men as with fire,
I too, doing justly and reverencing the gods,
Shall not want wit to see what things be right.
For whom they love and whom reject, being gods,
There is no man but seeth, and in good time
Submits himself, refraining all his heart.

SWINBURNE, Atalanta.

ΤΟΤΣ δ᾽ ἀλαπάξων ἐπ᾽ ἄνακτί τ᾽ ἄναξ, πατρὶ παῖς, λαός τ᾽ ἐπὶ λαῷ,
ἀναριθμήτου γ᾽ ἀναρίθμητον πλῆθος πλήθους ὑπεραῖρον,
ἀλαλῇ δεινῇ ζέφυρόνδε βρέμων ὥρμησ᾽, ἐσύθη παλίνορσος.
ἀντὶ γὰρ ἤχησε πέδῳ πέδον, ὥστ᾽ ἀνὰ πόντον κύματι κῦμα,
ὥστ᾽ ἐπέκλαγξαν σκόπελοι σκοπέλοις, νείκους πλέον ἔβραχε νεῖκος,
οἷα λέλακεν ναύταις ὄλεθρον πέλαγος χειμῶνι δαμεῖσιν.
εὖτε δ᾽ ἐκράνθη κύδιστος ἀγὼν πολέμου, φαιδρωπὸς ἀνῄει
πότνι᾽ Εἰρήνη καρποῖσι μάχης ὄμβρῳ τ᾽ ἀνθοῦσα πεσόντι,
Μουσῶν στέφος οὐρανόθεν νύμφης ἐπ᾽ ἰοπλοκάμου προφέρουσα
κρᾶτ᾽ ἀμβρόσιον, προμάχου κούρης σεβίσασ᾽ εὔπυργον ἄγαλμα.

ΟΤ βούλομαι σοί, μῆτερ, ἐς λόγων μολεῖν
στομώσεως ἄμιλλαν, ἥτις εἶ σοφή,
ὥς φασιν αἵδε, χὠσίων λόγων πλέα.
ἀλλ᾽ ἕν γε μὴν κάτοιδα κοὐκ ἀφίσταμαι·
οὐ γάρ τι κἀγὼ φροντίδας πυκνός τις ὢν
δίκην γυναικὸς ζωπυρῶ τὰ τέρπν᾽ ἔπη,
σοφοῖσιν ἀστάθμητον ὡς τήκειν φρένα·
ὅμως δίκην τε καὶ θεοὺς αἰδούμενος
οὐδ᾽ αὐτὸς ἂν λείποιμι μὴ οὐχ ὁρᾶν ἃ χρή.
οὓς γὰρ φιλοῦσιν οὕς τ᾽ ἀναίνονται θεοὶ
οὐκ ἔστιν ὅστις οὐχ ὁρᾷ, μαθών ποτε
εἴκειν χαλινῷ τ᾽ ὀχμάσαι τὸ πᾶν κέαρ.

WERE I a king, I might command content;
  Were I obscure, unknown should be my cares;
And were I dead, no thoughts should me torment,
 Nor words, nor wrongs, nor love, nor hate, nor fears.
A doubtful choice for me, of three things one to crave,
A Kingdom, or a Cottage, or a Grave.

      EDWARD DE VERE, *Earl of Oxford.*

WERT thou a king, yet not command content;
  Since empire none thy mind could yet suffice:
Wert thou obscure, still cares would thee torment;
 But wert thou dead, all care and sorrow dies.
An easy choice, of three things one to crave—
No Kingdom, nor a Cottage, but a Grave.

        SIR PHILIP SIDNEY.

ITHOCLES. PENTHEA.

Ith. DEATH waits to waft me to the Stygian banks,
  And free me from this chaos of my bondage;
And till thou wilt forgive, I must endure.
Pen. Who is the saint you serve?
       Ith. Friendship, or nearness
Of birth to any but my sister, durst not
Have moved that question; 'tis a secret, sister,
I dare not murmur to myself.
      Pen. Let me,
By your new protestations, I conjure ye,
Partake her name.
     Ith. Her name? 'tis—'tis—I dare not.
      JOHN FORD, *The Broken Heart.*

ΕΙ γ' ἦ τύραννος, εἶχον εὐθύμως τάχ' ἄν,
ἀγνὼς δὲ φύς τις, ἔλαθον ἂν λυπούμενος,
θανὼν δ' ἂν ἐννοίαισιν οὐκ ἠλαυνόμην
παθημάτων τε πραγμάτων τ' ἄμοιρος ὤν.
τρισσῶν ἄρ' ἄπορός εἰμι τίνα λάβω μόρον,
τύραννον εἴτε πτωχόν, ἢ τὸ κατθανεῖν.

———

ΤΑΧ' οὐδ' ἂν ἦσθ' εὔθυμος, ὡς τύραννος ὤν,
ἀρχὴ γὰρ οὔτις νοῦν γ' ἂν ἐκπλήσειέ σοι·
ἀγνῶτα φύντα κἂν μέριμν' ἔκναιέ σε·
ἀτὰρ θανόντι συντέθνηκε πάντ' ἄχη.
ὥστ' εὐμαρὲς τἄρ' ἕνα τριῶν λαβεῖν μόρων,
τύραννον οὔτε πτωχόν, ἀλλὰ τεθνάναι.

———

ΙΘ. ΠΑΛΑΙ μὲν ὡς πέμψων μ' ὑπὲρ Στυγὸς πάρα
"Αιδης ἀφήσων τ' ἀσκόπου δεσμῶν τύχης·
σὺ δ' ἔς τ' ἂν αἰδέσῃ με, καρτερητέον.
ΠΕ. τίνος δ', ἀδέλφ', ἔρωτος ἁγνίζεις σέβας;
ΙΘ. οὐκ ἔστιν οὔτ' οἰκεῖος οὔθ' ἧλιξ, ὃς ἂν
θαρσῶν γε, σοῦ δίχ', ὦ κασίγνητον κάρα,
ἔροιθ' ἅ γ' οὐδ' ἐμαῖσι κοινῶσαι φρεσὶ
τλαίην ἄν. ἄρρητον γὰρ ἄρρητον τόδε.
ΠΕ. πρὸς τῶν νεοπαγῶν λιπαρῶ σ' ὁρκωμάτων,
σὺ δ' ἀλλὰ τοὔνομ' εἰπὲ τῆς νεανίδος.
ΙΘ. τί τοὔνομ'; ἦν—τί φῶ ποτ'; οὐ σωκῶ λέγειν.

OR poserai per sempre,
   Stanco mio cor. Perì l' inganno estremo,
Ch' eterno io mi credei. Perì. Ben sento,
In noi di cari inganni,
Non che la speme, il desiderio è spento.
Posa per sempre. Assai
Palpitasti. Non val cosa nessuna
I moti tuoi, nè di sospiri è degna
La terra. Amaro e noia
La vita, altro mai nulla; e fango è il mondo.
T' acqueta omai. Dispera
L' ultima volta. Al gener nostro il fato
Non donò che il morire. Omai disprezza
Te, la natura, il brutto
Poter, che, ascoso, a commun danno impera,
E l' infinita vanità del tutto.

                                         LEOPARDI.

SIE haben mich gequälet,
   Geärgert blau und blass,
Die Einen mit ihrer Liebe,
Die Andern mit ihrem Hass.

Sie haben das Brot mir vergiftet,
Sie gossen mir Gift in's Glas,
Die Einen mit ihrer Liebe,
Die Andern mit ihrem Hass.

Doch sie, die mich am meisten
Gequälet, geärgert, betrübt,
Die hat mich nie gehasset,
Und hat mich nie geliebt.

                                         HEINE.

ΝΥΝ, κραδίη κάμνουσα, πόνων ἀναπαύσεαι αἰέν·
ὤλετο γὰρ ψεῦδος τοὖσχατον, ᾧ πίσυνος
ἐπλασάμην μοι ἐμαυτὸν ἀνώλεθρον· οἴχεται ἤδη,
οἴχεται, ἐν δ' ἡμῖν οὐ μόνον ἐφθάραται
ἐλπίδες ἐξαπάτης εὐτερπέος, οὐ γὰρ ἔτ' ἔστιν
οὐδὲ πόθος, σάφ' ἴσημ'· ἡσυχίην ἄρ' ἔχε.
καὶ γὰρ ἅδην τετάραξαι, ἐπεὶ γένετ' οὐδὲν ἂν' αἶαν
οὔτε τεῆς ταραχῆς ἄξιον οὔτε γόων.
πικρὸν γὰρ τὸ ζῆν, τίς ἀναίνεται; ἐστὶ δὲ πάντα
αὐχμήεσσα κόνις· ταῦτα δὲ μή σε πονοῖ·
νῦν ἄρ' ἀθύμησον τὸ πανύστατον· ἄμμι γὰρ οὐδὲν
Μοῖρα θεῶν δώρημ' ὤπασε, πλὴν θάνατον.
νῦν ἄρ' ἔα σαυτήν τε φύσεώς τ' ἀλαὸν σθένος, ἄτην
πάγκοινον, πάντων τ' ἄσκοπον οὐδενίην.

————

ΟΣΣΟΝ ἀνιῶσίν με καταξαίνουσί τ' ὀχλεῦντες
οἱ μὲν ὑπαὶ φιλίας, οἱ δέ μ' ὀδυσσάμενοι.
ἰῷ μὲν ποτὸν ἁδύ, βορὰν δ' ἀνεπίμπλασαν ἰῷ
οἱ μὲν ὑπαὶ φιλίας, οἱ δέ μ' ὀδυσσάμενοι.
ἁ δὲ μάλισθ' ὑβρίσασά μ' ἀνιάσασά τε πάντων
οὔποτέ μ' οὔτ' ἐφίλησ' οὔτ' ἄρα μ' ὠδύσατο.

DEATH, I would plead against thy wrong,
    Who hast reft me of my love, my wife,
  And art not satiate yet with strife,
But needs wilt hold me lingering long.
No strength since then has kept me strong :
  But what could hurt thee in her life,
    Death ?

Twain we were, and our hearts one song,
  One heart : if that be dead, thy knife
  Hath cut me off alive from life,
Dead as the carver's figured throng,
    Death !

                SWINBURNE (*from Villon*).

Mary. HAVE I not done a queenlike work today ?
    I have made attaint my traitors of myself,
With no man at my hand to strengthen me
Have gone before the lords of the articles
And set my will upon them like a seal,
And they for their part set on their old friends
The bloody seal of treason signed of death
And countersigned of burning ignominy.
You were half fearful, you, lord chancellor,
You my good servant ; but I knew their necks
Were made to take the impression of my foot,
Their wills and souls the likeness of mine own,
And I have used them for the things they are.

                SWINBURNE, *Bothwell*.

Ω Θάναθ', ὧν ἀδικεῖς ἐπιμέμψομαι, ὅς με δάμαρτα
τὰν γλυκερὰν ἀφελὼν τὰν τριφίλητον ἔχεις·
οὐδ' ἄρα πω στυγεροῖο κόρος σ' ἔχει οὐδαμὰ νείκευς,
ἀλλ' ἀέκοντ' εἴργεις ὧδέ μ' ἐρυκόμενον.
τᾶς μὲν ἀποιχομένας οὔ μοι κράτος οὐδὲν ἀρήγει,
ζωούσας δὲ τί σοὶ δύσφορον ἦν, Θάνατε;
δισσοῖν τοι νῷν οὖσι συνάδεσκεν μίαν ᾠδὰν
ἓν κέαρ· εἰ δ' ἄρα τοῦτ' οἴχεται εἰς Ἀίδεω,
ζῷον ἀπὸ ζωᾶς με νενόσφικας, οὐδέ τι μᾶλλον
γλυπτᾶς ἔμπνοός εἰμ' εἰκόνος, ὦ Θάνατε.

ΑΡ' οὐκ ἀνάσσης ἔργον εἴργασμαι τόδε
ποινάς γ' ἐπεξελθοῦσα τοῖσι δύσφροσιν
αὐτή, μετ' ἀνδρῶν δ' οὐδενὸς παραστάτου
τῆς αἰτίας βραβεῦσι σημάντρου δίκην
τοὐμὸν προσαρμόσασα πρὸς βίαν κράτος;
οἱ δ' αὖ φόνου σφραγῖδα τοῖς πάλαι φίλοις
προσθέντες ἤνουν τοὺς μὲν ὡς δύσνους θανεῖν
αὐτοὶ δ' ὀνείδους δῆγμ' ἀτόλμητον λαχεῖν.
σὲ δ', ὦ γέρον μοι πιστὲ καὶ νόμων φύλαξ,
ἀθυμία τις εἶχεν· ἀλλὰ γάρ σφ' ἐγὼ
ἠπιστάμην γεγῶτας ὡς ἐπ' αὐχέσι
τοὐμοῦ ποδός ποτ' ἴχνος ἐκμαξαίατο
ἐμοὶ τὸ λῆμα τὰς φρένας τ' ἀραρότες·
οὖσιν δ' ὁποῖοι κἀγένοντ' ἐχρησάμην.

Ione.

M Y wings are folded o'er mine ears :
My wings are crossèd o'er mine eyes :
Yet through their silver shade appears,
And through their lulling plumes arise,
A Shape, a throng of sounds.
May it be no ill to thee,
O thou of many wounds,
Near whom for our sweet Sister's sake
Ever thus we watch and wake.

Panthea.

The sound is of whirlwind underground,
Earthquake, and fire, and mountains cloven!
The shape is awful like the sound,
Clothed in dark purple, star-inwoven.
A sceptre of pale gold,
To stay steps proud o'er the slow cloud
His veinèd hand doth hold.
Cruel he looks, but calm and strong,
Like one who does, not suffers, wrong.

SHELLEY, *Prometheus.*

S OUND, sound the clarion, fill the fife!
To all the sensual world proclaim,
One crowded hour of glorious life
Is worth an age without a name.

SCOTT.

ΙΩΝΗ.

ΩΤΑ μὲν ὅσσους τ᾽ ἀμφιελικτοὺς
πτερύγοιν κεύθω ξυζυγίαισιν·
διὰ δ᾽ ἀργυρέας ἵσταται ὄρφνης
διά τε πτερινῆς ἦκα καλύπτρας
μορφὴ προσιοῦσ᾽ ἠχῶν τε ῥοή.
μή τι φέροι σοί γ᾽, ὦ μάλα πολλαῖς
πληγαῖσι καμών, νέον αὖ πένθος,
τῷ πάρεδροι νὼ τῆς ἐρατεινῆς
εἵνεκ᾽ ἀδελφῆς
φρουρὰν φρουροῦμεν ἄυπνον.

ΠΑΝΘΕΙΑ.

ὡς χθονίᾳ τοι πέμφιγι βρέμων
ἔτρεσεν κρημνὸς φλογὶ ῥαιόμενος·
τὸ δὲ φάσμ᾽ ὀτόβῳ δεινὸν ὁμοίως.
ὡς ἰοειδεῖ τ᾽ ἀστεροφεγγεῖ τ᾽
ἐσθῆτι πρέπει, χερὶ δὲ στιβαρᾷ
πάγχρυσον ἔχων σκῆπτρον ἐρείδει
βῆμ᾽ ὑπέροπλον νεφέλαισι πυκναῖς,
ὠμὸς μὲν ἰδεῖν, ἰσχὺν δ᾽ ἀτενής·
δρῶντα δ᾽ ἂν εἴποις
ἄδικον χρέος, οὐχ ὑπέχοντα.

ΦΘΟΓΓΟΣ ἴτω σάλπιγγος, Ἐνναλίου κελάδημα,
τοιάδε τοῖς σπατάλῃ φῆσον ἀβρυνομένοις·
Κρεῖσσον ἄρ᾽ ἦν ὅσον ἦμαρ ἐπιστεφὲς ἠνορεάων
ζώεμεν, ἢ τὰ τυχόντ᾽ ἄφθιτ᾽ ἄγειν ἔτεα.

Η.   6

FIEND, I defy thee! with a calm fixed mind
    All that thou canst inflict I bid thee do;
Foul tyrant both of Gods and human kind,
  One only being shalt thou not subdue.
    Rain then thy plagues upon me here,
    Ghastly disease and frenzying fear;
    And let alternate frost and fire
    Eat into me, and be thine ire
Lightning, and cutting hail, and legioned forms
Of Furies, driving by upon the wounding storms.

Ay, do thy worst. Thou art omnipotent.
  O'er all things but thyself I gave thee power,
And my own will. Be thy swift mischiefs sent
  To blast mankind from yon ethereal tower:
    Let thy malignant spirit move
    In darkness over those I love:
    On me and mine I imprecate
    The utmost torture of thy hate;
And thus devote to sleepless agony
This undeclining head, while thou must reign on high.
                   SHELLEY, *Prometheus.*

ART thou pale for weariness
  Of climbing heaven and gazing on the earth,
  Wandering companionless
Among the stars that have a different birth,—
And ever-changing, like a joyless eye
That finds no object worth its constancy?
                   SHELLEY.

ΕΡΡ' ὦ στύγημ' ἔχθιστον· ἐμπέδοισι γὰρ
φρεσίν σ' ἄνωγα πάνθ' ὅσ' ἂν σθένῃς τελεῖν.
πάντων μὲν αἰσχρῶς θεῶν τε καὶ βροτῶν κρατεῖς,
μίαν δ' ἄρ' οὐκέτ' ἔσθ' ὅπως δαμᾷς φύσιν.
πρὸς ταῦτ' ἔφες μοι πάντα τὰκ σέθεν μύσῃ
νόσους τ' ἀμόρφους καὶ παράορον δέος,
καὶ πῦρ πάγῳ διάδοχον ἐσθέτω μέλη,
διακόνους δ' ἴαλλε σῆς τιμωρίας
βροντήν, χάλαζαν, δυσχίμοις ὀχουμένην
ζάλαις Ἐρινύων τιν' αἰανῆ στάσιν.
σὺ δ' οὖν πέραινε τἄσχαθ', ὡς πάνταρχος εἶ,
ὃν πᾶσι, πλὴν σαυτοῦ τε τῆς τ' ἐμῆς φρενός,
ἄρχοντα προὔστησ'· ἐξ ἄκρου μὲν αἰθέρος
βροτοφθόρους χέοις ἂν ὠκείας ἀράς,
ὥσθ' οἷς φιλῶ σκοτείν' ἐρείδεσθαι βέλη,
τοῦ σοῦ φθόνου σοφίσματ', ἔν τ' ἐμῷ κάρᾳ
καὶ τοῖς ἐμοῖσιν ἐμπεσεῖν καλῶ κακά,
οἷ' ἂν φρονῶν ἔχθιστα μηχανορραφοῖς·
ὧδ' αὐτὸς ἐνδίδωμ' ἀκίνητον κάρα
δύαις ἀΰπνοις, ἕως σὺ κοιρανεῖς ἄνω.

———

ΕΙΠΕ, τί δή, μήνα, χλωραίνεαι; ἆρα κέκμηκας
  ἀμβαίνουσα πόλον γᾶν τ' ἐπιδερκομένα;
αἰὲν ἀλᾷ γὰρ ἐρῆμος ἀν' ἀστέρας οὐχ ὁμοφύλους,
  ἀλλήκτοις δὲ τρέπεις σχῆμα παλιμβολίαις·
οὐκ ἄλλως ὅσσοισι μεταστρέφεταί τις ἀθύμοις,
  οὐχ εὑρὼν ἐφ' ὅτῳ κἄξιον ἦν τὸ μένειν.

B UT, O the heavy change, now thou art gone,
    Now thou art gone, and never must return!
Thee, Shepherd, thee the woods and desert caves,
With wild thyme and the gadding vine o'ergrown,
And all their echoes mourn.
The willows and the hazel copses green
Shall now no more be seen
Fanning their joyous leaves to thy soft lays.
As killing as the canker to the rose,
Or taint-worm to the weanling herds that graze,
Or frost to flowers that their gay wardrobe wear,
When first the white-thorn blows:
Such, Lycidas, thy loss to shepherd's ear.

MILTON, *Lycidas.*

M E thought, last night, Love in an anger came,
    And brought a rod, so whipt me with the same:
Mirtle the twigs were, meerly to imply
Love strikes, but 'tis with gentle crueltie.
Patient I was: Love pitifull grew then,
And stroaked the stripes, and I was whole agen.
Thus like a bee, Love-gentle stil doth bring
Hony to salve, where he before did sting.

HERRICK.

ΦΕΥ τῶσταθμάτω μάλα δαίμονος· οἴχεαι ἄμμιν,
οἴχεαι, οὐδ' ἔτι μήποτ' ἐν ὤρεσιν αὖτις ἀείσῃς.
ἀλλά τυ, μαλοβότας, ὕλαί τ' ἄβατοί τε φάραγγες
ἑρπύλλῳ νομάσιν τ' εἰλυμέναι ἀμπελίδεσσιν
αἰνὸν ἀποιμώσδοισιν ἐπιστενάχει δὲ τὶν Ἀχώ.
ἰτέαι αἱ φιλόκρουνοι ἀβροπτέρυγές τε μυρῖκαι
οὐχὶ τεᾶν ἔτι φύλλα χαρᾷ μαλακᾶν ὑπ' ἀοιδᾶν
αἰωρεῦσι· ῥόδοις γὰρ ὅσον νεοθαλέσι λειχήν,
ὅσσον βοσκομέναις εὐλαὶ κακαὶ ἤνισι ποίμναις,
ὅσσον πῆμ' ἄνθεσσιν, ἀκμὰν κάτα τᾶς ἀνεμώνας,
ψῦχος τοῖσι χλιδὰν σφίσι παμφαέ' ἀμφιβαλοῦσιν,
τόσσα θανών, Λυκίδα, νομέων φρένα χάρματ' ἀμέρδεις.

———

ΧΘΕΣ μοι ὄναρ ποτινίσσετ' Ἔρως, νεμεσῶντι δ' ἔικτο,
χερσὶν ῥάβδον ἔχων, τᾷ με θεὸς ῥάπισεν·
κλῆμα δ' ἄρ' ἦν μύρτοιο, τεκμαίρεσθαι μάλ' ἐναργές,
ὡς θείνει μὲν Ἔρως, ἦν δ' ἀγανῶς χαλεπός.
τλᾶν μὲν ἔγωγ'· ὁ δ' ἄρ' αὖτ' ἐλέαιρέ με, χειρὶ δὲ πλαγὰς
θέλξεν, ἄφαρ δ' ἀλγέων θῆκεν ἀνωδυνίαν.
ἵλαθι, μείλιχ' Ἔρως, κεντεῖς σὺ μὲν ἶσα μελίσσᾳ,
ἐξιᾷ δὲ τὸ πῆμ' ἀντεπιθεὶς τὸ μέλι.

LÁGRIMAS son las perlas que la aurora
       Sobre su tumba vierte.
Céfiro gime, y por su muerte llora,
    Por su temprana muerte.

De Dios querida, a Dios tendió su vuelo.
    No se nubló la pura
Luz de su alma ; no tocó en el suelo
    Su blanca vestidura.

En el suelo la mística paloma
    Anidarse no quiso,
Ni abrir el caliz, ni exhalar su aroma
    La flor del paraíso.

                              JUAN VALERA.

———————

FOR would that all whom I have ever slain
      Might be once more alive ; my bitterest foes,
And they who were called champions in their time,
And through whose death I won that fame I have—
And I were nothing but a common man,
A poor mean soldier and without renown,
So thou mightest live too, my son, my son !
Or rather would that I, even I myself,
Might now be lying on this bloody sand,
Near death, and by an ignorant stroke of thine,
Not thou of mine ! and I might die, not thou ;
And I, not thou, be borne to Seistan ;
And Zal might weep above my grave, not thine,
And say : *O son, I weep thee not too sore,*
For willingly, I know, thou met'st thine end.

                          MATTHEW ARNOLD.

ΜΑΡΓΑΡΑ τίς κατέχευεν ὑπὲρ τάφον; ἢ δροσεραῖσιν
δακρυόεσσ' 'Αὼς στέψε πέδον ρανίσι.
τί Ζέφυροι στενάχουσιν; ὀδυρόμενοι θανάτοιο
νηλέος εἰ Μελίταν κῆρ μάλ' ἄωρος ἔχει.
ἱμερτά τε θεοῖσιν ἔφυ, πτερύγεσσί τ' ἀνέπτα
αἰθερίαις πάλιν αὖτ', οὐδ' ἄρα τᾶς καθαρᾶς
ψυχᾶς ἠμαύρωσ' ἅγιον φάος, οὐδὲ μελαίνᾳ
εἵματά πω γαίᾳ χρῶσε τὰ λευκοφαῆ·
πῶς δ' ὁλόκληρος ἐοῦσα γοναῖς θείαισι πέλεια
πλαξὶ νεοσσεύειν ἤθελ' ἐπὶ χθονίαις;
πῶς κάλυκ' ἀμπετάσαι, πῶς εὔπνοον ἱέναι ὀδμὰν
ἐνθάδ', ἀπ' 'Ηλυσίων ἄνθος ἐὸν πεδίων;

ΤΙ δ' οὐχ ὅσους μὲν δήποτ' ἔκτανον δορὶ
ἐς φῶς ἀνῆλθον, ὄντες ἔχθιστοί τ' ἐμοὶ
ἐσθλοί τε δὴ ζῶντες μὲν ὠνομασμένοι
ἐσθλοῦ δέ μοι θανόντες αἴτιοι κλέους,
ἐγὼ δὲ τοῦ τυχόντος εἰς ὄχλου τις ἦ,
"Αρεως λάτρευμ' ἄτιμον, εὐκλείας ἄτερ;
ἵν' ἦσθ' ἔτι ζῶν καὶ σύ γ', ὦ τέκνον, τέκνον.
ἐγὼ μὲν οὖν ὅδ' αὐτὸς ὤφελον πάρος
φονορρύτοισιν ἐν γύαις ψυχορραγῶν
κεῖσθαι μάλ' ἄκων πρὸς μάλ' ἄκοντος σέθεν,
σὺ δ' οὐ πρὸς ἡμῶν· ὡς σὺ μὴ 'θανες, τέκνον,
ἐγὼ δ'· ἐγώ τε, μὴ σύ, πρὸς Θήβης πόλιν
ἤχθην, ἐμὴν δέ, μηδὲ σήν, πατὴρ ταφὴν
τιμῶν τάδ' εἶπεν· Οὐκ ἄγαν σ', ὦ παῖ, στένω·
ἑκὼν γάρ, εὖ κάτοιδ', ἐτόλμησας θανεῖν.

SE cerca, se dice,
    L' amico dov' è?
L' amico infelice,
Rispondi, morì.
Ah no ! si gran duolo
    Non farle per me :
    Rispondi, ma solo,
    Piangendo partì.

Metastasio, Olimpiade.

I'VE lived a long time, son, a mewed-up man,
    Sequestered by the special hand of Heaven
From the world's vanities, bid farewell to follies,
And shook hands with all heats of youth and pleasures.
As in a dream, these twenty years I've slumbered ;
Many a cold moon have I, in meditation
And searching out the hidden wills of Heaven,
Lain shaking under ; many a burning sun
Has seared my body and boiled up my blood,
Feebled my knees, and stamped a meagreness
Upon my figure, all to find out knowledge ;
Which I have now attained to, thanks to Heaven,
All for my country's good too. And many a vision,
Many a mystic vision have I seen, son,
And many a sight from Heaven which has been terrible,
Wherein the goods and evils of these islands
Were lively shadowed ; many a charge I've had too,
Still as the time grew ripe to reveal these,
To travel and discover ; Now I'm come, son,
The hour is now appointed, my tongue is touched,
And now I speak.

John Fletcher, The Island Princess.

ΑΝ με μετερχομένα Πόθ' ὅ μοι φίλος; 'Ισιὰς εἴπῃ,
'Εν φθιμένοις ὁ τάλας, εἴπ' ἀπαμειβόμενος.
ἀλλὰ τί φῶ; τόσσον σφι μὲν οὖν βάρος εἴνεκ' ἐμεῖο
μὴ τεῦξαι· μόνον εἴπ' Ὤιχετο δακρυχέων.

ΠΑΛΑΙ μέν, ὦ παῖ, πρὸς θεῶν ἐξαίρετον
λαχὼν δίαιταν ζῶ μονοστόλους τροφάς,
βροτῶν τ' ἀβουλίας τε καὶ μάτας ἀφεὶς
ἥβης δυσάρκτους ἡδονὰς χαίρειν ἐῶ.
ὥσπερ δ' ὀνείρῳ δὶς δέκα ξυνὼν ἔτη
μήνης ὑπαιθρίοισιν ἐρρίγουν βολαῖς
θεῶν ἐρευνῶν κρύπτ' ἀεὶ βουλεύματα
φρενῶν ἔσωθεν· πολλὰ δ' ἡλίου μένος
καταιθαλοῖ με σάρκας, αὐαίνει φλέβας,
μέλη βαρύνει, χρωτὸς ἰσχναίνει τύπον·
τοῦ γὰρ μαθεῖν ἔκατι πάντ' ἠνεσχόμην,
μείνας δὲ κἄτυχόν γε, μηχαναῖς θεῶν,
ἀστῶν γ' ἐμῶν ὄνησιν, εἰ σῳζοίατο.
καὶ πολλὰ δή τοι θεσπέσια φαντάσματα,
ὄψεις θεόρτους, οὐκ ἄνευ φρίκης, τέκνον,
δέδορκα, χρηστῶν ταῖσδε χἀτέρων τυχὼν
νήσοις ἐναργῆ σήματ'· εἶτ', ἐν ᾧ χρόνος
τοῦ διασαφεῖν ἤκμαζε, πόλλ' ἐπαίρομαι
ξένους ἀν' οἴμους ἱστορεῖν ἀλώμενος.
καὶ νῦν παρὼν παρόντι σύμμετρος χρόνῳ
ἠλευθέρωμαι γλῶσσαν, ἐξαυδῶ δ' ἔπος.

| Messenger. | QUEEN, and you maidens, there is come on us
A thing more deadly than the face of death;
Meleager the good lord is as one slain. |
| Semichorus. | Without sword, without sword is he stricken,
Slain and slain without hand. |
| Messenger. | For as keen ice divided of the sun
His limbs divide, and as thawed snow the flesh
Thaws from off all his body to the hair. |
| Semichorus. | He wastes as the embers quicken,
With the brand he fades as a brand. |
| Messenger. | Even while they sang, and all drew hither, and he
Lifted both hands to crown the Arcadian's hair
And fix the looser leaves, both hands fell down. |
| Semichorus. | With rending of cheek and of hair
Lament ye, mourn for him, weep. |
| Messenger. | Straightway the crown slid off and smote on earth,
First fallen; and he, grasping his own hair, groaned
And cast his raiment round his face, and fell. |
| Semichorus. | Alas for visions that were,
And soothsayings spoken in sleep. |

SWINBURNE, *Atalanta.*

ES schauen die Blumen alle
Zur leuchtenden Sonne hinauf;
Es nehmen die Ströme alle
Zum leuchtenden Meere den Lauf.

Es flattern die Lieder alle
Zu meinem leuchtenden Lieb—
Nehmt mit meine Thränen und Seufzer,
Ihr Lieder, wehmüthig und trüb'.

HEINE.

ΑΓ. ΑΝΑΣΣΑ παρθένοι τε, συμβέβηκέ τοι
παρόντος ῞Αιδου χρῆμ᾽ ἔτ᾽ ἄλγιον βλέπειν·
ἔοικε γὰρ θανόντι Μελεάγρου βία.

ΗΜ. οὐ ξιφέων γὰρ ἀκμαῖς ἐφονεύετο
χερῶν ἄτερθεν αὐτόχειρι μοίρᾳ.

ΑΓ. ὡς δ᾽ ἡλίῳ τέτηκε κρυστάλλου κρύος
κείνῳ τέτηκε γυῖα, χὡς σαπρὰ χιὼν
αὐταῖς κόμαισι σώματος σέσηπε σάρξ.

ΗΜ. δᾷς μὲν ἀναφλέγεται, σὺ δὲ τάκεαι,
ἀποφθίνεις δὲ δαλὸς ἶσα δαλῷ.

ΑΓ. οἱ μὲν γὰρ ηὐφήμουν μέγ᾽ ὧδ᾽ ὁρμώμενοι,
τῷ δὲ στέφους λυθέν τι παρθένου κόμαις
δισσαῖν χεροῖν κοσμοῦντι κατέπεσον χέρες.

ΗΜ. χρωτὸς ἰὼ πλοκάμων τ᾽ ἐν ἀμύγμασιν
ἰαλέμοις ἰάλεμους πρόσαψον.

ΑΓ. τῆς δ᾽ ἐξολισθὸν ἤριπε στέφος χαμαὶ
πέσημα πρῶτον· ὃς δὲ συμμάρψας τρίχα
ὅσσοις θ᾽ ἑλίξας πέπλον ᾤμωξεν πεσών.

ΗΜ. δύσμορ᾽ ἰὼ καὶ ἐτήτυμα φάσματα,
τελεσφόρων τ᾽ ἄγαν φάτεις ὀνείρων.

ΑΝΘΟΣ πᾶν σελαγεῦντα πρὸς ἀέλιον ποτιλεύσσει,
ῥεύματα πρὸς σελαγεῦν πάντα περᾷ πέλαγος,
πᾶσ᾽ ᾠδὰ πέτεται ποτὶ Χλωρίδα τὰν σελαγεῦσαν·
τᾷ φέρετ᾽, ὦ μέλεαι, πένθος ἐμὸν στονόεν.

AS thus she sung, the beast seemed not to hear
   Her words at first, but ever drew anear,
Circling about them, and Medea's face
Grew pale unto the lips, though still the place
Rung with the piercing sweetness of her song;
But slower soon he dragged his length along,
And on his limbs he tottered, till at last
All feebly by the wondering prince he passed,
And whining to Medea's feet he crept,
With eyes half-closed, as though well-nigh he slept,
And there before her laid his head adown;
Who, shuddering, on his wrinkled neck and brown
Set her white foot, and whispered : "Haste, O love,
Behold the keys; haste! while the Gods above
Are friendly to us; there behold the shrine,
Where thou canst see the lamp of silver shine."

WILLIAM MORRIS, Jason.

OR vedi, Amor, che giovinetta donna
   Tuo regno sprezza, e del mio mal non cura;
E tra duo tai nemici è sì secura.
Tu se' armato, ed ella in treccie e in gonna
Si siede e scalza in mezzo i fiori e l' erba,
Ver me spietata e contra te superba.

  I' son prigion : ma se pietà ancor serba
L' arco tuo saldo e qualcuna saetta,
Fa di te e di me, signor, vendetta.

PETRARCA, Madrigale IV.

Ἡ μὲν τάδ᾽ ἦδε· πρῶτα δ᾽, ὡς δοκεῖν, ὁ θὴρ
οὐ φθόγγον εἰσήκουεν, ἀλλ᾽ ἐχρίμπτετο
ἀεὶ κυκλούμενός νιν, ὠχρίασε δὲ
νεᾶνις αὐτοῖς χείλεσιν, καίπερ μυχὸν
ἅπαντ᾽ ἔτ᾽ εὐφραίνουσα διατόρῳ μέλει.
χρόνῳ δὲ μῆκος βραδύτερον σπειραμάτων
ἐφεῖλκ᾽ ἀνάρθρῳ σώματι στροβούμενος·
τέλος δ᾽ ἄνακτος ἄγχι, θαῦμ᾽ ἰδεῖν, προβὰς
κνυζώμενος προσεῖρπε παρθένου πόδας,
χαμᾶζε δ᾽ αὐτῇ δεινὸν ἤμυσεν κάρα
ὅσσοις σχεδὸν μύσασιν, ὡς κοιμώμενος.
ἡ δ᾽ οὖν δέρην ἐπ᾽ ἀγρίαν λευκὸν πόδα
ὅμως μυσαχθέντ᾽ ἐντιθεῖσ᾽, Ὦ φίλτατε,
ἔλ᾽, εἶπε, τάσδε κλῇδας, ὡς σπουδῆς ἀκμή,
ἕως φίλον τὸ θεῖον· οὐχ ὁρᾷς ἐκεῖ
τὴν λάρνακ᾽ ἀργυρᾶς τε λαμπάδος φλόγα;

ΟΥΚ ἄρ᾽, Ἔρως, καθορᾷς σὺ γυναῖχ᾽ ἥβᾳ τεθαλυῖαν,
  ὡς σὸν ἀτιμάζει κάρτος ἐμάν τ᾽ ὀδύναν;
κἀντιπάλω περ ἔχουσα τόσω, σὲ μὲν ὅπλα φέροντα,
  τᾷ δὲ καταιθύσσουσ᾽ εἴμ᾽ ἁπαλὸν πλόκαμοι,
ἕζεται εὔκηλος, βοτάναν δὲ καὶ ἄνθεα τίλλει,
  ἀγνώμων μὲν ἐμοὶ σὸν δὲ πατεῦσα γέρας.
δεσμώτας μὲν ἐγώ, σοὶ δ᾽ ἓν μόνον εἰ βέλος ἀρκεῖ
  θηκτόν, ὅπως πράξεις σάν θ᾽ ἅμ᾽ ἐμάν τε τίσιν.

NOR let us weep that our delight is fled
    Far from these carrion-kites that scream below.
He wakes or sleeps with the enduring dead;
    Thou can'st not soar where he is sitting now.
Dust to the dust: but the pure spirit shall flow
    Back to the burning fountain whence it came,
A portion of the Eternal, which must glow
    Through time and change unquenchably the same,
Whilst thy cold embers choke the sordid hearth of shame.

Peace, peace! he is not dead, he doth not sleep—
    He hath awakened from the dream of life—
'Tis we who, lost in stormy visions, keep
    With phantoms an unprofitable strife,
And in mad trance strike with our spirit's knife
    Invulnerable nothings. *We* decay
Like corpses in a charnel; fear and grief
    Convulse us and consume us day by day,
And cold hopes swarm like worms within our living clay.

                 SHELLEY, *Adonais.*

———

DIE Jahre kommen und gehen,
    Geschlechter steigen in's Grab,
Doch nimmer vergeht die Liebe,
Die ich im Herzen hab'.

Nur einmal möcht' ich dich sehen,
Und sinken vor dir auf's Knie,
Und sterbend zu dir sprechen:
"Madam, ich liebe Sie!"

                 HEINE.

ΜΗ γὰρ ὀδυρώμεσθα τὸ πᾶν φίλον εἰ πεπόταται
ἰκτίνως ὑπαλύξαν ἀδηφάγος αἰσχρὰ κάτωθεν
κλάσδοντας· τῆνος γὰρ ὁρῇ φάος, ἢ φθιμένοισι
σύννομος ἀιδίοις ἄβατόν γε τὶν ἔδρανον ἧσται.
εἰς κονίαν κονία μὲν ἀπέρχεται, ἁ δ᾽ ἀμίαντος
ψυχὰ τὰν φλογόεσσαν ἐπὶ κράναν, ὅθεν ἦνθε,
νίσσεται, ἀενάω σπινθὴρ πυρός, ἔμπεδον αἰεὶ
φῶς ἱερὸν παρέχοισα δι᾽ ἰλλομένων ἐνιαυτῶν·
τὶν δ᾽ ἀκλεῶς ἀκλεεῖ ψυχρὰν σποδὸν ἠρίον εἴργει.
εὐφαμεῖτ· ἐπεὶ οὔ τι τέθνακέ πω οὐδὲ καθεύδει,
ἀλλ᾽ ὁ μὲν ἐκ ζωᾶς ποκ᾽ ὀνείρατος ἐγρήγορθεν,
ἄμμες δ᾽, ὥς τις ὄναρ δυσχειμέρῳ εἰν ἁλὶ μοχθεῖ,
φάσμασι μαψιδίοισιν ἐρίσδοντες φρενὸς αἰχμᾷ
αἰὲν ἄτρωτ᾽ οὐτῶμες ἀτασθαλίαισι μανέντες.
ἄμμες τοι φθινύθοντες ἐλαυνόμεθα σφακέλοισι
δειμῶ καὶ κακότατος ὀσαμέραι· οἷα δὲ νεκρὼς
εὐλαὶ δαρδάπτοντι κατ᾽ ἠρία, τὼς δέμας ἔμφρον
ἐλπίδες αἱ κρυεραὶ πλήθοισαι ἔσω κατέδοντι.

———

ΩΡΑΙ ἀποφθινύθουσι, γοναὶ θνᾴσκουσι βρότειαι,
ἀλλ᾽ ἐμοὶ ἐν στέρνοις οὔποτ᾽ ἔρως φθινύθει.
εἴθε σ᾽ ἅπαξ ἔτ᾽ ἴδοιμ᾽ ἐπὶ γούνατα δ᾽ αὖ προπεσών σοι
πνεῦμ᾽ ἀνιεὶς εἴποιμ᾽, Ἀστερία, σὲ φιλῶ.

ALL these we know of; but thee
   Who shall discern or declare?
In the uttermost ends of the sea
   The light of thine eyelids and hair,
      The light of thy bosom as fire
      Between the wheel of the sun
   And the flying flames of the air?
   Wilt thou turn thee not yet nor have pity?
But abide with despair and desire
   And the crying of armies undone,
      Lamentation of one with another,
   And breaking of city by city;
   The dividing of friend against friend,
      The severing of brother and brother;
   Wilt thou utterly bring to an end?
      Have mercy, mother!

                    SWINBURNE, *Atalanta.*

LA Verginella è simile alla rosa
   Ch' in bel giardin su la nativa spina
Mentre sola e sicura si riposa,
Nè gregge nè pastor se le avvicina;
L' aura soave e l' alba ruggiadosa,
L' acqua, la terra al suo favor s' inchina;
Giovani vaghi e donne innamorate
Amano averne i seni e tempie ornate.

                    ARIOSTO, *Orlando Furioso.*

ΤΑΤΤΑ τοιαῦτ' ἔφυ· σὲ δ' ἀνθρώπων τίς φατις ἂν
   λέγοι;   στρ.
τί φρόνημα παρ' ἐσχάτας οὔροισίν σ' ἐφίκοιθ' ἁλός,
τὰν βοστρύχων τε καὶ ὄσσων
φλέγουσαν ἀστραπαῖς
βολαῖς τε παμφαέσσι μαζῶν,
ἀελίου τε μεταίχμιον ἅρματος
ἀερόθεν τ' ἐλελιζομένας φλογὸς
οἰκουροῦσαν, Ἀφροδίτα;
οὐ γὰρ ἀναστρέφοι' ἂν οὐδ' οἰκτείροις ποτ' ἐφαμέρους ἀντ.
ἀλλὰ τοῖσιν ἀνέλπιδας ποιμαίνουσι σύνει πόθους,
ἔνθα στρατὸς στρατὸν αἱρεῖ,
πόλις τ' ἀγρεῖ πόλιν
γόοις ἅμ' ἀκρίτοισιν ἀστῶν,
ἔνθα φίλῳ φίλος εἰς ἔριν ἔρχεται,
ἔνθα κάσει κάσις; οὐκ ἔσεται λύσις;
οὐ, μᾶτερ, ποτ' οἶκτον ἴσχεις;

ΚΑΡΤΑ ῥόδῳ προσέοικε κόρα καλοὺς ἀνὰ κάπους
   τοῖσιν ἀκανθηροῖς φυομένῳ θάλεσι·
αἰεὶ δ' οἰονόμον τε καὶ ἀσφαλὲς ἠρέμ' ἀωτεῖ,
   οὐδὲ βοτοῖς ποιμὴν ἐμπόδιός σφι μόλεν,
ἀλλ' αὔρα θ' ἁδεῖα καὶ Ἀὼς ἁ δροσόεσσα
   ὕδατά θ' οἵ καὶ γᾶ νεῦσε χαριζομένα·
καὶ νεαροὶ μὲν ἐρασταὶ ἐρασθεῖσαι δὲ γυναῖκες
   στηθέων καὶ πλοκάμων κόσμον ἐρῶσι φέρειν.

My presence bore
A part in that day's shame. The Grecian fleet
Bore down at day-break from the North, and hung
As multitudinous on the ocean line
As cranes upon the cloudless Thracian wind.
Our squadron, convoying ten thousand men,
Was stretching towards Nauplia, when the battle
Was kindled.
First through the hail of our artillery
The agile Hydriote barks with press of sail
Dashed : ship to ship, cannon to cannon, man
To man, were grappled in the embrace of war,
Inextricable but by death or victory.

SHELLEY, *Hellas.*

SIE haben dir Viel erzählet
    Und haben Viel geklagt ;
Doch was meine Seele gequälet,
Das haben sie nicht gesagt.

Sie machten ein grosses Wesen
Und schüttelten kläglich das Haupt ;
Sie nannten mich den Bösen,
Und du hast Alles geglaubt.

Jedoch das Allerschlimmste,
Das haben sie nicht gewusst ;
Das Schlimmste und das Dümmste,
Das trug ich geheim in der Brust.

HEINE.

ΚΑΓΩ μετεῖχον τῆς τότ᾽ αἰσχύνης παρών.
ἕως γὰρ ἦν, κἀχρίμπτεθ᾽ Ἑλλήνων στόλος
βορρᾶθεν, ἄκραν ὥσθ᾽ ἁλὸς στέφειν πλάκα,
γεράνοις πυκνοπτέροισιν οἶα Θρήκιον
ἔφριξε λαμπρὸν πνεῦμα· μυρίους μὲν οὖν
ἐς Ναυπλίαν πέμπουσιν ἀσπιστὰς μάχη
ἔφλεξεν ἡμῖν· ἐντόνῳ δ᾽ ὁρμήματι
πρῶτον χαλαζήεντα χειμῶνα φθορᾶς
ἐλαφραὶ διῆσσον Ὑδριατίδες πλάται·
καὶ νηὶ ναῦς ἤρειδε καὶ δόρει δόρυ
καὶ φωτὶ φὼς δάοισιν ἐν περιπτυχαῖς,
χαλῶσι δ᾽ ἢ θανόντες ἢ νικηφόροι.

ΠΟΛΛΑ τις ἐξαγόρευε πικρῷ δ᾽ ἐπέπλησσέ μ᾽ ὀνείδει,
ἀλλὰ τό μοι δάπτον γ᾽ οὐκ ἔνεπε κραδίην·
δείν᾽ ἐποιεῦντ᾽ ἀλιτρὸν δὲ κατητιόωντό με σεμνὰς
σείοντες κεφαλάς· τοῖς δὲ σὺ πᾶν πίθεο.
οὐδ᾽ ἄρ᾽ ὅμως τὸ κάκιστον ἀμουσότατόν τε προπάντων
ἦσαν· ὅ τοι κρύβδην ἐν φρεσὶ βουκολέω.

REFRIGERIO del alma,
Don de los cielos,
Alivio de las penas,
Placido sueño,
Yo te bendigo
Al hundir me de noche
En tus abismos.
Mar de místicas olas
Tú me circundas,
Dando al cuerpo y al alma
Dulce frescura ;
Lejos, muy lejos
Se quedan en la orilla
Males que siento.

JUAN VALERA.

LOVE still has something of the sea ;
From whence his mother rose.
No time his slaves from doubt can free,
  Nor give their thoughts repose.

They are becalmed in clearest days ;
  And in rough weather tost :
They wither under cold delays ;
  Or are in tempests lost.

One while they seem to touch the port :
  Then straight into the Main
Some angry wind, in cruel sport,
  Their vessel drives again.

SIR CHARLES SEDLEY.

ΤΠΝΕ δώρημα θεῶν,
καρδίας ἀναψυχά,
κούφισις φιλία πόνων
ἀσπάζομαί σ', ὕπνε φίλ', ἐννυχίοις
σοῖς βαπτόμενος βαθέεσσιν.
πόντος ὣς θεσπεσίοις μ'
οἴδμασιν περικλύζεις
ψυχάν τε κραδίαν τ' ἐμὰν
θέλγων γλυκεραῖσι παραγορίαις·
τῆλε δὲ τῆλε μαλ' εἴργεις
πήματα σᾶς ὑπὲρ οὖρον ἀκτᾶς.

ΟΤΚ ἄρ' ἐτὸς γόνον ἔσχεν Ἔρως ἐξ ἀφρογενείας
   ματέρος, ἀλλά τι δὴ νῦν πελάγευς μετέχει·
οὐ γὰρ ἀμαχανίας ποτ' ἐλεύθεροι οἱ θεράποντες,
   οὔποτ' ἀκοιμάτων παυόμενοι μελετῶν·
ἄμασι λαμπροτάτοισιν ἐρητύονται ἀπλοίαις,
   εἶτα πονεῦσ' ἀνέμοις ἶφι σαλευόμενοι,
πολλὰ παλιμπνοίαισι μαραινόμενοι κρυεραῖσι,
   πολλὰ βαρυγδούποις χείμασιν ὀλλύμενοι·
καὶ τότε μέν τις ἔδοξεν ἔσω λιμένος ποτικέλλειν,
   αὐτὰρ ἔπειτα μάταν εἰς ἄμετρον πέλαγος,
αὖτις ἀναλγήτοισιν ἄθυρμ' ἔτι μᾶλλον ἀήταις,
   νῆά τις ἀγνώμων ἂψ ἀπέωσε θεός.

THERE has fallen a splendid tear
    From the passion-flower at the gate,
She is coming, my dove, my dear,
    She is coming, my life, my fate;

*   *   *   *   *   *   *

She is coming, my own, my sweet;
    Were it ever so airy a tread,
My heart would hear her and beat,
    Were it earth in an earthy bed;
My dust would hear her and beat,
    Had I lain for a century dead;
Would start and tremble under her feet,
    And blossom in purple and red.

                      TENNYSON.

EINSAM wandelt dein Freund im Frühlingsgarten,
    Mild vom lieblichen Zauberlicht umflossen,
Das durch wankende Blüthenzweige zittert,
    Adelaide!

In der spiegelnden Fluth, im Schnee der Alpen,
In des sinkenden Tages Goldgewölke,
Im Gefilde der Sterne strahlt dein Bildniss,
    Adelaide!

Abendlüftchen im zarten Laube flüstern,
Silberglöckchen des Mai's im Grase säuseln,
Wellen rauschen, und Nachtigallen flöten
    Adelaide!

Einst, o Wunder! entblüht aus meinem Grabe
Eine Blume der Asche meines Herzens:
Deutlich schimmert auf jedem Purpurblättchen
    Adelaide!

               F. VON MATTHISSON.

ΕΚΚΕΧΤΤΑΙ παμφεγγὲς ἀπαὶ κάλυκος δροσοέσσας
δάκρυον ἀγχιθύρου λειβόμενον ῥοδέας·
ἔρχεται ἀ χαρίεσσα, πελειάδι παρθένος ἴσα,
ἔρχεται ἀ ζωᾶς δεσπότις ἀμετέρας,
ἔρχεται ἀ μούνα μοι ἐμᾶς φρενὸς ἀδέα τέρψις·
κεἰ ζεφύρου βαίνοι ποσσὶν ἐλαφροτέροις,
ἢ νιν ἐπαισθόμενόν ποθ' ὑπορχήσαιτ' ἂν ἐμὸν κῆρ,
κεἰ βαθὺ δὴ κεύθοιτ' ἐν κονίαις κονία·
αἰσθόμενόν νιν δῆτα μάλ' ἐν στέρνοις δονέοιτο,
εἴ με νεκρὸν κατέχοι γαῖ' ἑκατονταετῆ,
παδώῃ τε τρομοῖ τε φίλοις ὑπὸ ποσσὶ πατεύσας,
ἄνθεσί τ' ἐκβλάστοι πορφυρέοισι τέφρα.

SALTUUM per aprica, quae
luce ver rigat aurea,
floreos trepidante per
ramulos, it amans tuus
solus, Adelaida.

fluminis speculum, nives
Alpium, occidui die
cohors aurea nubium,
lumine astra tui nitent
oris, Adelaida.

vespero veniente, te
frondibus canit aura, te
verna lilia, te sonat
rivulus, Philomela te
cantat, Adelaida.

en mirum : in tumulo mei
cordis e cinere abditi
mille purpureis rosa
distinctum foliis feret
nomen Adelaidae.

O
That thou would'st make mine enemy my judge,
Even where he hangs, seared by my long revenge,
On Caucasus! he would not doom me thus.
Gentle and just and dreadless, is he not
The monarch of the world? What then art thou?
No refuge! no appeal!

      Sink with me then,
We two will sink on the wide waves of ruin,
Even as a vulture and a snake outspent
Drop, twisted in inextricable fight,
Into a shoreless sea. Let hell unlock
Its mounded oceans of tempestuous fire,
And whelm on them into the bottomless void
This desolated world, and thee, and me,
The conqueror and the conquered, and the wreck
Of that for which they combated.

      SHELLEY, *Prometheus.*

ΕΙ γὰρ τὸν ἐχθρόν μοι καθισταίης κριτήν,
νῦν γ' ὡς κρεμαστὸς Καυκάσου 'πὶ δείρασιν
ποιναῖσι δηναιαῖσιν ἐκμαραίνεται·
οὐτἂν τοιαύτην ἀντεπεξέλθοι τίσιν.
ὧν γὰρ δίκαιός θ' ἵλεώς τ' ἄτερ φόβου
οὐ καὶ μοναρχεῖ γῆς; σὲ δ' οὖν τί φῶ κυρεῖν;
οὐκ οἶκτος; οὐκ ἄλυξις; ἀλλὰ σύμπεσε,
ἄτης ἵν' αἰανοῦς ἐρειπώμεσθα νὼ
στρόβοισιν, οἷον ἐκ μάχης κεκμηκότε
σπείραισιν ἀγνάμπτοισι συμπεπλεγμένω
ἄλ' εἰς ἄπειρον γὺψ δράκων τ' ἐσκηψάτην.
πρὸς ταῦτ' ἀνεὶς ὀγκώματ' ἀγρίου πυρὸς
"Αιδης ἄβυσσον ἐς βυθὸν κυκησάτω
γαῖάν τ' ἄιστον σόν τε καὶ τοὐμὸν κάρα,
ὁμοῦ γε τῷ νικῶντι τὸν νικώμενον
πάντων τ' ἐρείπι' ὧν χάριν προσήρισαν.

I ARISE from dreams of thee
　　In the first sweet sleep of night,
When the winds are breathing low,
　　And the stars are shining bright.
I arise from dreams of thee,
　　And a spirit in my feet
Hath led me—who knows how?
　　To thy chamber window, sweet.

The wandering airs they faint
　　On the dark, the silent stream—
The Champak odours fail
　　Like sweet thoughts in a dream;
The nightingale's complaint
　　It dies upon her heart,
As I must on thine,
　　O beloved as thou art!

O lift me from the grass!
　　I die, I faint, I fail!
Let thy love in kisses rain
　　On my lips and eyelids pale.
My cheek is cold and white, alas!
　　My heart beats loud and fast;—
O press it to thine own again,
　　Where it will break at last.

SHELLEY.

ΚΝΩΣΣΕΙ μὲν ἆδυ νὺξ νεάρα, τὰ δὲ
σίγαντ᾽ ὑπαπνέοισιν ἀήματα,
  φλέγοντι δ᾽ ἄστερες κατ᾽ αἶπυν
    αἴθερ᾽, ὀνειροπόλεντα δ᾽ ὕπνῳ
Μύρτως φάεννον ὄππα, λέχευς μ᾽ ἄπυ
δαίμων τις ὄρσαις (οὐ γὰρ ἴσαμ᾽ ὅπως)
  πόδας μ᾽ ὀδάγησεν ποθέννας
    Μύρτοος εὐθάλαμον ποτ᾽ ὦδον.

σίγαντ᾽ ἔρεμνα ῥεύματα, φοίταδες
σίγαισιν αὖραι, σὺν δὲ βρόδων πνόα
  λέλοιπεν, οἳ ἐνυπνίοισι
    φρόντιδες αἰ γλύκεραι βέβασιν·
ἀήδονος δ᾽ ἐν στήθεσ᾽ ἰάλεμος
τέθνακεν, ὡς κἤγων γα θάνοιμ᾽ ἔτι
  τέοις ἐπὶ στέρνοισι κλίνθεις
    πάμμακαρ, ὃς δι᾽ ἔρωτ᾽ ὄλωλα.

αἶρ᾽ αἶρέ μ᾽ ἐκ ποίας προλελοίποτα,
ἄψυχον, ἀμίθνατ᾽, ἐπὶ δὲ στόμα
  τὸ χλῶρον ὀφθάλμοις τ᾽ ἀμαύροις
    ῥαῖνε φιλήματ᾽, ἔρωτος ὄμβρον·
ἴδ᾽ ὡς ἀπορρίγωντι παρήιδες,
ἀ κάρζα δ᾽ ἐν στήθεσσι σαλεύεται·
  ἀ σοῖς ποτὶ στέρνοις ϝ᾽ ἔρεισον,
    ὡς παρὰ τὶν χόλασαν τεθνάκῃ.

LIKE the Idalian queen,
   Her hair about her eyne,
With neck and breast's ripe apples to be seen,
At first glance of the morn
In Cyprus' gardens gathering those fair flowers
Which of her blood were born,
I saw, but fainting saw my paramours.
The Graces naked danced about the place,
The winds and trees amazed
With silence on her gazed ;
The flowers did smile, like those upon her face.

WILLIAM DRUMMOND.

DIE Welt ist so schön und der Himmel so blau
   Und die Lüfte wehen so lind und so lau,
Und die Blumen winken auf blühender Au
Und funkeln und glitzern in Morgenthau,
Und die Menschen jubeln, wohin ich schau'—
Und doch möcht' ich im Grabe liegen
Und mich an ein todtes Liebchen schmiegen.

HEINE.

ΙΔΑΛΙΑΣ ἀνάσσας
βοστρύχους ὑπὲρ ὀμμάτων
ᾀσσομένους ὑπό τ᾽ αὐχένος
μαζῶν μᾶλα νεαθαλῆ
πρωτίσταισιν ὑπ᾽ αὐγαῖς ὥς τις ἐπεῖδεν ᾿Αοῦς
Κυπρίους κατὰ κάπους
δρεπούσας κάλυκας
τῶν αὐτᾶς ποτ᾽ ἀφ᾽ αἵματος
ἀνθέων πεφυκότων,
τὼς λεύσσων κατεπλάχθην
τὰν δέσποιναν ἐμᾶς φρενός.
γυμναὶ μὲν Χάριτες πέριξ
ὠρχεῦνθ᾽, αἱ δ᾽ ἀνέμων στίχες
σιγῶσίν σφ᾽ ἐφορῶσαι,
σιγᾷ δένδρ᾽ ὑπὸ θάμβεος,
προσγελώσᾳ δ᾽ ἀντεγέλα
γᾶθεν ἄνθεμα κούρᾳ.

———

Ω γαῖ᾽ ὡς καλόν ἐσσι, καὶ ἀγλαὸν αἰθέρος αἶπος,
ὥς μ᾽, ἄνεμοι, πνοιαῖς θέλγετε μειλιχίαις,
ἄνθεά τ᾽ ἐν λειμῶνι δρόσοις ἀμαρύσσεθ᾽ ἑῴαις·
πανταχόθεν δὲ βροτῶν πάντα γέγηθε γένη.
αὐτὰρ ἐμοὶ τὸ κράτιστον ὑπὸ χθόνα δύντα ταφῆναι
τὰν φθιμέναν φθιμέναις χερσὶν ἔχοντ᾽ Ἰόλαν.

YE hasten to the dead : what seek ye there,
　　Ye restless thoughts and busy purposes
Of the idle brain, which the world's livery wear ?
　　O thou quick heart, which pantest to possess
All that anticipation feigneth fair—
　　Thou vainly curious mind, which wouldest guess
Whence thou didst come and whither thou mayest go,
And that which never yet was known would'st know—
　　Oh ! whither hasten ye that thus ye press
　　With such swift feet life's green and pleasant path,
Seeking alike from happiness and woe
　　A refuge in the cavern of grey death ?
O heart and mind and thoughts ! what thing do you
Hope to inherit in the grave below ?

SHELLEY.

Althaea.　YEA, but a curse she hath sent above all these
　　　　　To hurt us where she healed us ; and hath lit
　　　　Fire, where the old fire went out, and where the wind
　　　　Slackened, hath blown on us with deadlier air.
Chorus.　What storm is this that tightens all our sail ?
Althaea.　Love, a thwart sea-wind full of rain and foam.
Chorus.　Whence blown, and born under what stormier star ?
Althaea.　Southward, across Euenus from the sea.
Chorus.　Thy speech turns towards Arcadia like blown wind.

SWINBURNE, *Atalanta.*

ΤΙ σπέρχεσθ' Ἀιδόσδε, τί δὴ ζατεῦσαι, ἄυπνοι
φροντίδες ἠδ' ἀτενεῖς βουλαὶ ἐφαμερίων
μηδομένων ἄκραντα, χαμαιγενέα φρονεόντων;
πτανά τ' αὖ ψυχὰ πάντα ποθεῦσα λαβεῖν
ὅσσα ποτ' εὐπαράγωγοι ἐπαγλαΐσαντο μέριμναι,
φρήν τ' ἀκόρεστ' ἀδινῶς ἱστορέουσα μάταν,
ποῖ πόθεν ἐρχομένα στείχεις πάλιν, ὅσσα τ' ἐφεῦρεν
οὔτις, ἐπίστασθαι πάντα λιλαιομένα,
ποῖ ποτὲ ποῖ σπεύδουσαι ἐπεσσυμένοις μάλα ποσσὶ
στείβετε λειμῶνας τοὺς θαλερούς βιότου,
γαθοσύνας τ' ἀνάπαυλαν ἀνολβίας θ' ἅμ' ἀπεχθέος
εὑρῶεν θανάτου σπεῖος ἀμειβόμεναι;
ὦ φρένες, ὦ ψυχά, καὶ φροντίδες, εἴπετ', ἄυπνοι,
ποῖ' ἄρα κλαρονομεῖν ἐλπὶς ἐνὶ φθιμένοις;

ΑΛ. ΑΡΑΝ δέ γ' ἄλλην τῶνδ' ἐφῆχ' ὑπερτέραν
βλάπτουσ' ἃ κἀξιάσαθ', ἥν τ' ἀπέσβεσε
φλόγ' αὖθις ἐξήγειρε, τῆς κοιμωμένης
σκήψασ' ἀέλλης θανασιμωτέραν πνοήν.
ΧΟ. ποίαν ζάλην ἀνεῖσα, λαιφέων πόνον;
ΑΛ. ἔρωτα, δύσπνου γ' ὄμβριον φύσημ' ἁλός.
ΧΟ. πόθεν παρ' ἄστρων ξὺν δυσηνεμωτέρων;
ΑΛ. θάλασσαν, εἶτ' Εὔηνον ἐκ νότου περῶν.
ΧΟ. πνεῖ γοῦν ὁ μῦθος Ἀρκάδ' ὡς ἐπ' ἠόνα.

MAXWELLTON braes are bonnie,
　　Where early fa's the dew,
And 'twas there that Annie Laurie
　Gied me her promise true,
　Gied me her promise true,
　Which ne'er forgot shall be,
And for bonnie Annie Laurie
　I'd lay me doon and dee.

Like dew on the gowans lying
　Is the fa' of her fairy feet,
And like winds in summer sighing
　Her voice is low and sweet,
　Her voice is low and sweet,
　And dark blue is her ee,
And for bonnie Annie Laurie
　I'd lay me doon and dee.

Her brow is like the snowdrift,
　Her neck is like the swan,
Her face it is the fairest
　That e'er the sun shone on,
　That e'er the sun shone on,
　And she's a' the world to me,
And for bonnie Annie Laurie
　I'd lay me doon and dee.

ΑΔΤ μὲν τέθαλε Νάπας κόλωνος
ὀρθρίαισι ῥαινομένα δρόσοισιν,
ἔνθ᾽ ἀείμναστόν μοι ἔδωκε πίστιν
ἄδεα Μύρτω.
οἲ ἐπ᾽ ἀνθέμοισι πέτοισ᾽ ἐέρσα
βαῖνε Μύρτω τοῖς μαλάκοις πόδεσσιν,
ἶσα δ᾽ αὔραις εἰαρίναισιν αὔδα
μέλλιχα φώνει
ὀππάτεσσι κυανέοις γελαίσας·
λευκότατι μὲν νιφέτοις μέτωπον
καίνυται, δέρα δὲ κύκνον, προσώπω δ᾽
οὔ τι δέδορκεν
κάλλιόν ποτ᾽ ἀέλιος πανόπτας·
πάντα μοι Μύρτω, γλυκέρας δὲ Μύρτως
ἔννεκ᾽ ἀδέως κεν ἔγω δεχοίμαν
κῆρ᾽ Ἀίδαο.

"¿QUIEN contra mí? Con el misterio en guerra,
  Nada resiste a mi potente anhelo:
Esclavizo la luz, escalo el cielo,
Bajo al fondo del mar, reino en la tierra.
  De los secretos que Natura encierra
Voy desgarrando el tenebroso velo,
Y cuando, en mi ambición, remonto el vuelo,
Dios no me espanta ni el dolor me aterra.
¡Cuan grande soy! Dispongo del estrago.
Los mismos dioses que adoré en mi aurora
Hoy, con desdén sacrílego, deshago..."
—¡Bah! No tu loco orgullo se desmande;
El átomo invisible que devora
Tu vida y tu soberbia, ése es más grande.

NÚÑEZ DE ARCE.

DER Tod, Das ist die kühle Nacht,
  Das Leben ist die schwüle Tag.
Es dunkelt schon, mich schläfert,
Der Tag hat mich müd' gemacht.

Ueber mein Bett erhebt sich ein Baum,
Drin singt die junge Nachtigall;
Sie singt von lauter Liebe,
Ich hör' es sogar im Traum.

HEINE.

ΤΙΣ μοι παλαίει; κρύπτ' ἰχνοσκοποῦντί μοι
τί δῆτ' ἔτ' ἀνθέστηκε παμμάχῳ μένει;
ἄστρων ἐπαμβατῆρι δουλεύει φάος,
πόντου δ' ἀνευρὼν βένθος αἰσυμνῶ χθονός.
ὅσ' ἂν μάλιστ' ἄρρητα συγκρύπτῃ φύσις
φωρῶ, καθέλκω τὰφανῆ καλύμματα·
ἀνεπτερωμένον δὲ παντόλμῳ θράσει
οὐ θεοὶ φοβοῦσιν, οὐ καταρρέπει μ' ἄχη.
ὥς εἰμι κρατερός· ἂν θέλω, λύειν σθένω·
θεοὺς γὰρ αὐτούς, οἷς ἐλάτρευον πάλαι,
ἤδη καθαιρῶ τἀθέῳ φρονήματι.
  ὦ μῶρ', ὑπέρφρων λύσσα μή σε κλεπτέτω·
καὶ τἀφανὲς γὰρ σπέρμ', ὅ σοι κατεσθίει
ζωήν τε καὶ τὸν ὄγκον, ἢν κρεῖσσον σέθεν.

———————

ΕΙΠΕ, τί δὴ θάνατος; νὺξ αἴθριος, ἅ τ' ἐπὶ πνῖγος
  ἀμερινὸν βιοτᾶς ἦλθ' ἐπικιδναμένα.
ἤδη τοι κνέφας ἕρπει ἐπισκιάσον μ', ὑπό θ' ὕπνος
  ἔρχεται ἀμερινοῖς τριβόμενον καμάτοις.
αὐτὰρ ὑπὲρ λεχεός μοι ἐς αἰθέρα δένδρον ἀίσσει,
  ἐν δὲ νέας μέλπει γᾶρυς ἀηδονίδος·
γᾶρυς ἀηδονίδος τὸν ἀκήρατον ᾄδει Ἔρωτος
  ὕμνον· ἐγὼ δὲ κλύω καίπερ ὀνειροπολῶν.

SWEET Echo, sweetest nymph, that liv'st unseen
      Within thy airy shell,
By slow Maeander's margent green,
And in the violet-embroidered vale
     Where the love-lorn nightingale
Nightly to thee her sad song mourneth well;
Canst thou not tell me of a gentle pair
      That likest thy Narcissus are?
      O if thou have
     Hid them in some flowery cave,
      Tell me but where,
Sweet queen of parley, daughter of the sphere!
So may'st thou be translated to the skies,
And give resounding grace to all heaven's harmonies.

                  MILTON, *Comus.*

AH se in ciel, benigne stelle,
    La pietà non è smarrita,
    O toglietemi la vita,
    O lasciatemi il mio ben.
Voi, che ardete ognor sì belle
    Del mio ben nel dolce aspetto,
    Proteggete il puro affetto
    Che inspirate in questo sen.

                  METASTASIO.

ΝΤΜΦΑΝ ὦ χαριεσσᾶν   στρ.
'Αχοῖ χαριεστάτα
τοῖς ἀερίοις ἀφανὴς δόμοις
Μαιάνδρου ναίουσα παρ' ἀσυχίοις
φυλλοκόμου ῥεέθροις
ἔν τ' ἐραταῖσι νάπαις ἰοθαλέσιν,
ἁ δυσέρως ἵν' ἀηδὼν
παννυχία τὸ φίλοικτον ἀδύπνοον μέλος ἀχεῖ·
ποῦ μοι ζεῦγος ἀδελφῶν   ἀντ.
γενναιοτάτων, φράσον,
σῷ πάγχυ προσειδομένων δέμας
Ναρκίσσῳ; σπήλυγγι γὰρ εἴ τινί ποί σφ'
ἀνθοφόρῳ σὺ κεύθεις,
πότνι' ἄνασσ' ὀάρων, θάλος οὐρανοῦ,
φράζε μοι· ὡς ἐπ' Ὄλυμπον
βᾶσα χοροῖς μακάρων τὸν εὐκέλαδον νόμον αἴροις.

ΕΙ γε μὴ οὐρανόθεν, φίλοι ἀστέρες, οἴχεται αἰδώς,
ἢ 'φαιρεῖσθε πνοάν μ' ἢ Μελίταν δίδοτε·
χρῆν Μελίτας γ' αἴθοντας ὅσῳ κάλλιον ἀπ' ὄσσων
τὸν κραδίᾳ προσεπνεῖθ' ἁγνὸν ἔρωτ' ἀνέχειν.

I WOULD the God of Love would die;
  And give his bows and shafts to me:
    I ask no other legacy.
This happy fate I then would prove;
That since thy heart I cannot move,
I'd cure, and kill, my own with love.

JAMES SHIRLEY.

ADIEU, fond Love, farewell, ye wanton Powers!
        I am free again.
Thou dull disease of blood and idle hours,
        Bewitching pain,
Fly to the fools that sigh away their time:
My nobler love to Heaven climb.

WILLIAM DRUMMOND.

EVEN such is Time! which takes in trust
    Our youth, our age, and all we have;
And pays us but with age and dust:
  Who in the dark and silent grave,
When we have wandered all our ways,
Shuts up the story of our days.

SIR WALTER RALEIGH.

PAR maggiore ogni diletto
    Se in un' anima si spande
      Quand' oppressa è dal timor.
Qual piacer sarà perfetto,
      Se convien, per esser grande,
      Che cominci dal dolor?

METASTASIO.

ΕΙΘΕ θανών ποτ' Ἔρως μοι οἰστοὺς τόξα τε δοίη,
ἄλλα γὰρ οὐ ποθέω χρήματα κλαρονομεῖν·
εἶτ', ἐπεὶ οὐ κραδίαν γε τεὰν δύναμαι μετακινεῖν,
κείνου ἐμὰν φθείρω κἀκέομαι βέλεσι.

ΙΛΑΘ', Ἔρως κενεόφρον, ἀπόστητ', ὦ φιλέρωτες
δαίμονες, ὡς ἐπέκυρσ' αὖτις ἐλευθερίας·
αἵματος ἀμβλύντειρα νόσος καὶ νωθρὰ φρονεύντων
αἰὲν ἑταῖρ', ἔρροις, ὦ γλυκύπικρον ἄχος.
τοῖς παρέδρευ', ἀλίοις δάκρυσιν βίον οἳ προΐενται·
ἀλλ' ἔμ' ἔρως κρείσσων αἰθέρι προσπελάσει.

ΤΟΙΟΣ ἄρ' ἦν ὁ χρόνος· παρεδέξατο ῥύσιον ἀμῶν
ἥβαν τάν τ' ἀκμὰν πάντα θ' ὅσ' ἄλλ' ἔχομεν,
ἀντὶ δ' ἔδωκε μόνον πολιὰς τρίχας ἠδὲ κονίαν·
εἶτ' ἐν ἀφωνήτῳ καὶ δνοφόεντι τάφῳ
τηνίκ', ἐπεὶ βιότοιο πλάνας πεπλανήμεθ' ἁπάσας,
ὧν τις ἔτλα τὸν ἄπαντ' ἐγκατέθηκε λόγον.

ΠΑΣΑ χαρὰ μείζων, ὁπόταν φρένα δειμὸς ἀνιῇ,
χάρμα δ' ἄρ' ἦν τέλεον φὺν μόνον ἐξ ἀχέων.

PANTHEA.   ASIA.   DEMOGORGON.

Pan.   WHAT veilèd form sits on that ebon throne?
              As. The veil has fallen.
                              Pan. I see a mighty Darkness
Filling the seat of power; and rays of gloom
Dart round, as light from the meridian sun,
Ungazed upon and shapeless.   Neither limb,
Nor form, nor outline; yet we feel it is
A living spirit.
          Dem. Ask what thou would'st know.
As.   What canst thou tell?
                      Dem. All things thou darest demand.
As.   Who made the living world?
                          Dem. God.
                                  As. Who made all
That it contains, thought, passion, reason, will,
Imagination?
          Dem. God, Almighty God.
                          SHELLEY, *Prometheus.*

WENN ich in deine Augen seh',
        So schwindet all mein Leid und Weh;
Und wenn ich küsse deinen Mund,
So werd' ich ganz und gar gesund.

Wenn ich mich lehn' an deine Brust,
Kommt's über mich wie Himmelslust;
Doch wenn du sprichst: "Ich liebe dich!"
So muss ich weinen bitterlich.

                              HEINE.

ΠΑ. θακεῖ τίς ἐγκαλυπτὸς ὀρφναίῳ θρόνῳ;
ΑΣ. κάλυμμά γ᾽ ἐκπέπτωκε.
ΠΑ.   καὶ περισθενῆ
σκότον δέδορκ᾽ ἔχοντα παγκρατεῖς ἕδρας,
ἐκ δ᾽ ἐρράγη κελαινὰ πανταχοῦ βέλη,
μεσημβρινῆς ἀκτῖνος ἡλίου δίκην,
ἄδερκτ᾽ ἄμορφα· κῶλα δ᾽ οὔτ᾽ εἶδος πάρα,
οὐ σχῆμ᾽, ὅμως δ᾽ ἔμψυχον ὀσσόμεσθά τι.
ΔΗ. γυναί, σὺ δ᾽ εἴ τι μανθάνειν χρῄζεις, λέγε.
ΑΣ. εἰπεῖν δ᾽ ἔχεις τί;
ΔΗ.   πάνθ᾽ ὅσ᾽ ἱστορεῖν σθένεις.
ΑΣ. τίς ἔσθ᾽ ὁ τόνδε κόσμον ἔμψυχον πλάσας;
ΔΗ. θεός.
ΑΣ.   τίς αὐτῷ πάντα τἀμπεφυκότα,
ὅσ᾽ ἐννοοῦμεν φροντίσιν βουλαῖσί τε,
ἢ πλάσσομεν γνώμαισι;
ΔΗ.   παγκρατὴς θεός.

———

ΟΜΜΑ τεὸν καθορῶντι τὰ πάντα μοι οἴχεται ἄλγη,
τὸ στόμα δ᾽ ἢν φιλέω πᾶς ἀπέβην ὑγιής.
κείμενον ἐν στέρνοις με θεῶν τις τέρψις ὑπῆλθεν,
ἢν δὲ "φιλῶ σε" λέγῃς, δάκρυα θερμὰ χέω.

LEAVE me, O love! which reachest but to dust;
  And thou, my mind, aspire to higher things.
Grow rich in that which never taketh rust:
  Whatever fades but fading pleasure brings.

SIR PHILIP SIDNEY.

WHENCE comes my love? O heart, disclose!
  'Twas from the cheeks that shame the rose,
From lips that spoil the ruby's praise,
From eyes that mock the diamond's blaze.
Whence comes my woe? as freely own!
Ah me! 'twas from a heart like stone.

JAMES HARINGTON.

IT is not that I love you less,
  Than when before your feet I lay;
But to prevent the sad increase
  Of hopeless love, I keep away.

In vain, alas! For every thing
  Which I have known belong to you,
Your form does to my fancy bring;
  And makes my old wounds bleed anew.

EDMUND WALLER.

THESE were two friends whose lives were undivided;
  So let their memory be, now they have glided
Under the grave; let not their bones be parted,
For their two hearts in life were single-hearted.

SHELLEY.

ΦΡΟΥΔΟΣ Ἔρως, ἴθι φροῦδος, ὁ γειτονέων κονίῃσι,
θυμέ, σὺ δ' αὖ μελέτας ἄμφεπε καλλίονας·
χρυσία θησαύριζε, τὰ μήποτε τήκεται ἰῷ·
ὃ φθίεται, φθαρτὴν τοῦτο χάριν ποτάγει.

ΕΙΠΕ, κέαρ, πόθεν ἦλθεν ἔρως; ἀπὸ τῶνδε παρειῶν
ἔπτατο τῶν τὸ ῥόδου χρῶμ' ὑπερερχομένων,
ἐκ χειλέων ἤστραψεν ἐρυθροτέρων ἀνεμώνης,
ὄσσοιν τε γλαυκοῦ γλαυκοτέροιν πελάγευς.
εἰπέ, πόθεν καὶ τοὐμὸν ἄχος; μὴ φείδεο λέξαι·
οἴμοι, ἀπὸ κραδίης σκληροτέρης χάλυβος.

ΜΗ μέμψῃ μ', ὡς μεῖον ἐρῶ σέθεν, Ἀρτεμιδώρα,
ἢ χὤτ' ἀμφὶ τεοῖς ποσσὶ χαμαὶ λεγόμην·
αὐτὰρ ἔρως δυσέρως με βιάζεται, ὥστ' ἔτι μᾶλλον
μή μ' ἀδικῇ, στέργω δαρὸν ἀφιστάμενος
μαψιδίως δύστηνος· ἐπεί μοι χρῆμά γ' ἔκαστον
τῶν ὅσα σοὶ ποθορῶ πρόσθε θαμιζόμενα
αἶψα τεὰν ἐνὶ φρεσσὶ πάλιν μορφὰν ἀνεγείρον
ἕλκεα δὴ τὰ πάλαι θῆκ' ὀδυνῶντα πάλιν.

ΤΑΙΔΕ φίλω δύο κεῖσθον· ἀχωρίστω μὲν ἄρ' ἤστην
ζῶντ', ἔτ' ἀχώριστος δ' εἰν Ἀίδαο μένοι
μναμοσύνα· μὴ δῆτα τάδ' ὀστέα τις διακρίνοι,
τοῖς μί' ὑπαὶ δισσοῖς στήθεσιν ἦν κραδία.

TELL me, thou star, whose wings of light
   Speed thee in thy fiery flight,
In what cavern of the night
     Will thy pinions close now?

Tell me, moon, thou pale and grey
Pilgrim of heaven's homeless way,
In what depth of night or day
     Seekest thou repose now?

Weary wind, who wanderest
Like the world's rejected guest,
Hast thou still some secret nest
     On the tree or billow?

SHELLEY.

ALAS, that all we loved of him should be,
   But for our grief, as if it had not been,
And grief itself be mortal! Woe is me!
  Whence are we, and why are we? of what scene
The actors or spectators? Great and mean
  Meet massed in death, who lends what life must borrow.
As long as skies are blue and fields are green,
  Evening must usher night, night urge the morrow,
Month follow month with woe, and year wake year to sorrow.

SHELLEY, *Adonais.*

ΕΙΠΕ μοι, ὦ πτερύγεσσι διαυγέσιν, εἰπέ μοι, ἀστήρ,
ἐσσυμένως μετιὼν τὸν πυρόεντα δρόμον,
ποῖ ποτέ, ποῖ δὴ νυκτὸς ἀνάλιον ἄντρον ἀφίξεαι
τὰ πτερὰ τἀνεμόενθ' ὡς ἀναπαυσόμενος;
μήνα δ' αὖ τόδε μοι σὺ φράσον, πάλλευκος ἀλᾶτις,
αἰθερίας ἄφιλος πλαζομένα καθ' ὁδούς,
ποίοις δὴ νυχίοισι πεπαυμένα, εἴτε βυθοῖσιν
ἀμερινοῖς μεθέπεις τὸν χρόνιόν ποθ' ὕπνον;
καὶ σὺ πἀλιμπλανεέσσιν ἀλατείαισι κεκμακώς,
ὡς ξένος ἀνθρώποις πᾶσιν ἀπεχθόμενος,
εἴπ', ἄνεμε, κρυπτόν τι νέμεις λέχος, εἴτ' ἐπ' ἄκροισι
δένδρεσιν, εἴτ' ἄρα που κῦμα κατ' εἰνάλιον;

___

ΑΙΑΣΔΩΜΕΣ ἔτ' αὖθ', ὅτι Δάφνιδος ὅσσ' ἐφιλεῦμες,
αἰ μὴ τὤχος ἄρ' ἦν, ἴσα νῦν τῷ μήποκ' ἐόντι,
ὡσαύτως δ' ἄχος ἐντὶ μινυνθάδιόν τι καὶ αὐτό.
φεῦ τίς ἐρεῖ πόθεν εἰμὲν ὅτευ χάριν; ἢ τί τὸ δρᾶμα
ὧπερ ἀγωνισταὶ πέλομες βροτοὶ εἴτε θεαταί;
ἀθρόοι οἱ δυνατοὶ καὶ ἀμάχανοι εἰς Ἀίδαο
σύμπετον, ὡς τήνῳ ποκ' ὀφείλεται ὅσσα περ αἰὼν
κτάσατο· κυανέω γὰρ ὑπ' αἰθέρος ἃς χλοερὰ γᾶ
κείσεται, ἑσπερίαισι μεθέψεται εὐφρόνα αὐγαῖς,
ἀὼς νύκτα μέτεισ', ἀποδεξεῖται δὲ μερίμναις
μῆν' ἔτι μείς, ζῳσίν τ' ἔτος ἐξ ἔτεος μελεδῶναι.

TO fight then be it; for if to die or live,
　　No man but only a god knows this much yet;
Seeing us fare forth, who bear but in our hands
The weapons not the fortunes of our fight;
For these now rest as lots that yet undrawn
Lie in the lap of the unknown hour; but this
I know, not thou, whose hollow mouth of storm
Is but a warlike wind, a sharp salt breath
That bites and wounds not; death nor life of mine
Shall give to death or lordship of strange kings
The soul of this live city, nor their heel
Bruise her dear brow discrowned, nor snaffle or goad
Wound her free mouth or stain her sanguine side
Yet masterless of man; so bid thy lord
Learn ere he weep to learn it.

SWINBURNE, Erechtheus.

ICH hab' im Traum' geweinet,
　　Mir träumte, du lägest im Grab.
Ich wachte auf, und die Thräne
Floss noch von der Wange herab.

Ich hab' im Traum' geweinet,
Mir träumt', du verliessest mich.
Ich wachte auf, und ich weinte
Noch lange bitterlich.

Ich hab' im Traum' geweinet,
Mir traümte, du bliebest mir gut.
Ich wachte auf, und noch immer
Strömt' meine Thränenfluth.

HEINE.

ΔΟΚΕΙ μάχεσθαι· ζῆν γὰρ εἴτε κατθανεῖν
βροτῶν μὲν οὐδεὶς εἰς δὲ τοῦτ' οἶδεν θεός,
ὁρῶν ἐπεκθέοντας ὡς ἐν δεξιαῖς
σίδηρός ἐστιν, οὐ τί που κρίσις μάχης·
ἢ νῦν κατ' ἄγγος ὡς ἀκίνητοι πάλοι
δυσξύμβολον λόχευμα κρύπτεται τύχης.
κἀγὼ τόδ' ἔξοιδ'—οὐ σύ γ', εἰ κοῖλον στόμα
Ἄρεως ματαίοις οἰδάνεις φυσήμασι
πρηστῆρος ἁλίου δῆγμ' ἀναίμακτον λαχών—
ὡς οὔτε δὴ ζῶν οὔτε κατθανών ποτε
Ἅιδῃ προήσω τήνδε πάμψυχον πόλιν,
οὐδ' εὐφιλοῦς γε κρατὸς ἀστεφῆ κόμην
ξένων πάτημα κοιράνων ἀτιμάσει·
οὐ ψάλιον, οὔ τι κέντρον οὔτ' ἐλεύθερον
στόμ' αἰκιεῖ ποτ' οὔτ' ἀδέσποτον δέμας
καθαιματώσει· ταῦτα τῷ στείλαντί σε
πρὶν ἐκμαθεῖν κλαίοντα προυννέπω φράσαι.

————————

ΔΑΚΡΥ' ὄναρ δάκρυσα· τάφῳ γὰρ κεῖσθαι ἔδοξας·
ἐγρομένῳ δ' ἔτι μοι δάκρυ' ἔτεγγε ῥέθος.
δάκρυ' ὄναρ δάκρυσα· προέσθαι γὰρ σύ μ' ἔδοξας·
ἐγρόμενος δ' ἔτι δὴ κλαῖον ὑπερβολάδην.
δάκρυ' ὄναρ δάκρυσα· φιλεῖν γὰρ ἔτ' αἰὲν ἔδοξας·
ἐγρομένῳ δ' ἔτ' ἄδην ῥεῦμα ῥέεν δακρύων.

IF I have erred, there was no joy in error,
   But pain and insult and unrest and terror.
I have not, as some do, bought penitence
With pleasure and a dark yet sweet offence;
For then, if love and tenderness and truth
Had overlived hope's momentary youth,
My creed should have redeemed me from repenting.
But loathed scorn and outrage unrelenting
Met love excited by far other seeming
Until the end was gained.

SHELLEY, *Julian and Maddalo.*

MIT deinen blauen Augen
   Siehst du mich lieblich an,
Da ward mir so träumend zur Sinne,
   Dass ich nicht sprechen kann.

An deinen blauen Augen
   Gedenk' ich allerwärts;
Ein Meer von blauen Gedanken
   Ergiesst sich über mein Herz.

HEINE.

ΑΜΑΡΤΑΝΟΝΤΙ δ', εἴπερ οὖν ἡμάρτανον,
τί μοι προσῆν χλίδημα; τίς δ' ἀπῆν ἄση
λώβη τ' ἀκοιμήτων τε φροντίδων δέος;
οὐ γάρ τι χἠμεῖς ἠμπολήσαμεν κόρον
τέρψεως λαθραίας ἀλιτρίας τ' ἐπηράτου·
εἰ κατθανὸν γὰρ ἐλπίδων ἄνθος ταχὺ
ἔρωτος ἐξημείψατ' ἀψευδὴς χάρις,
κἂν τοῦ μεταμέλειν ἦν τὸ πιστεύειν ἄκος.
νῦν δὲ στύγος τ' ἔχθιστον ἀγνώμων θ' ὕβρις
ἔρωτ' ἐλυμήναντο, τοιαύταισί γ' οὐ
τέχναισι δελεασθέντα, πρὶν τυχεῖν, τότε.

ΤΟΙΣ γλαυκοῖς ἀγανῶς με, Χλόη, ποτιδέρκεαι ὄσσοις,
καί μ' ὑπ' ἀφώνητον πένθος ἔδυ κραδίην·
ὄσσε με τὼ γλαυκὼ πάντῃ φρεσὶ βαστάζοντα
ἐννοιῶν τὸ κέαρ γλαυκὸν ἔχει πέλαγος.

O THAT it were possible we might
       But hold some two days' conference with the dead!
From them I should learn somewhat, I am sure,
I never shall know here.   I'll tell thee a miracle :
I am not mad yet, to my cause of sorrow :
The heaven o'er my head seems made of molten brass,
The earth of flaming sulphur, yet I am not mad.
I am acquainted with sad misery
As the tanned galley slave is with his oar ;
Necessity makes me suffer constantly,
And custom makes it easy.

JOHN WEBSTER, *Duchess of Malfi.*

ICH grolle nicht, und wenn das Herz auch bricht,
     Ewig verlornes Lieb ! ich grolle nicht.
Wie du auch strahlst in Diamantenpracht,
Es fällt kein Strahl in deines Herzens Nacht.

Das weiss ich längst.   Ich sah dich ja im Traum
Und sah die Nacht in deines Herzens Raum,
Und sah die Schlang', die dir am Herzen frisst,
Und sah, mein Lieb, wie sehr du elend bist.

HEINE.

ΕΙΘ' ἦν νεκροῖσι κἀς δύ' ἡμέραιν μέτρον
μολεῖν ἐς ὄψιν, ὡς ἀνιστορήσαμεν
λόγον παρ' αὐτῶν, τῇδ' ὃν οὔ τι μὴ μάθω.
ἐγὼ δ' (ἐρῶ τόδ' ὥστε θαυμάσαι σ' ἔπος)
λυσσῶ μὲν οὔπω, προσφέρω δ' ἄταις τόδε·
καίτοι μύδρῳ γ' ἔοικεν οὐρανοῦ κύκλος,
μύσει φλογώδει γαῖα· σωφρονῶ δ' ἔτι.
ἴσα σκυθρωποῖς εἰμ' ἄρ' ἐντριβὴς δύαις
πλάταις θ' ὁ κώπης ἡλιόκτυπος λάτρις.
ὡς δ' ἐξ ἀνάγκης οὔποτ' ἀμπνέω πόνων,
ἅτ' ἠθὰς οὖσα τοῦ πονεῖν ῥᾷον φέρω.

———— ————

ΟΥΚ ὄνομαι, κραδίαν περ ἐνὶ στήθεσσι δαϊχθείς,
κεἰ σύ μ' ἀνέλπιστον κάλλιπες, οὐκ ὄνομαι.
σῶμα γὰρ ἀστράπτουσαν ἀγάλμασιν εὐχρύσοισιν
αἰὲν ἀναυγάτους νύξ σε φρένας κατέχει.
ταῦτα πάλαι μεμάθηκα· σὲ γὰρ κατ' ὄναρ ποτ' ἐπεῖδον—
εἶδον ἐνὶ κραδίᾳ νύκτα διωλύγιον,
εἶδον ἔσωθεν ὄφιν τὸν τὰν φρένα σοὶ κατέδοντα,
εἶδον, ἐμὰ ψυχά, ποῖα τρέφεις ἄχεα.

NELL' età sua più bella e più fiorita
   Quand' aver suol Amor in noi più forza,
Lasciando in terra la terrena scorza,
È Laura mia vital da me partita.

E viva e bella e nuda al ciel salita,
Indi mi signoreggia, indi mi sforza.
Deh perchè me del mio mortal non scorza
L' ultimo dì ch' è primo all' altra vita ?

Che come i miei pensier dietro a lei vanno ;
Cosi leve espedita e lieta l' alma
La segua, ed io sia fuor di tanto affanno.

Ciò che s' indugia, è proprio per mio danno ;
Per far me stesso a me più grave salma.
O che bel morir era oggi è terz' anno !

                   PETRARCA, *Sonetto* ccxxxvii.

ALLES Vergängliche
   Ist nur ein Gleichniss ;
Das Unzulängliche,
Hier wird's Ereigniss ;
Das Unbeschreibliche,
Hier ist's gethan ;
Das Ewig-Weibliche
Zieht uns hinan.

                   GOETHE, *Faust*.

ΚΑΛΛΙΣΤΑΝ ἔτ' ἔχουσα καὶ ἀδυτάταν χροὸς ἄνθαν,
ἀνίκ' ἀφυκτότατον πᾶξεν Ἔρως τὸ βέλος,
ἐν γαίᾳ τὸ γεῶδες ἀπορρίψασα κάλυμμα,
ᾤχετό μοι Δάφνα, σὺν δ' ἄρ' ἐμὰ κραδία.
ζῴα μορφάεσσά τ' ἔβα γυμνά τε ποτ' ἄστρα,
ἔνθα μοι αὐτοκράτωρ ἀγεμονεῖ βιοτᾶς.
εἴθε γὰρ ἕν μ' ἆμαρ, γένεσις βίου ἠδὲ τελευτά,
ἄχθος δὴ τόδ' ἄφαρ γήινον ἐξαφέλοι·
ὄφρ', ἁ φροντὶς ὅπως ἐπανήιεν αἰὲν ἐπ' αὐτάν,
ὣς ψυχά μοι ἑκοῦσ' ἠδ' ἐλαφριζομένα
κεῖσ' ἀνίη, τᾶς πρόσθεν ἀπαλλαχθεῖσα μερίμνας
εὐθύς, ἐπεί μοι πάντ' ἐχθρὰ τὰ μελλόμενα,
εἰμί γ' ὃς αἰὲν ἐμοὶ πλεῖον βάρος· ὅσσον ἀρεῖον
ἦν κ' ἤδη τριετεῖ κειμένῳ ἐν φθιμένοις.

ΕΙΚΩΝ ἄλλως πᾶν τὸ φθινύθον·
τῇ δὲ τελεῖται τἀτελὲς ἤδη,
τὸ λόγῳ τ' ἄφατον κραίνεται ἔργῳ,
τὸ δὲ θηλυγενὲς
σέβας ἀίδιόν τιν' ἐφέλκει.

TRANSLATIONS
INTO GREEK PROSE

THE mind selects among those who most resemble it that which is most its archetype, and instinctively fills up the interstices of the imperfect image, in the same manner as the imagination moulds and completes the shape in the clouds or in the fire into a resemblance of whatever form, animal, building, etc., happens to be present to it.

Man is in his wildest state a social animal—a certain degree of civilisation and refinement ever produces the want of sympathies still more intimate and complete, and the gratification of the senses is no longer all that is desired. It soon becomes a very small part of that profound and complicated sentiment which we call love, which is rather the universal thirst for a communion not merely of the senses, but of our whole nature, intellectual, imaginative, and sensitive, and which, when individualised, becomes an imperious necessity, only to be satisfied by the complete, or partial, or supposed fulfilment of its claims. This want grows more powerful in proportion to the development which our nature receives from civilisation; for man never ceases to be a social being.

SHELLEY.

ΠΕΡΙΣΚΕΨΑΜΕΝΗ δ' ἡ ψυχὴ τὰς αὑτῇ μάλισθ' ὁμοίας ἐξέλεξε δὴ τὴν τὸ ἐναργέστατον ὑπόμνημ' ἔχουσαν τοῦ ἐκεῖ κάλλους. καὶ καθάπερ οἱ ἐν ταῖς νεφέλαις ἢ ἐν πυρί που μορφώματ' ἄττα ὑποτυπούμενοι εἰς ὁμοιότητα πλάττουσι θηρίῳ ἢ οἰκίᾳ ἢ ὅτῳ ἄρα προσέοικεν, οὕτω καὶ ἐκείνη πέφυκε τὰ τῆς εἰκόνος διερρυηκότ' ἐπανορθώσασα τὴν ὁμοίωσιν ᾧ προσεικάζεται ἀπακριβῶσαι. τίθεμεν γάρ που μηδένα ἄνθρωπον, μηδὲ τὸν ἀνημερώτατον, βίον βιοῦν ἀκοινώνητον. ὅσον δὲ προχωρεῖ παιδείας τε καὶ μουσικῆς, τοσούτῳ μᾶλλον ἀεὶ ἐνδεῖται τοῦ ἑτέρους αὑτῷ ὁμοιοπαθεῖν. ἡ δ' οὖν διὰ τῶν αἰσθήσεων πλησμονὴ οὐκέτ' ἐπαρκοῦσα πάνσμικρον δὴ φαίνεται πρὸς τὸν καλούμενον ἔρωτα, δεινότατον ὄντα καὶ πολυπλοκώτατον τῶν παθῶν, ὅς γε πάγκοινόν τινα δίψαν ἐμποιῶν κοινωνίας, οὐ μόνον αἰσθήσεων, ἀλλ' ὅλης τῆς ψυχῆς καθ' ἅπαντα ὅσα νοεῖ τε καὶ μαντεύεται καὶ αἰσθάνεται, καὶ καθ' ἓν ἕκαστον ἐμπίπτων ἤδη ἀναγκάζει καὶ βιάζεται καὶ οὔποτ' ἀφίησι πρὶν ἂν ἀποπλήρωσιν εἰ μὴ τελείαν ἀλλὰ μετρίαν τιν' ἢ καὶ δοκοῦσάν γ' ἀποδέξηται· παιδείᾳ δὲ δὴ τὴν ψυχὴν ἡμῖν ἀνατρεφούσῃ ξύμμετρος καὶ ξύμφυτός ἐστιν αὕτη ἡ ἔνδεια, ἐπεὶ ὁ ἄνθρωπος οὐδέποτ' ἐθέλει ἄμοιρος ταύτης τῆς κοινωνίας γενέσθαι.

THERE are indeed some learned casuists who maintain that love has no language, and that all the misunderstandings and dissensions of lovers arise from the fatal habit of employing words on a subject to which words are inapplicable ; that love, beginning with looks, that is to say, with the physiognomical expression of congenial mental dispositions, tends through a regular gradation of signs and symbols of affection to that consummation which is most devoutly to be wished , and that it is neither necessary there should be nor probable there would be a single word spoken from first to last between two sympathetic spirits, were it not that the institutions of society have raised, at every step of this very simple process, so many complicated impediments and barriers, that many an adventurous knight (who in order to obtain the conquest of a Hesperian fruit, is obliged to fight his way through all these monsters,) is either repulsed at the onset or vanquished before the achievement of his enterprise: and such a quantity of unnatural talking is rendered inevitably necessary, through all the stages of the progression, that the tender and volatile spirit of love often takes flight on the pinions of these ἔπεα πτερόεντα or winged words that are pressed into his service in despite of himself.

T. L. PEACOCK.

ΕΙΣΙ μέντοι τῶν κομψοτέρως περὶ τὰ τοιαῦτα διακριβολο-
γουμένων οἵτινες ἄφθογγόν που ἀποφαίνουσι τὸν ἔρωτα· ὅθεν
δὴ τοὺς ἐρῶντας προσκρούειν τ᾽, ἐὰν τύχωσι, καὶ διαβεβλῆσ-
θαι ἀλλήλοις, διὰ τὸ φωνῇ ἐφ᾽ οἷς μὴ προσῆκε παραχρῆσθαι
σφαλέντας. ἀρξάμενον γοῦν ἀπὸ τῆς ὄψεως, ᾗ πεφύκατον
τὼ ξύμφρονε ψυχὰ οἷον γνώμονι τῆς φιλότητος προσχρῆσθαι,
καὶ διὰ πάντων ἐφεξῆς ἰόντα σχημάτων τῶν τοιαῦτα σημα-
νούντων, ἀποτελευτήσειν ἤδη τὸν ἔρωτα οἱ μάλιστ᾽ ἂν
εὔχοιτο. οὐ μὴν οὔτ᾽ ἀνάγκη οὔτ᾽ εἰκὸς ξυνενθουσιασάσα
γ᾽ οὐδὲ ἓν ἔπος διὰ παντὸς ἀφεῖναι οὐδέποτ᾽ οὐδετέραν, ὅ τι
μὴ τὴν εὐθεῖαν πορευομέναιν τὰ παρὰ τοῖς πολλοῖς νόμιμα
παντοῖα ἑκασταχοῦ προσεσταύρωταί τε καὶ ἀντιπεπύργωται.
ὥστε πολλοὺς δὴ καὶ μαχίμους, οὓς οὐκ ἐπ᾽ ἀσφάκτοις
δράκουσι μῆλ᾽ ἔδει Ἑσπερίδων ἐκμοχθήσαντας εὑρέσθαι,
ἤτοι εὐθὺς ἐπὶ τῇ ἐφόδῳ ἀπεῶσθαι ἢ ἡττηθῆναι μήπω
κατορθώσαντας. οὕτως ἄρα τοσοῦτον χρῆμ᾽ ἀδολεσχίας,
οὐκ ἔσθ᾽ ὅπῃ οὐ βίᾳ παραπίπτον, τὸν ἔρωτα, ἅτε ψοφοδεᾶ
ὄντα καὶ εὔπτερον δαίμονα, ἀτεχνῶς ἀποσοβῆσαι, ὥσθ᾽ ὑπ᾽
ἐπέων ὡς ἀληθῶς πτεροέντων τῶν ἄκοντι κεχορηγημένων
αὐτῷ ἔτι μᾶλλον ἀναπτερωθέντ᾽ ἀφανὴς ἀποπέτεσθαι.

ANOTHER yle there is that men clepen Oxidrate; and another yle that men clepen Gynosophe, where there is also gode folk, and fulle of gode Feythe : and thei holden, for the most partye, the gode condiciouns and customs and gode maneres, as men of the contree above seyd : but thei gon alle naked. In to that yle entred Kyng Alisandre, to see the manere. And whan he saughe hire gret Feythe and hire Trouthe, that was amonges hem, he seyde that he wolde not greven hem : and bad hem aske of him, what thei wolde have of hym, Ricchesse or ony thing elles ; and thei scholde have it with gode wille. And thei answerden, that he was riche y now, that hadde Mete and Drynke to susteyne the Body with. For the Ricchesse of this World, that is transitorie, is not worthe : but ȝif it were in his powere to make hem immortalle, there of wolde thei preyen him, and thanken him. And Alisandre answerde hem, that it was not in his powere to don it ; because he was mortalle, as thei were. And thanne thei asked him, whi he was so proud and so fierce and so besy, for to putten alle the World undre his subjeccioun, righte as thou were a God ; and hast no term of this lif, neither day nor hour ; and wylnest to have alle the World at thi commandement, that schalle leve the withouten fayle, or thou leve it. And righte as it hathe ben to other men before the so schalle it ben to othre aftre the : and from hens schal tow bere no thyng ; but as thou were born naked, so alle naked schalle thi Body ben turned in to Erthe, that thou were made of. Wherefore thou scholdest thinke and impresse it in thi mynde, that nothing is immortalle, but only God, that made alle thing. Be the whiche answere Alisandre was gretly astoneyed and abayst : and alle confuse departe frō hem.

SIR JOHN MAUNDEVILE.

ΕΣΤΙ δὲ καὶ ἄλλη νῆσος καλευμένη Ὀξυδράτη, ἔτι δ' ἄλλη Γυνοσόφη, ὅθι περ χρηστοί τέ τινες οἱ ἐνοικέοντες καὶ πάσῃ εὐορκίῃ χρεόμενοι· ἔχονται δ' ὡς ἐπὶ τὸ πολὺ τῶν ἀγαθῶν πρηξίων τε καὶ νομίμων καὶ ἐθέων τῶν αὐτῶν ὧνπερ οἱ πρότερον λεχθέντες· φοιτέουσι μέντοι τὸ πᾶν γυμνοί. ἐς ταύτην μὲν ὧν τὴν νῆσον ἦλθε Ἀλέξανδρός κοτε ὁ βασιλεὺς ὡς τὰ ἐκεῖθεν διοψόμενος· ἰδὼν δὲ πάγχυ πιστούς τε καὶ δικαίους τοὺς ἐνθαῦτα οὐδὲν ἔφη λυπήσειν αὐτούς, εἰ δέ τι δεοίατό οὐ, εἴτε πλοῦτον εἴτε ὅτι δὴ χρήζοιεν, πάνυ ἀσμένως ἂν παρασχεῖν. οἱ δ' ἠμείβοντο τοιάδε· πλουτέειν μὲν ἱκανῶς, ὅστις ἐπὶ τροφὴν τοῦ σώματος ἔχοι σιτία καὶ ποτόν· οὐδὲ γὰρ τὸν παρ' ἀνθρώποισι πλοῦτον, ἅτ' ὀλιγοχρόνιον ἐόντα, οὐδενὸς ἄξιον· εἰ δὲ δύναιτο ἀθανάτους σφέας κατιστάναι, τοῦτο δὲ πολλὴν χάριν εἴσεσθαι δωρησαμένῳ. εἶπε δ' ὁ βασιλεὺς οὐδαμῶς δύνασθαι, θνητὸς γὰρ εἶναι ὁμοίως καὶ κείνους. πρὸς ταῦτα ὧν ἐπήροντο τί ἄρα οὕτως ὀξύς τε καὶ ὑπερήφανος εἴη καὶ αἰεὶ πρηγματεύοιτο ὥστε τὴν γῆν ἅπασαν ἑωυτῷ καταστρέψασθαι, ὥσπερ ἂν εἰ θεὸς εἴη· οὐδὲ γὰρ μοῖραν οὐδεμίαν, ἔφασαν λέγοντες, οὐδ' ὅσον ἡμέρην, κέκτησαι τοῦ βίου· ἐφίεσαί γε μὴν πάντα τὰ τῶν ἀνθρώπων ὑποχείριά σοι γενέσθαι, μέλλοντα σεῦ μετήσεσθαι οὐδέκω μετιεμένου. κατάπερ γὰρ ἄλλοισι τοῖσι πρότερόν σευ γενομένοισι συμβέβηκε, κατὰ ταῦτα συμβήσεται καὶ τοῖσι ἐπιγενησομένοισι· καὶ ἐνθεῦτέν τοι οὐδὲν συλλάμψεαι, ἀλλὰ γυμνὸς μὲν ἐγένεο, γυμνὸν δὲ τὸ σῶμα ἐς τὴν γῆν, ὁκόθεν περ ἀπίκεο, διαλυθήσεται. ἐκ τῶν προσήκει τοι τόδε γ' ἐνθυμέεσθαί τε καὶ ἐν νόῳ φυλάσσειν, ὡς οὐδὲν ἄρα ἀθάνατον, εἰ μὴ μοῦνος ὁ θεὸς ὁ τὰ πάντα ποιήσας. πρὸς ὧν ταύτην τὴν ἀπόκρισιν λίην ἐκπλαγεὶς καὶ ὑπαισχυνόμενος ὁ Ἀλέξανδρος μετὰ κατηφείης οὐκ ὀλίγης ἀπεχώρησε αὐτῶν.

NOW what are the known facts as to his position ? He had been living at Athens for many years in comfort and respectability—a substantial citizen, carrying on his business with the Greek people. Well, he was grievously injured. The right honourable gentleman said he ought to have gone before the Greek tribunals. What tribunals ? He did go before one. He tried to proceed in a criminal court—with what success we know. A crime had been committed in broad daylight—at noon—in the midst of Athens. The perpetrators were seen and well known. They were denounced to the police ; and the police in reply contended that there was no evidence to fix their identity, and so let them loose again. So much for the honour and honesty of Greek tribunals. But the right honourable gentleman says, why did he not go before a civil tribunal ? why did he not sue the rioters for damages ? Good God ! is it possible that the right honourable gentleman can be in earnest ? Let me ask the house this question : suppose that in some time of trouble and popular excitement a mob were to sack his house, as the mob sacked M. Pacifico's, would he bring an action against each and every member of that mob ? No ; you don't proceed against paupers. There is nothing to be got out of them.

SIR A. COCKBURN.

ΠΟΙΑ γὰρ ἀκριβῶς ἴσμεν τἀκείνῳ ὑπάρχοντα; πολλὰ ἔτη, ὦ ἄνδρες, Ἀθήνησιν ἐπεδήμει, ἀνὴρ ὢν εὔπορός τε καὶ ἐπιεικής, ἀπ᾽ ἀξιόχρεω τῆς οὐσίας Ἕλλησι χρηματιζόμενος. δεινότατ᾽ οὖν ἀδικηθέντα ἐχρῆν, ὥς φησιν οὗτος, παρὰ τοὺς αὐτόθι δικαστὰς δίκην εἰσιέναι. ποίους δὴ δικάστας; καὶ γὰρ ἔστι παρ᾽ οὓς εἰσῆλθε, γραφὴν γραψάμενος ὥστε τοιαῦτ᾽ ἐπαυρέσθαι ἃ τίς οὐκ οἶδε; καίτοι μεθ᾽ ἡμέραν ἐγένετο ἡ ὕβρις, μεσημβρίας ἱσταμένης, αὐταῖς ἐν Ἀθήναις. τοὺς δ᾽ ἀδικοῦντας ὀφθέντας τε καὶ γνωρισθέντας ἐνέδειξάν τινες τοῖς ἀστυνόμοις· οἱ δ᾽ ἀντισχυρισάμενοι μηδὲν εἶναι τοιόνδε τεκμήριον, ὅτῳ τις αὐτοὺς γνώσοιτο, οὕτως ἀφεῖσαν. παρὰ τοσοῦτον δὴ καλοκαγαθίας τε καὶ δικαιοσύνης ἡμῖν προκεχωρήκασιν Ἑλλήνων αἱ ἀρχαί. εἶτά φησιν οὗτος, πῶς οὐ δίκην ἔλαχεν, ἵν᾽ ἐπιτίμια τοῖς ὑβρίσασιν ἐπέγραψεν; ἀλλ᾽ ὦ πρὸς θεῶν, μὴ σπουδάζων τοιαῦτ᾽ ἤρετο; φέρε γὰρ ὑμᾶς ἐρωτήσω, εἰ κατὰ στάσιν τινὰ καὶ ταραχὴν τῆς πόλεως τὴν τούτου οἰκίαν, ὥσπερ κἀκείνου, πονηρὸς ὄχλος διαρπάσειεν, ἆρα πρὸς ἕνα ἕκαστον τοῦ συρφετοῦ δίκην ἂν εἰσίοι; ἀλλ᾽ οὐ γὰρ οἶμαι οὐδένα πτωχοῖς γε δικάζεσθαι· οὐδὲ γὰρ αὐτῶν οὐδὲν ἔμελλεν ἀπολαύσεσθαι.

THEY who believe in the influences of the stars over the fates of men are, in feeling at least, nearer the truth than they who regard the heavenly bodies as related to them merely by a common obedience to an external law. All that man sees has to do with man. Worlds cannot be without an intermundane relationship. The community of the centre of all creation suggests an interradiating connexion and dependence of the parts. Else a grander idea is conceivable than that which is already embodied. The blank, which is only a forgotten life, lying behind the consciousness, and the misty splendour, which is an undeveloped life, lying before it, may be full of mysterious revelations of other connexions with the world around us, than those of science and poetry. No shining belt or gleaming moon, no red and green glory in a self-encircling twin-star, but has a relation with the hidden things of a man's soul, and, it may be, with the secret history of his body as well. They are portions of the living house wherein he abides.

GEORGE MACDONALD.

ΚΙΝΔΥΝΕΥΟΥΣΙ δὴ οἱ οἰόμενοι ἀπὸ τῶν ἄστρων τοὺς τῶν ἀνθρώπων κρατεῖσθαι βίους ἐμμελέστερόν γέ τι ἀπομαντεύεσθαι τῶν ὅσοι μηδὲν ἡμῖν τὰς κατὰ τὸν οὐρανὸν περιόδους ἀξιοῦσι προσήκειν, ὅ τι μὴ πάντα ταῖς αὐταῖς τῆς φύσεως ἀνάγκαις φαίνεται ἐνεχόμενα. ἀνθρώπου τε γὰρ μέτεστιν ὅσοισπερ ἄνθρωπος ὁρᾷ, οὔτ᾽ ἄστρων ἄστρ᾽ ἀκοινώνητα περιπολεῖ· ἐπεὶ κοινὴ μὲν ἡ τοῦ παντὸς ἀρχή, κοινῇ δὲ καὶ τὰ μέρη πανταχῇ ἀλλήλοισιν εἰκὸς ξυνῆφθαί τε καὶ ξυνηρτῆσθαι. εἰ δὲ μή, ἕτερον ἂν ἤδη παράδειγμα κάλλιον ὑπετυπούμεθα τοῦ νῦν ἀφομοιωθέντος. νῦν δὲ ἀμφότερα τά τε προγεγονότα τῆς παρεστώσης ζωῆς τά τ᾽ ἔτι ἐπιγενησόμενα, ὧν τὰ μὲν δι᾽ ἀναισθησίας τε καὶ λήθης ἀμυδρῶς ὁρῶμεν τοῦ τότε βίου, τὰ δὲ μετὰ καλλίστης τινὸς δοκήσεως τῶν οὔπω φανέντων σκιαγραφοῦμεν, πολλὰ καὶ δαιμόνια ἴσως ἂν ἔχοι ἀναδεῖξαι, οὐχ ᾗ καὶ οἷα οἵ τε ποιηταὶ ὀνειρώττουσι καὶ οἱ περὶ τὰς τέχνας, ὡς ἄρα ξυγγενεῖς τῷ παντὶ οὐρανῷ πεφύκαμεν. ὁπόσοι δ᾽ οὖν πυρώδεις κύκλοι λευκαί τε σελῆναι ἀστέρων τε ξυνωρίδες ἑτέρου ἕτερον πέρι χορευόντων μετὰ χρωμάτων ποικιλίας στίλβουσι, πάντα ταῦτα πρός γε τὰ σκοτεινὰ τῆς ἑκάστου ψυχῆς, ἴσως δὲ καὶ πρὸς τὰ τοῦ σώματος δυσδιερεύνητα πάθη, οἰκειότατα πέφυκε διακεῖσθαι· ζῶντα γὰρ αὐτὸν ὥσπερ ἐν ζώσῃ οἰκήσει τῷ οὐρανῷ περιλαμβάνει.

THE Cambridge Scientific Instrument Company has moved from Panton Street to St Tibb's Row. The reason for this change is that the place formerly occupied was found to be too small for the work that has lately had to be done. Increased space will do more than make it possible merely to increase the amount of work done; it will make it possible for the Company to do that work more completely in accordance with their desire to make it as practical and accurate as possible. The Company is, as it always has been, anxious rather to strike out or adopt and improve new forms of instruments than to direct its energies to the reproduction in a dealer's spirit of familiar and more or less stereotyped models. The nature of the machines which the Company is now prepared, and hopes in future, to supply is indicated by the catalogue appended. This catalogue, however, is necessarily not altogether complete as regards the present, and is of course still less complete as regards the future. Fuller information may be given in answer to special requests, and in the case of less known and more complex machines, it will be possible to convey a better notion of them by means of photographs to those who have a special interest in obtaining them.

Ἡ μὲν ἑταιρεία ἡ ἐν Κανταβριγίᾳ ἐπὶ τῇ τῶν τεχνικῶν μηχανῶν παρασκευῇ συνεστῶσα μετῴκηκεν ἐκ τῆς Παντωνίας ὁδοῦ εἰς τὸ Θεοβαλδεῖον. αἴτιον δὲ τῆς μεταστάσεως τὸ ὑπάρχον οἴκημα στενότερον ὂν ἢ κατὰ τὰ ἔργα τὰ ἀρτίως ἐπεσταλμένα. εὐρυχωρίας δὲ προσγενομένης οὐχ ὅπως πλείω τῇ ἑταιρείᾳ ἐγχωρήσει τὰ ἔργα διαπράττεσθαι, ἀλλ' ὡς ἂν τις μάλιστα βούλοιτο χρήσιμά τε καὶ ἀκριβῆ ἀποτελεῖν. ἡ μὲν οὖν ἑταιρεία ἀεί τε καὶ νῦν πρόθυμός ἐστι καινουργίας τῶν μηχανῶν αὐτή τε ἐξευρίσκειν ἄλλων τε παραλαβοῦσα ἐξακριβῶσαι μᾶλλον ἢ τὰ γνώριμα καὶ δεδημευμένα εἴδη κατασκευάζουσα καπηλικῶς διαπονεῖσθαι. ὁποίας δέ τινας ἤδη τε ἕτοιμός ἐστι πορίσαι τὰς μηχανὰς εἰσαῦθίς τ' ἐλπίζει, δηλοῖ ὁ ἑπόμενος κατάλογος, καίπερ οὐδὲ τὰ νῦν παρεσκευασμένα, μή τί γε τὰ ἔτι μέλλοντα δημιουργηθήσεσθαι, ἅπαντα ἐνδεικνύς. τοῖς μέντοι ἰδίᾳ τι ἐπερωτῶσι πάρεσται πλείω πυνθάνεσθαι· ὅσαι δὲ τῶν μηχανῶν ἀηθέστεραί τ' εἰσὶ καὶ μᾶλλον κεκομψευμέναι τοῖς κτήσασθαι αὐτὰς ἐπιθυμοῦσι πεφωτογραφημέναι γ' ἂν σαφέστερον ἀποδηλωθεῖεν.

NATURE is a sea of forms radically alike and even unique.
What is common to them all—that perfectness and harmony,
is beauty. The standard of beauty is the entire circuit of natural
forms—the totality of nature, which the Italians expressed by
defining beauty 'il più nell' uno.' Nothing is quite beautiful
alone : nothing but is beautiful in the whole. A single object
is only so far beautiful as it suggests this universal grace. The
poet, the painter, the sculptor, the musician, the architect, seek
each to concentrate this radiance of the world on one point, and
each in his several work to satisfy the love of beauty which
stimulates him to produce. Thus is Art a nature passed through
the alembic of man. Thus in art does nature work through the
will of a man filled with the beauty of her first works.

This world then exists to the soul to satisfy the desire of
beauty. This element I call an ultimate end. No reason can
be asked or given why the soul seeks beauty. Beauty, in its
largest and profoundest sense, is one expression for the universe.
God is the all-fair. Truth and goodness and beauty are but
different faces of the same all. But beauty in nature is not
ultimate. It is the herald of inward and eternal beauty, and is
not alone a solid and satisfactory good. It must stand as a
part and not yet the last or highest expression of the final cause
of Nature.

EMERSON.

ΠΑΣΑ μὲν δὴ γένεσις πελάγει ἔοικεν ὄντως ὁμοίαις καὶ
μονοειδέσιν ἀεὶ κυμαίνοντι μορφαῖς, αἷς κοινῇ πρόσεστιν
ἁρμονίας τε καὶ τελειότητος δημιουργὸν κάλλος. τοῦτο δ'
ὧδε σταθμώμεθα πρὸς τὸν ξύμπαντα κόσμον γεννητῶν
μορφῶν καὶ ὅλην τὴν φύσιν βλέποντες· ὃ δὴ καὶ ἐξ Ἰταλίας
ποθὲν δοκεῖ τις αἰνίξασθαι κομψὸς ἀνὴρ ὑμνῳδῶν περὶ τοῦ
καλοῦ ὡς τό τοι πλέον εἰν ἑνὶ κεῖται. μονωθὲν μὲν γὰρ
οὐδὲν παντελῶς καλόν, πρὸς δὲ τὸ πᾶν οὐδὲν ὅ τι οὔ. καθ'
αὑτὸ γὰρ ἕκαστον ἐπὶ τοσόνδε καλόν ἐστιν, ὅσον πέφυκε
τὴν τοῦ παντὸς ἐμμέλειαν ὑποσημαίνειν. ὅθεν δὴ ἡ σπουδὴ
τῶν ποιητῶν τε καὶ ζωγράφων καὶ ἀνδριαντοποιῶν ἀνδρῶν
τε μουσικῶν καὶ ἀρχιτεκτονικῶν ὅπως ἅπασαν τὴν τοῦ
κόσμου οἷον αὐγὴν ξυναθροίσαντες εἰς ἓν κατὰ τὰ αὑτοῦ
ἕκαστος ἔργ' ἀποπλήσουσι τὸν τοῦ καλοῦ ἔρωτα τὸν αὐτοῖς
τὰς ψυχὰς εἰς τὸ γεννῆσαι παροξύναντα. ἔστι γὰρ τέχνη
οἷον ἐν ἀνθρώπῳ μετερρυθμισμένη φύσις, μᾶλλον δ' αὐτὴ
ἀπεργάζεται ἡ φύσις ἀνθρώπων χρωμένη διανοίαις τῇ τῶν
πρότερον ὑπ' αὐτῆς δεδημιουργημένων καλλονῇ κατασχομέ-
ναις. ἐκ τούτων ἄρα ξυνεστηκὼς φαίνεται ὁ οὐρανὸς πρός
γε τὴν ἑκάστου ψυχὴν ὡς κάλλους ἐπιθυμίαν ἀποπληρώσων·
ὃ δὴ αὐτὸ καθ' αὑτὸ τέλος ὀρθότατ' ἂν λέγοιμεν. τοῦ δ'
ἕνεκ' ἐπιθυμεῖ ἡ ψυχή, οὔτε διδόναι λόγον οὔτε δέχεσθαι
δυνατόν. κάλλος γε μέντοι, ὅταν κυριώτατά τις ὑπολάβῃ,
ἔστιν ὅπῃ τὸ πᾶν σημαίνει. θεός τε γὰρ τὸ πάγκοινόν ἐστι
κάλλος, τό τ' ἀληθὲς καὶ τἀγαθὸν καὶ τὸ καλὸν εἴδη μὲν
πόλλ' ἐστὶ μία δ' οὐσία τοῦ ἑνός τε καὶ παντός. τὸ μὴν
γεννητὸν κάλλος οὔπω καθ' αὑτὸ τέλος πέφυκεν, ἀλλὰ τῆς
νοητῆς τε καὶ ἀιδίου καλλονῆς ὥσπερ προφητεύει, ὡς αὐτὸ
οὐδὲν βέβαιον οὐδ' αὔταρκες ἔχον. ἅτε γὰρ ἐν μέρους εἴδει
ὂν ἔτ' ἀδύνατον γέγονε περὶ τὴν τῆς φύσεως αἰτίαν τὴν τελευ-
ταίαν τε καὶ θειοτάτην ἑρμηνεύειν ἀλήθειαν.

FOR there is a musick where ever there is a harmony, order, or proportion : and thus far we may maintain the musick of the Sphears ; for those well-ordered motions, and regular paces, though they give no sound unto the ear, yet to the understanding they strike a note most full of harmony. Whosoever is harmonically composed delights in harmony ; which makes me much distrust the symmetry of those heads which declaim against Church-Musick. For I myself, not only from my obedience, but my particular Genius, I do embrace it : for even that vulgar and Tavern-Musick, which makes one man merry, another mad, strikes in me a deep fit of devotion, and a profound contemplation of the First Composer. There is something in it of Divinity more than the ear discovers: it is an hieroglyphical and shadowed lesson of the whole World and creatures of God ; such a melody to the ear, as the whole World, well understood, would afford the understanding. In brief, it is a sensible fit of that harmony which intellectually sounds in the ears of God.

SIR THOMAS BROWNE.

ΜΟΥΣΙΚΗ γὰρ γίγνεται ᾧ ἂν ἁρμονία τ᾿ ἐνῇ καὶ κόσμος καὶ ἀναλογία. ὥστε ταύτῃ γ᾿ οὐκ ἂν πλημμελοῖμεν ταῖς κατ᾿ οὐρανὸν περιφοραῖς αὐτὴν τῷ λόγῳ προσάπτοντες, αἵτινες μέτρῳ καὶ τάξει φερόμεναι τῇ μὲν ἀκοῇ οὐδὲν φθέγγονται, τῇ δὲ διανοίᾳ ἐμμελέστατόν τιν᾿ ἱᾶσι τόνον. ὅτῳ ἂν τοίνυν ᾖ εὐάρμοστος ἡ ξύστασις, ἁρμονίας ἐστὶν ἐραστής· τοίγαρτοι οὐ πάνυ τι θαρροῖμεν ἂν ὡς ἔχουσιν ἐμμετρίας ἐν τῇ ψυχῇ οἱ τοῖς περὶ τὰς τελετὰς μελοτυποῦσι χαλεπαίνοντες. ἡμεῖς γὰρ οὖν τὰ μὲν νόμῳ πειθαρχοῦντες, τὰ δὲ αὐτοὶ ταύτῃ πεφυκότες, ἄσμενοι τὰ τοιαῦτ᾿ ἀσπαζόμεθα· καὶ γὰρ τὰ δημωδέστερα καὶ ξυμποτικὰ μελίσματα, ἃ τὸν μὲν εὐφραίνει, τὸν δ᾿ ἐκμαίνει, ἡμῖν γε σέβας τι θαυμάσιον καὶ ἐνθουσιασμὸν ἐμβάλλει, ὥστ᾿ ἀναφέρεσθαι τῇ ψυχῇ εἰς τὸν κατ᾿ ἀρχὰς ὄντως ποιητήν. ἐπεὶ πλέον τι ἢ κατὰ τὴν αἴσθησιν ἐνυπάρχει τὸ θεῖον· ὡς γὰρ ἐν αἰνίγματι καὶ εἰκόνι τόδε τὸ πᾶν καὶ τὰ ὑπὸ θεοῦ δεδημιουργημένα πάντ᾿ ἀπομιμεῖται· ὥσθ᾿ ἡ λύρα τοιαῦτα τοῖς ὠσὶ μελῳδεῖ οἷ᾿ ἂν τῷ νῷ,- εἴ γ᾿ ὀρθῶς ξυνεῖμεν, ἅπας ὁ κόσμος. ὅλως δὲ γευόμεθα ὅσον γε κατ᾿ αἴσθησιν τῆς νοητῆς ἁρμονίας τῆς ἀεί ποτε παρὰ θεῷ ὑμνῳδουμένης.

HEAVENS! when I look back upon the sufferings which I have witnessed or heard of, I say, if life could throw open its long suites of chambers to our eyes from some station beforehand,—if from some secret stand, we could look by anticipation along its vast corridors and aside into the recesses opening upon them from either hand, halls of tragedy or chambers of retribution, simply in that small wing and no more of the great caravanserai which we ourselves shall haunt,—simply in that narrow tract of time, and no more, where we ourselves shall range, and confining our gaze to those, and no others, for whom personally we shall be interested,—what a recoil we should suffer of horror in our estimate of life! What if these sudden catastrophes, or those inexpiable afflictions, which *have* already descended upon the people within my own knowledge, and almost below my own eyes, all of them now gone past, and some long past, had been thrown open before me as a secret exhibition when first I and they stood within the vestibule of morning hopes,—when the calamities themselves had hardly begun to gather in their elements of possibility, and when some of the parties to them were yet no more than infants.

DE QUINCEY.

ΑΤΑΡ, ὦ δαιμόνιε, ἐνθυμηθεῖσιν ὅσα τε καὶ οἷα εἴτ᾽ αὐτοὶ
εἴτε παρ᾽ ἄλλων πυθόμενοι ἐγνώκαμεν τἀνθρώπεια πάθη, μῶν
οὐ τόδε παρέστηκεν, ὡς εἴ ποθεν ἐκ τοῦ πρόσθεν ἀποστάντες
τὰ τοῦ βίου μέλλοντα προορῶμεν, οἷον εἴ τις οἰκίας παμ-
μεγέθους ἐκ τῶν θυρῶν λανθάνοι προσκοπούμενος μυρία μὲν
ἐφεξῆς οἰκήματα, μυρίας δὲ διεξόδους, ὧν ἑκατέρωθεν μυχοὺς
ἴδοι ἐχομένους, τοὺς μὲν ἀνάξια κακοπαθούντων, τοὺς δὲ τὰ
προσήκοντ᾽ ἀντιπασχόντων μεστούς, καὶ ταῦτα τοῦ μεγάλου
πανδοκείου πολλοστὸν μέρος, ἐν ᾧπερ αὐτὸν δέοι καταλύειν,
μόνον θεώμενος· οὕτω καὶ ἡμεῖς εἰ ἐπόπται γενοίμεθα ἄλλου μὲν
οὐδενός, πανσμίκρου δὲ χρόνου μοίρας τῆς ἡμῖν ἀφωρισμένης
ἀπονέμεσθαι, εἰς ἐκείνους δὲ μόνον ὧν ποτ᾽ ἰδίᾳ μελήσει ἡμῖν
ἀποβλέψαιμεν, εἶτα πῶς ἂν οἴει ἐκπλαγέντας ἀποσφαλῆναι
τῆς περὶ τοῦ βίου ἀξιώσεως; τί γάρ, τὰς ἐξαπίνης διαφθορὰς
καὶ ἀνηκέστους περιωδυνίας, ὧν τισὶν ἀκροαταί τε καὶ μόνον
οὐκ αὐτόπται ἐπιφερομένων γεγενήμεθα, μέτριον μὲν ἁπάσας,
ἐνίας δὲ καὶ συχνὸν παρελθούσας χρόνον, εἴ τις ἡμῖν ἔφθασε
προεπιδείξας, εὐέλπισι καὶ αὐτοῖς καὶ ἀγυμνάστοις τῆς
ἔπειτα πορείας, ἐν ᾧ τὰ μὲν τῶν ξυμφορῶν ξυμμεταίτια
οὐδέπω, ὡς ἔπος εἰπεῖν, ξυνίστατο, τῶν δὲ πεισομένων εἰσὶν
οἳ τὴν τῆς νηπιότητος οὐ πολὺ παρεξῆλθον ἡλικίαν;

I CANNOT quite tell, she said, but I am sure she would not look so beautiful if she did not take means to make herself look more beautiful than she is. And then, you know, you began by being in love with her before you saw her beauty, mistaking her for the lady of the marble—another kind altogether, I should think. But the chief thing that makes her beautiful is this : that although she loves no man, she loves the love of any man ; and when she finds one in her power, her desire to bewitch him and gain his love (not for the sake of his love either, but that she may be conscious anew of her own beauty, through the admiration he manifests) makes her very lovely—with a self-destructive beauty, though ; for it is that which is constantly wearing her away within, till at last the decay will reach her face and her whole front, when all the lovely mask of nothing will fall to pieces, and then be vanished for ever. So a wise man, whom she met in the wood some years ago, and who, I think, for all his wisdom fared no better than you, told me, when, like you, he spent the next night here and recounted to me his adventures.

GEORGE MACDONALD.

ΣΧΕΔΟΝ τι, ἦ δ' ἥ, οὐκέτ' ἔχω εἰπεῖν· τοσοῦτο μέντἂν ἰσχυρισαίμην, ὡς οὐκ ἂν οὕτω καλὴ ἐφαίνετο μὴ οὐχὶ μηχανησαμένη τι ὅπως εὐειδεστέρα τοῦ ὄντος φαντασθήσοιτο· οὐχ ὅτι καὶ ἦρχου τοι ἐρῶν αὐτῆς οὐδέπω τὸ κάλλος εἰσιδών· ᾦου γάρ που τὴν ἀπὸ τοῦ λίθου εἶναι, ἑτέρας γ', ὡς εἰκός, παντάπασιν οὖσαν ἰδέας. ὅθεν δὲ μάλιστα τοσοῦτον αὐτῇ προσγίγνεται κάλλος, τὸ τοιόνδ' ἂν εἴη· ἐρᾷ μὲν ἀνδρῶν οὐδενός, ἔρωτος δὲ παρ' ὁτουδήποτ' ἀνδρῶν ἐρᾷ. οὗτινος ἂν οὖν ἐπικρατήσῃ, κατακηλῆσαί τ' αὐτὸν ἐφιεμένη καὶ ὑπ' αὐτοῦ ἐρᾶσθαι—οὐ τί που ἔρωτά γε τὸν πρὸς ἐκείνου προτιμῶσα, ἀλλ' ἵν' οἷον ἐπανανεουμένην δι' ἑτέρου θαυμάζοντος τὴν φροντίδ' ἴσχῃ τοῦ ἑαυτῆς κάλλους—οὕτω δ' οὖν γίγνεται ἐρασμιωτάτη. ἀτὰρ οὖν δὴ αὐτήν γε μάλιστα πέφυκε διολέσαι ἡ τοιαύτη καλλονή· ἐπεὶ ἐνδόθεν ἀεὶ κατασήπουσα αὐτὴν τέλος ἐπὶ τὸ πρόσωπον ἡ φθορὰ καὶ πᾶν τοὔμπροσθεν αὐτῆς ἐφίξεται· ἐφικομένης δ' ἤδη διαλελύσεται τὸ καλὸν ὀνείρατος φάντασμα, ἡ δ' εἰσαεὶ ἀφανὴς ἐρρήσει. τοιαῦτα γοῦν παρ' ἀνδρὸς φρονίμου, ὃς ἐντυχών ποτ' αὐτῇ κατὰ τὴν ὕλην οὐδὲν σοῦ βέλτιον, οἶμαι, τῆς φρονήσεως ἕνεκ' ἀπηλλάγη, ἐπυθόμην, ἡνίκα κἀκεῖνος τὴν ἐπιοῦσαν νύκτα παρ' ἐμοὶ διέμενέ τε καὶ τὰ ξυμβάντα οἷ διεξῄει.

OINOS, AGATHOS.

O. And now, Agathos, as we proceed, instruct me. I understood not what you hinted to me just now of the modes or of the methods of what, during mortality, we were accustomed to call Creation. Do you mean to say that the Creator is not God?

A. I mean to say that the Deity does not create.

O. Explain!

A. In the beginning *only* he created. The seeming creatures which are now throughout the universe so perpetually springing into being can only be considered as the mediate or indirect, not as the direct or immediate results of the Divine creative power.

O. Among men, my Agathos, the idea would be considered heretical in the extreme.

A. Among angels, my dear Oinos, it is seen to be simply true.

O. I can comprehend you thus far—that certain operations of what we term Nature, or the natural laws, will, under certain conditions, give rise to that which has all the *appearance* of creation. Shortly before the final overthrow of the earth, there were, I well remember, many very successful experiments in what some philosophers were weak enough to denominate the creation of animalculae.

A. The cases of which you speak were, in fact, instances of the secondary creation, and of the *only* creation, which has ever been since the first word spoke into existence the first law.

EDGAR A. POE.

Ο. καὶ μήν, ὦ Ἀγαθέ, μεταξὺ τῆς ὁδοῦ με δίδαξον· οὐ γὰρ πάνυ ἔμαθον ὃ σύ μοι ἠνίξω νῦν δὴ ὅπῃ καὶ ὅπως ἔχει τὰ τῆς λεγομένης ὑφ᾽ ἡμῶν, ὅτε μετὰ τοῦ σώματος ἐζῶμεν, δημιουργήσεως. ἆρα τὸν δημιουργὸν οὐ φῂς θεὸν εἶναι;

Α. τὸν θεόν, ὦ θαυμάσιε, οὔ φημι δημιουργεῖν.

Ο. λέγε δὴ σαφέστερον.

Α. ἐδημιούργει μὲν οὖν μόνον κατ᾽ ἀρχάς. τὰ γὰρ νῦν κατὰ τὸ πᾶν τόδε δημιουργεῖσθαί τε δοκοῦντα καὶ γιγνόμενα οὐκ ἂν ἄλλως τις ἀξιοίη γίγνεσθαι ἢ ἐκ θείας μὲν δημιουργίας, οὐκ αὐτῆς δὲ ἀλλὰ δι᾽ ἑτέρων πως ἀπεργαζομένης.

Ο. παρὰ μὲν ἀνθρώποις, ὦ φίλ᾽ Ἀγαθέ, καὶ σφόδρ᾽ ἂν ἀσεβὲς δοκοίη ὃ λέγεις.

Α. παρὰ δὲ θεοῖς, ὦ φίλ᾽ Οἶνε, ἐναργὲς ὡς ἁπλῶς ἐστιν ἀληθές.

Ο. ἐπὶ τοσόνδε που ξυνέπομαι, ὡς ἡ τοῦ κόσμου λεγομένη φύσις, κατὰ νόμον δὴ φερομένη, ἔστιν ὅτε καὶ ὅπως τοιαύτην τὴν δύναμιν ἀποδείξαιτ᾽ ἂν ὥστε καὶ δημιουργίᾳ ἐοικέναι· μέμνημαι γοῦν φυσιολόγων τινῶν, οὐ πολὺ πρότερον τοῦ τὴν γῆν αἰστωθῆναι, κομψὰ μὲν ἄττ᾽ ἐπιδεικνυμένων κενολογούντων δὲ ὡς ἄρα δημιουργηθείη οὐκ οἶδ᾽ ἄττα πάνσμικρα ζωδάρια.

Α. ταῦτα γὰρ ἦν τῆς δευτερουργοῦ καὶ μόνης ἔθ᾽ ὑπαρχούσης δημιουργήσεως ἀφ᾽ οὗ γε θεσμὸν κατεφήμισε τὸν πρῶτον ὁ πρῶτος νομοθέτης.

NOW there was not far from the place where they lay, a
Castle, called *Doubting Castle*, the owner whereof was
Giant Despair, and it was in his grounds they now were sleeping;
wherefore he getting up in the morning early, and walking up
and down in his fields, caught *Christian* and *Hopeful* asleep in
his grounds. Then with a *grim* and *surly* voice he bid them
awake, and asked them whence they were? and what they did
in his grounds? They told him, they were Pilgrims, and that
they had lost their way. Then said the *Giant*, you have this
night trespassed on me, by trampling in, and lying on my
grounds, and therefore you must go along with me. So they
were forced to go, because he was stronger than they. They
also had but little to say, for they knew themselves in a fault.
The *Giant* therefore drove them before him, and put them into
his Castle, into a very dark Dungeon, nasty and stinking to the
spirit of these two men. Here then they lay from *Wednesday*
morning till *Saturday* night, without one bit of bread, or drop
of drink, or any light, or any to ask how they did. They were
therefore here in evil case, and were far from friends and
acquaintance.

JOHN BUNYAN.

ΕΝΤΑΤΘΑ νῦν κατακειμένων οὐ πολὺ ἀπεῖχε τείχισμα τὸ καλούμενον Δυσώπιον, οὗ καὶ ἦρχεν Ἄθυμος ὁ Κύκλωψ· ἐν δὲ τῷ 'κείνου χωρίῳ ἤδη ἐκάθευδον. ὁ δὲ πρῲ τῆς ἡμέρας ἀναστάς τε καὶ ἐν τῷ αὐτοῦ ἀγρῷ περινοστῶν τόν τε Θεώνυμον καὶ τὸν Εὐελπίδην κατέλαβε παρὰ οἷ καθεύδοντε. τραχείᾳ ἄρα καὶ δυσκόλῳ τῇ φωνῇ προσειπών τε καὶ ἐγείρας Πόθεν πάρεστον; ἤρετο· τί δ' ἐν τῇ ἐμῇ βούλεσθον; τὼ δ' ἀπεκρινάσθην ὁδοιπόρω ὄντε τῆς ὁδοῦ ἡμαρτηκέναι. Ἀδικεῖτον μὲν οὖν, ἦ δ' ὃς ὁ Κύκλωψ, τοῦ ἀγροῦ τοῦ ἐμοῦ τῇ νυκτὶ ταύτῃ ἐπεμβάντε καὶ ἐγκατακοιμωμένω· ἀνάγκη οὖν ἐμοὶ ξυμπορεύεσθαι. οἱ μὲν δὴ βίᾳ τ' ἠκολούθουν, ἅτε ἰσχυροτέρῳ ὄντι, καὶ ταῦτ' ὀλίγον ἔχοντες ἀντιλέγειν· ξυνῄδεσαν γὰρ ἑαυτοῖς ἁμαρτόντες. ὁ δ' Ἄθυμος προβιβάσας αὐτὼ πρὸς τὸ τείχισμα ἐνέβαλεν εἰς εἱρκτὴν μάλα σκοτεινήν τε καὶ μιαρὰν καὶ δυσώδη, ὥς γε τοῖν ἀνδροῖν αἰσθανομένοιν ἦν· οὗπερ δὴ τεταρταῖοι κείμενοι οὔ τί πω οὔτε σιτίον ἐσχέτην οὔτε ποτόν, οὐδὲ φῶς οὐδέν, οὐδ' ὅστις πεύσεται τί πάσχετον. ὥστε φίλων τ' ἤδη καὶ γνωρίμων μακρὰν ἐρημωθέντε δεινότατά που διεκείσθην.

AS he spoke these words, a burst of pure brilliant light, like
a sudden opening of heaven, broke through the valley;
and as soon as my eyes were enabled to endure the splendour,
such a vision of glory and loveliness opened upon them, as took
even my sceptical spirit by surprise, and made it yield at once to
the potency of the spell.

Suspended, as I thought, in air, and occupying the whole of
the opposite region of the valley, there appeared an immense orb
of light, within which, through a haze of radiance, I could see
distinctly fair groups of young female spirits, who, in silent but
harmonious movement, wound slowly through a variety of fanciful
evolutions; seeming, as they linked and unlinked each other's
arms, to form a living labyrinth of beauty and grace. Though
their feet appeared to glide along a field of light, they had also
wings of the most brilliant hue, which, like rainbows over water-
falls, when played with by the breeze, reflected every moment
a new variety of glory.

As I stood, gazing with wonder, the orb, with all its ethereal
inmates, began gradually to recede into the dark void, lessening
as it went, and becoming more bright as it lessened;—till at
length distant, to all appearance, as a retiring comet, this little
world of spirits in one small point of intense radiance shone its
last and vanished.

                                        THOMAS MOORE.

ΤΟΣΑΤΤΑ δ' εἰπόντος, αὐγή τις καθαρωτάτη καὶ φανοτάτη, οἷον πηγὴ τοῦ ἄνωθεν αἰθέρος ἐξαίφνης ἐκραγεῖσα, κατὰ τὴν νάπην ἐξέφλεξεν. ἐμοὶ δὲ πρῶτον μὲν τὴν ὄψιν ἐπιταραχθέντι ὕστερον δὲ πρὸς τὸ φῶς ἀνεχομένῳ βλέπειν θέαμ' ἐφαίνετο οὕτω λαμπρόν τ' ἰδεῖν καὶ ἐράσμιον ὥστε, καίπερ οὐκ εἰωθὼς ὑπὸ τῶν τοιούτων ψυχαγωγεῖσθαι, ἐξεπλάγην ἤδη καὶ κατακηλούμενος ἠγάπων. ὕψοθεν γὰρ ἐδόκει παντὶ τῷ καταντικρὺ τῆς νάπης ἐπικρέμασθαι οἷον ἔμπυρος σφαῖρα ὑπερμεγέθης, ἐν ᾗ διὰ τοῦ φωτὸς ὥσπερ καλύπτρας ἐναργεῖς ἦσαν ἰδεῖν θήλειαι μορφαὶ δαιμόνων ὡραιόταται, αἳ δὴ βάσει ἀψόφῳ μὲν ἐμμελεῖ δ' ὑποκινούμεναι παντοίας τε καὶ κομψοτάτας ἠρέμ' ἐστρέφοντο στροφάς, ἅμα τοὺς βραχίονας ἀεὶ ξυμπλέκουσαί τε καὶ ἐξελίττουσαι, ὥστ' ἐκ ζώντων σωμάτων πᾶσαν μὲν κάλλους πᾶσαν δ' εὐσχημοσύνης διαποικίλλειν ἰδέαν. καὶ τοῖς μὲν ποσὶν ἐπὶ πεδίῳ στίλβοντι ἐῴκεσαν χορευούσαις, οὐ μὴν ἀλλὰ πτέρυξί γ' ἐπτέρωντο χρωμάτων λαμπρότητα τοιαύτην ἐχούσαις οἵαν ἡ ἶρις ἡ ἐκ τῆς ὑπὲρ ὑδάτων καταφερομένων φανταζομένη ὁμίχλης, ὅταν ὑπὸ τῆς αὔρας αἰωρουμένη παντοδαπὴν ἐφεξῆς ἀνταυγείας ποικιλίαν παρεμφαίνῃ. ἐγὼ μὲν οὖν τὴν θέαν ἐθαύμαζον, ἡ δὲ σφαῖρα ἡ τὰς θείας ψυχὰς ὀχοῦσα κατ' ὀλίγον εἰς τὸ σκότος ἀφίστατο, καὶ ἀπιοῦσα μὲν ἄμ' ἐλάττων ἐλαττουμένη δ' ἐφαίνετο λαμπροτέρα· ἔπειτα τοσοῦτον δοκοῦσ' ἀπέχειν ὅσον ἀφανιζόμεν' ἤδη τὰ ἄστρα τὰ ἄττοντα, εἰς σπινθῆρά τιν' ἐλάχιστον μὲν φανότατον δ' ὅ τι μάλιστα ξυνηθροισμένη ἡ βραχεῖα θεῶν οἴκησις ἀπ' ὄψεως ᾤχετο.

IF the nearness of our last necessity brought a nearer con-
formity unto it, there were a happiness in hoary hairs, and
no calamity in half senses.   But the long habit of living indis-
poseth us for dying ; when avarice makes us the sport of death,
when even David grew politickly cruel, and Solomon could hardly
be said to be the wisest of men.   But many are too early old,
and before the date of age.   Adversity stretcheth our days,
misery makes Alcmena's nights, and time hath no wings to it.
But the most tedious being is that which can unwish itself,
content to be nothing, or never to have been, which was beyond
the mal-content of Job, who cursed not the day of his life, but
his nativity ; content to have so far been, as to have a title to
future being, although he had lived here but in a hidden state of
life, and as it were an abortion.

                              SIR THOMAS BROWNE.

ΕΙ μὲν οὖν ἐγγυτέρω προσερχομένῃ τῇ θανάτου ἀνάγκῃ καὶ ἡμεῖς οἰκειότεροι μᾶλλον ἐγιγνόμεθα, μακαριστέοι δήπου ἂν ἦμεν τῶν πολιῶν τριχῶν οὐδ᾽ ἡμιθνήτων τῶν αἰσθήσεων πανάθλιοι. νῦν δ᾽ ἐκ ξυγγεγηρακυίας ἡμῖν τῆς τοῦ ζῆν ξυνηθείας ἀηδῶς πως πρὸς τὸ ἀποθνήσκειν ἔχοντες γέλωτ᾽ οἶμαι διὰ γλισχρότητα τοῖσιν ἐκεῖ ὀφείλομεν θεοῖς, εἴπερ καὶ Θησεὺς ὑπὸ πλεονεξίας τραχὺς ἐγένετο, οὐδ᾽ ὁ Σόλων ἔτι πάντων σοφώτατος ἤκουεν. ἀτὰρ πολλοί γε μὴν ἄωροί τε καὶ πρὸ τῆς ἡλικίας παρήβησαν· ἐπεὶ τοῖς δυσδαίμοσι παμμήκεις μὲν αἱ ἡμέραι, παμμήκεις δὲ καὶ τῶν Ἀλκμήνης λεγομένων μακρότεραι αἱ νύκτες, ὥστε πτερορρυήσαντι δὴ ἐοικέναι τὸν χρόνον. πάντων μέντοι ἐπαχθέστατον, ἐάν τις αὐτὸς αὐτὸν ἀπεύχηται, ἅτε τῷ μηδὲν εἶναι ἀρεσκόμενος καὶ μηδὲ πεφυκέναι, τήν γε Οἰδίποδος μεμψιμοιρίαν ὑπερβάλλων, ὅστις τοῦ βίου τὴν μὲν ζωὴν οὐκ ὠνείδιζε, τὴν δ᾽ ἀρχήν· ἐδέξατο γὰρ τὸ ἐπὶ τοσοῦτον γεγονέναι ὥστε προσποιεῖσθαί γε τοῦ εἰσαῦθις ἔτι εἶναι, καίπερ ἐνθάδ᾽ ἀεὶ λανθάνοντά τε καὶ ὥσπερ ἐξημβλωμένον τὸν βίον βιούς.

PHILONOUS, HYLAS.

Ph. Good morrow, *Hylas*: I did not expect to find you abroad so early.

Hy. It is indeed somewhat unusual; but my thoughts were so taken up with a subject I was discoursing of last night, that finding I could not sleep, I resolved to rise and take a turn in the garden.

Ph. It happened well, to let you see what innocent and agreeable pleasures you lose every morning. Can there be a pleasanter time of day, or a more delightful season of the year? That purple sky, those wild but sweet notes of birds, the fragrant bloom upon the trees and flowers, the gentle influence of the rising sun, these and a thousand nameless beauties of nature inspire the soul with secret transports; its faculties too, being at this time fresh and lively, are fit for those meditations, which the solitude of the garden and tranquillity of the morning naturally dispose us to. But I am afraid I interrupt your thoughts: for you seemed very intent on something.

Hy. It is true I was, and I shall be obliged to you if you will permit me to go on in the same vein; not that I would by any means deprive myself of your company, for my thoughts always flow more easily in conversation with a friend, than when I am alone: but my request is, that you would suffer me to impart my reflections to you.

BERKELEY.

Φ. χαῖρ᾽, ὦ Ὕλα· οὐ μὴν οὕτως ὄρθριόν γ᾽ ἤλπισα θύρασίν σε καταλαβεῖν.

Υ. οὐδὲ γὰρ θαμίζω γε· πρὸς λόγῳ μέντοι ἢ τινὶ ὂν τῇδε τῇ νυκτὶ ἐποιούμεθα, ὥστ᾽ οὐ δυναμένῳ καθεύδειν ἔδοξέ μοι ἀναστῆναί τε καὶ περινοστεῖν τι κατὰ τὸν κῆπον.

Φ. μετὰ τύχης γ᾽, ὦ φίλ᾽, ἀγαθῆς, ἵνα καὶ μάθῃς ὁποίας ἡδονὰς ἐμμελεῖς τε καὶ ἀμεταμελήτους τῆς ἕω ἑκάστοτ᾽ ἀποβάλλεις. ποῖον μὲν γὰρ τῆς ἡμέρας μέρος, ποία δὲ τοῦ ἐνιαυτοῦ ὥρα ἡδίων ἂν εἴη καὶ χαριεστέρα; οὐ γὰρ ἐννοεῖς τὸ ἐρυθρὸν τόδε τοῦ οὐρανοῦ καὶ τὰ ὄρνεα τερπνόν τε καὶ ἀμελέτητον μελωδοῦντα, εἰ δὲ βούλει, τὸ εὐῶδες καὶ ἀνθηρὸν τῶν δένδρων τε καὶ φυτῶν καὶ ἀνιόντος τοῦ ἡλίου ἠπίαν τιν᾽ ἐπίπνοιαν, ἄλλα δὲ μυρία ὅσ᾽ οὐδ᾽ ἄν τις ὀνομάζοι παρὰ Νυμφῶν δῶρα, ὡς περιχαρείᾳ τινὶ λανθάνει ἐκπλήττοντα τὴν ψυχήν, οὖσάν γε τηνικάδε νεαλῆ τε καὶ ζωτικὴν καὶ οἵαν ἐκεῖνα μελετᾶν ἅττα ὑπ᾽ ἐρημίας τε καὶ ἠρεμίας τοῦ τόπου καὶ τῆς ἕω πέφυκε φρονεῖν; ἀτάρ, ὦ δαιμόνιε, μή σοι ἐμποδὼν γίγνομαι ταῖς φροντίσι· δῆλος γὰρ ἦσθα σπουδῇ πάνυ τι διασκοπῶν.

Υ. ἀληθῆ λέγεις· καὶ πολύ γ᾽ ἄν μοι χαρίσαιο κατὰ τὴν αὐτὴν ὁρμὴν ἐῶν μ᾽ ἐπεξελθεῖν. οὐχ ὅτι οὐδαμῶς ἂν τῆς σῆς ξυνουσίας ἑκὼν εἶναι στερηθείην· ἀεὶ γάρ πως εὐροίᾳ μᾶλλον χρῶμαι τῆς διανοίας πρὸς φίλον διαλεγόμενος, ἢ ὁπόταν κατ᾽ ἐμαυτὸν ὦ. τοῦτο δ᾽ ἂν ἡδέως σε παραιτοίμην, ἐὰν μ᾽ ἅττ᾽ ἂν ἐννοῶ σοὶ συγκοινώσασθαι.

NOWE befelle it so, that of the first Lynage succeeded an old
worthi man, that was not riche, that hadde to name
Changuys. This man lay upon a Nyght in his Bed, and he
saughe in a Visioun, that there cam before him a Knyght armed
alle in white, and he satt upon a white Hors, and seyd to him,
Can, slepest thou? The inmortalle God hath sent me to the;
and it is his Wille, that thou go to the 7 Lynages, and seye to
hem, that thou schall ben here Emperour. For thou shalt
conquere the Londs and the Contrees, that ben abouten: and
thei that marchen upon ʒou, schulle ben undre ʒoure Subieccioun,
as ʒee han ben undre hires: for that is Goddes Wille
inmortalle. And whan he came at morwe, Changuys roos, and
wente to the 7 Lynages, and tolde hem how the white Knyght
had seyd. And thei scorned him, and seyden, that he was a fool;
and so he departed fro hem alle aschamed. And the nyght
sewynge, this white Knyght cam to the 7 Lynages, and
commaunded hem, on Goddes behalve inmortalle, that thei
scholde make this Changuys here Emperour; and thei scholde
ben out of subieccioun; and thei scholde holden alle other
Regiounes about hem in here servage, as thei had ben to hem
beforn. And on the Morwe, thei chosen him to ben here
Emperour: and thei setten him on a blak Fertre; and aftre that,
thei liften him up with gret solempnytie, and thei setten him in
a Chayer of Gold, and diden him alle maner of Reverence.

SIR JOHN MAUNDEVILLE.

ΕΠ' ὧν τούτοισι συνέβη τῇ πρωτῇ γενεῇ ἐπιγενέσθαι γέροντα ἐπιεικέα μέν, πλούσιον δ' οὐδαμῶς ἐόντα, ἐπίκλην ἔχοντα Χαγγύην. νυκτὸς δέ κοτε ἐπὶ τῆς κλίνης κειμένῳ ὄναρ ἐφαντάζετο οἱ παραγενέσθαι ἱππεὺς ὅπλοισι μὲν λευκοῖσι ἠσκημένος λευκῷ δὲ ἵππῳ ἐπικατήμενος, εἰπεῖν δέ Εὕδεις, ὦ βασιλεῦ; θεοὶ γὰρ οἱ αἰεὶ ἐόντες ἔστειλάν με σοὶ προερέοντα, ὅκως τῇσι ἑπτὰ γενεῇσι διαγγείλῃς ὅτι εἵμαρται σὲ τύραννόν σφι καταστήσεσθαι. τῶν τε γὰρ χωρέων καὶ πολίων τῶν μὲν ἀστυγειτόνων κρατήσειν, τὰς δὲ προσούρους ἐούσας ὑμῖν ἤδη ὑπακούσεσθαι, κατάπερ νῦν ὑμέες κείνῃσι. οὕτω γὰρ δοκέειν θεοῖσι τοῖσι ἀθανάτοισι. ἡμέρης δ' ἰθέως ἐπελθούσης ἀναστὰς ὁ Χαγγύης τῇσι ἑπτὰ γενεῇσι ἀνεῖπε τὰ οἱ ὁ λευκὸς ἱππεὺς διηγέετο. οἱ δὲ ὧν τῆς μωρίης μιν ὀνειδίσαντες ἐς πολλὸν γέλωτα κατέβαινον· ὥστε ὑπεραισχυνόμενος ἀπ' ὧν ἦλθε ἀπ' αὐτῶν. τῆς δ' ἐπιούσης νυκτὸς φοιτήσας ὁ ἱππεὺς καὶ πρὸς τὰς ἑπτὰ γενεὰς ἐνέτειλέ σφι θεῶν ἕκητι ἀθανάτων τὸν Χαγγύην τύραννον ἑωυτοῖσι ἐπιστάναι καὶ πειθαρχέεσθαι οἱ· οὕτω γὰρ ἐς ἐλευθερίην περιστάντας πάσας τὰς πόλις ὑποχειρίους κατέξειν, τῇσι τὸ πρὶν πειθοίατο. αὔριον ὧν τύραννόν μιν ἑλόμενοί τε καὶ ἀνὰ μέλαν φέρτρον ἐμβήσαντες, ἔπειτεν μετὰ πολλῆς μεγαλοπρεπείης ἄραντες καὶ ἐπὶ χρύσεον θῶκον ἱδρύσαντες παντοίῃ θρησκίῃ περιεῖπον.

BUT the intensity of belief, like that of every other passion, is precisely proportioned to the degree of excitement. A graduated scale, on which should be marked the capabilities of propositions to approach to the test of the senses, would be a just measure of the belief which ought to be attached to them : and, but for the influence of prejudice or ignorance, this invariably is the measure of belief. That is believed which is apprehended to be true, nor can the mind by any exertion avoid attaching credit to an opinion attended with overwhelming evidence. Belief is not an act of volition, nor can it be regulated by the mind ; it is manifestly incapable therefore of either merit or criminality. The system then which assumes a false criterion of moral virtue, must be as pernicious as it is absurd. Above all, it cannot be divine, as it is impossible that the Creator of the human mind should be ignorant of its primary powers.

SHELLEY.

ΟΥΚΟΥΝ καθάπερ τἆλλα πάσχομεν σφόδρα καὶ ἠρέμα ὁμοίως καὶ τὰ ποιοῦντα ποιεῖ, οὕτω κἂν τὰ δοξαζόμενα δοξάζοιμεν; λέγω δὲ τὸ τοιόνδε· εἴ τις μέτρον λαβὼν δύναιτ' αὐτὰ δοκιμάζειν, καθ' ὁπόσον εἰς βάσανον τῶν αἰσθήσεων πέφυκεν ἰέναι, ἔχοι ἂν ἤδη εἰπεῖν ἐφ' ὁπόσον προσήκοι αὐτοῖς πιστεύειν· ἢ πρὸς τοῦτό γ' οὐδ' ἂν εἰς μὴ οὐχὶ φιλονεικίᾳ ἢ ἀμαθίᾳ παρακρουόμενος ἀντιλέγοι; ἐπεὶ ταῦτα δοξάζομεν ἃ ἂν ἀληθῆ οἰώμεθ' εἶναι, οὐδὲ μηχανὴ οὐδεμία τῇ ψυχῇ γίγνεται, κἂν πάντα ποιῇ, ἐκείναις ταῖς δόξαις μὴ οὐ προσθέσθαι, αἳ ἂν ἀναγκαίᾳ τινὶ ἀποδείξει βεβαιωθῶσιν. οὐδὲ γὰρ ἑκούσιον τὸ πιστεύειν, οὐδ' οἷς προαιρούμεθα ξυνέπεται· ὅθεν οὐδὲ μετέχει γ' οὔτ' ἀρετῆς οὔτε κακίας. ὥσθ' οἱ κατὰ ταῦτα τὴν ἀρετὴν κρίνοντες κατεψεύσαντό τ' αὐτῆς καὶ ἅμα μὲν μοχθηρὸν ἅμα δ' εὐήθη τὸν λόγον λέγουσιν· ὅνπερ ὡς θεῖόν τι ἀποσεμνύνουσί τινες πάντων ἀτοπώτατα λέγοντες, ὥσπερ ἀγνοοῦντα δὴ τὸν τὴν ἀνθρωπίνην δημιουργήσαντα ψυχὴν ὁποῖ' αὐτῇ κατ' ἀρχὰς ἐμπέφυκε.

A ND because it would be long to describe it all at length,
I shall only say that the tower stood in the middle of
a garden surrounded with a wall of goodly stone and mortar, and
the garden was the goodliest that might be seen by reason of its
trees and herbs and fountains of sweet water. Of these trees
many were hung with fruit the whole year through, and others
bore flowers: and round about the garden by the wall were
covered walks, with golden trellis-work through which might all
that pleasant greenness be seen. The ground was covered with
stones, some clear as the crystal, others coloured like rubies and
other precious stones, the which Apolidon had procured from
certain islands in the East, where jewels and gold and other rare
things are produced by reason of the great heat of the sun
continually acting. To the four sides of the tower water was
brought from the neighbouring mountains by metal pipes, and
collected into four fountains; and the water spouted so high
from the golden pillars and through the mouths of animals, that
it was easy to reach it from the windows of the first storey, for it
was caught in golden basons wrought in the pillar, and by these
four fountains was the whole garden watered.

MONTALVO, *Amadís de Gaula* : Southey's translation.

ΕΠΕΙ δὲ δὴ μακροτέρα γένοιτ' ἂν ἡ διήγησις, εἴ τις τὰ πάντα διεξίοι, τάδε μοι ἀρκείτω· περὶ γὰρ τὸν πύργον κῆπος ἦν, ὃν τεῖχος περιεῖχε χρησταῖς πλίνθοις καὶ πηλῷ κατεσκευασμένον· ἦν δὲ ὁ κῆπος ἰδεῖν πάγκαλος διά τε τὰ δένδρα καὶ φυτὰ παντοῖα καὶ κρήνας ὕδατι ἡδίστῳ ῥεούσας. τά τε γὰρ δένδρα πολλὰ μὲν καρποῖς πολλὰ δ' ἄνθεσιν ἔθαλλε διετήσια· καὶ περὶ πᾶν τὸ τέμενος πρὸς τῷ τείχει παστάδες ἐλήλαντο κάμαξι χρυσαῖς συμπεπλεγμέναις ἀφωρισμέναι, δι' ὧνπερ ἦν ὡς χαριεστάτην τὴν τοῦ τόπου καθορᾶν χλόην. τὰ δ' αὖ τοῦ ἐδάφους ψήφοισιν ἔστρωτο ταῖς μὲν ὑάλου διαφανεστέραις, ταῖς δ' ὅμοια τῇ τε παντάρβῃ ἄλλαις θ' ὅσαι τιμαλφέσταται χρώματα παρεχομέναις· ἃς δὴ ὁ Ἀπολίδων ἀπὸ νήσων τινῶν εἰσεκομίσατο τῶν πρὸς ἕω, ἔνθαπερ τά τε τοιαῦτα καὶ δὴ χρυσὸς καὶ ἄλλα πολλὰ καὶ τίμια ὑπ' ἰσχυροῦ τοῦ ἡλίου φύεται καὶ ἐνδελεχῶς διαθερμαίνοντος. ἐπὶ δ' οὖν τὰ τοῦ πύργου τείχη, τέτταρ' ὄντα, ὕδωρ ἀπὸ τῶν πλησίον ὀρῶν διὰ χαλκῶν αὐλώνων ἐποχετευόμενον εἰς τέτταρας ξυνέρρει κρήνας· ὅθεν ἐπὶ τοσόνδ' ἔκ τε τῶν χρυσῶν κιόνων ζῴων τέ τινων διὰ στομάτων ἀνεκήκιεν, ὥστ' εὐμαρὲς ἦν ἀπὸ τοῦ διηροῦς διὰ τῶν θυρίδων ἀρύτεσθαι· παρεδέχοντο γὰρ χρυσοῖ κρατῆρες τῷ κίονι ἐγγεγλυμμένοι. ὑδραγωγία δ' ἐκ τούτων τῶν ναμάτων ἐπὶ πάντ' ἐγίγνετο τὸν κῆπον.

P. I do not comprehend. You say that man will never put off the body ?

V. I say that he will never be bodiless.

P. Explain.

V. There are two bodies—the rudimentary and the complete ; corresponding to the two conditions of the worm and the butterfly. What we call "death" is but the painful metamorphosis. Our present incarnation is progressive, preparatory, temporary. Our future is perfected, ultimate, immortal. The ultimate life is the full design.

P. But of the worm's metamorphosis we are palpably cognisant.

V. *We*, certainly—but not the worm. The matter of which a rudimental body is composed is within the ken of the organs of that body ; or more distinctly, our rudimental organs are adapted to the matter of which is formed the rudimental body, but not to that of which the ultimate is composed. The ultimate body escapes our rudimental senses, and we perceive only the shell, which falls in decaying from the inner form, not that inner form itself ; but this inner form, as well as the shell, is appreciable by those who have already acquired the ultimate life.

EDGAR A. POE.

Π. τοῦτό γ' οὐκ ἔμαθον· λέγεις ἄρ' ὡς ὁ ἄνθρωπος τοῦ σώματος οὔποτ' ἀπαλλαχθήσεται;

Β. λέγω μὲν οὖν ὡς οὔποτ' ἔσται ἀσώματος.

Π. εἰπὲ σαφέστερον.

Β. ἐστὸν γὰρ δύο τινὲ σώματε, ἀτελές, τὸ δὲ τέλειον, παραπλησίως ἔχοντε τῇ τε κάμπῃ καὶ τῇ λεγομένῃ ψυχῇ. καὶ τοῦτο δὴ ὃ θάνατον ὀνομάζομεν οὐδὲν ἄλλο ἢ μετασχημάτισις διὰ λύπης γίγνεται. ἐπεὶ τοῖς μὲν παροῦσι σώμασιν ἐνδούμεθα ῥέουσί τε καὶ μέλλουσι καὶ θνητοῖς· ἐκεῖνα δὲ ὁλόκληρά τε καὶ τέλεια καὶ ἀθάνατα· τέλος γὰρ τῆς παρούσης ζωῆς ἡ ἀποτετελεσμένη.

Π. τῆς μέντοι κάμπης σαφῶς ὁρῶμεν τὴν μεταλλαγήν.

Β. ἡμεῖς μὲν ὁρῶμέν γ', ἡ δὲ κάμπη οὔ. τὰ γὰρ στοιχεῖά τοι ἐξ ὧν ἡμῖν τὸ σῶμα τὸ ἀτελὲς ξυνέστηκε ταῖς διὰ τοῦ σώματος αἰσθήσεσι καταληπτά· ὡς δ' ἀκριβέστερον εἰπεῖν, προσηρμοσμέναι εἰσὶν αἱ ἀτελεῖς αἰσθήσεις τοῖς ἐξ ὧν ξυνέστηκε τὸ ἀτελὲς σῶμα, οὐχὶ τοῖς ἐξ ὧν τὸ τέλειον. οὕτω δὴ αἵδε αἱ αἰσθήσεις ἐκεῖνο μὲν τὸ σῶμα ἀγνοοῦσι, τὸ δὲ περιέχον μόνον αἰσθανόμεθα, ὃ τῆς ἀληθινῆς μορφῆς ἀγνώστου ἔτι οὔσης σαπὲν ἀπολέπεται. ἐκείνη δ' αὐτὴ καὶ οὐ μόνον τὸ ἔξω τοῖς ἤδη τῆς τελείας ζωῆς μετασχοῦσι περιληπτὴ γίγνεται.

AND therefore restless inquietude for the diuturnity of our memories unto present considerations seems a vanity almost out of date, and superannuated piece of folly. We cannot hope to live so long in our names, as some have done in their persons. 'Tis too late to be ambitious. The great mutations of the world are acted, or time may be too short for our designs. We whose generations are ordained in the setting part of time are providentially taken off from such imaginations; and being necessitated to eye the remaining particle of futurity, are naturally constituted unto thoughts of the next world, and cannot excusably decline the consideration of that duration, which maketh pyramids pillars of snow, and all that's past a moment.

SIR THOMAS BROWNE.

ΩΣΤΕ ταύτῃ σκοπουμένοις, ὅστις ἂν περὶ τὸ διὰ μνήμης τῶν ἔπειτα ἔτ᾽ ἐπιζῆν μετ᾽ ἐσχάτης πολυπραγμοσύνης τετευτακὼς ᾖ, ἀτεχνῶς Κρονικήν, τὸ λεγόμενον, ἀβελτερίαν ἔοικεν ὀφείλοντι καὶ διωλύγιον εὐήθειαν. οὐδὲ γὰρ δὴ τοῖς ὀνόμασιν εἰκός ἐστιν ἡμᾶς τοσοῦτον διαγενήσεσθαι, ὅσον ποτέ τινες τοῖς σώμασι. μὴ γὰρ ὑστερεῖ πως ἤδη πᾶσα φιλοτιμία· ἐπεὶ αἵ τε μέγισται τῶν μεταβολῶν τοῖς ἀνθρώ- ποις τάχ᾽ ἂν διαπεπραγμέναι τυγχάνοιεν, οὔτ᾽ ἂν αὐτὸς ὁ χρόνος ἡμῖν ἔτι πρὸς ἃ ἐπιβαλλόμεθα διαρκοῖ. ἀλλ᾽ ἡμᾶς γ᾽ ὁ δαίμων ὥσπερ ἐν καταδυομένῳ τῷ χρόνῳ τὴν γένεσιν διατάξας πάντα τὰ τοιαῦτ᾽ ἀφῄρηται μηδαμῶς αὐτῶν ἐφίεσθαι· ὥστ᾽ εἰς τὸ μέλλον, ὅ τι ἂν καὶ περιῇ, ἀποβλέπειν ἀναγκαζόμενοι τῶν ἐκεῖ τῇ γνώμῃ πεφύκαμεν ἐφάπτεσθαι· οὐδ᾽ ἄρα ξυγγνώμη τοῖς τοῦ αἰῶνος ἐκείνου καταρρᾳθυμοῦσι θεωρίαν, παρ᾽ ὅνπερ ἄν τις χιόνι τε τὰς πυραμίδας καὶ πάντα τὰ προγεγενημένα στιγμῇ δικαίως ἂν ἀπεικάσειεν.

LORD Rothschild had a comparatively easy task to perform at the meeting of Argentine bondholders on Monday. The only possibility of discordant views lay in the upholding of the priority extended to the 1886 loan ; but he said it would be a bad precedent and unfair to violate the special assignment of customs for the service of this loan, when investors gave a high price for bonds on the faith of the assurance given. Another contention was that the interests of the bondholders generally was being sacrificed on behalf of the waterworks and drainage scheme. He pointed out that if the latter were eliminated from the settlement, the Argentine government would simply offer so much less interest, and the bondholders would be no better off. The scheme is much better than anyone expected any time since the break-down in November 1890. The only weak point is the still unsettled question of the railway guarantees, and as regards this we can only note Dr Avellaneda's assurance that his Government takes an "anxious interest in arriving at a satisfactory arrangement." The scheme of debt settlement ratified by the meeting is very simple. The Argentine government will remit to an agent to be named by the Committee of the Bank of England the annual sum of £1,565,000 for five years, and in the sixth year the amount of interest on these loans in full. The money will be apportioned in the following manner :—the interest on the 1886–7 loan to be temporarily reduced from 5 per cent. to 4 per cent., the interest on the funded loan to be reduced from 6 per cent. to 5 per cent., the interest on the waterworks loan to be reduced from 5 per cent. to 4 per cent., and other loans to receive 60 per cent. of the face value of the coupons.

ΧΘΕΣ μὲν οὖν συνελέγησάν τε οἱ τῶν ἀπ᾽ Ἀργυραίας συμβολαίων μετέχοντες, παρελθὼν δ᾽ ὁ Πυρρασπίδης ἕτοιμον εἶχεν ἤδη τὸν λόγον. περὶ τούτου μὲν γάρ, περὶ ἄλλου δ᾽ οὐδενός, ἦν ἀμφισβητῆσαι, εἴ τι τῶν ἄλλων ἔτι διοίσουσιν οἱ τὰ πρότερα δανείσαντες· ὁ δ᾽ οὔτε δίκαιον ἔφη οὔτ᾽ ἐπὶ χρηστοῦ παραδείγματος, εἴ τις τὴν ὁμολογίαν παραβαίνοι ἐφ᾽ ᾗ πολλοὶ ἐγγύην τῶν τόκων λαβόντες τὰς πεντηκοστὰς καὶ οὕτω πεπιστευκότες ὑπερβάλλοντες ἀλλήλους τὰ χρήματ᾽ εἰς τὰ συμβόλαια προίεντο. ἔτι δ᾽ ἄν τις, ἔφη, ἀντείποι ὡς οὐκ ἐπὶ τῷ τοῖς δανείσασι συμφέροντι γένοιτο ἡ τῆς θ᾽ ὑδραγωγίας καὶ τῶν ἀποχετεύσεων κατασκευή· ἐὰν μέντοι ταῦτά τις ἐξέλῃ τῆς τάξεως, τί ποτ᾽ ἄλλο συμβήσεται πλὴν τοῖς μὲν Ἀργυραίων ἄρχουσι συστεῖλαι τοὺς τόκους, τοῖς δὲ δανείσασι μηδὲν πλέον ἴσχειν;

ἀλλ᾽ οὖν δὴ πολὺ σπουδαιότερον ἐκβέβηκε τὸ συνάλλαγμα ἤ τις ἂν ἤλπισεν ἐξ ὧν τρίσιν ἔτεσι πρότερον ἐσφάλημεν. ἕν γε μὴν ἔτι ὑποδεέστερον, ὅτι τὰ τῶν ὁδῶν τῶν σεσιδηρωμένων οὔπω τῆς ἐγγύης ἀσφαλῶς ἔχει. τοσοῦτον μέντοι μόνον ἔχομεν λέγειν, ὅτι διισχυρίζεται ὁ Καρνάτης, ὡς ἄρα περὶ πλείστου ποιεῖται ἡ Ἀργυραίων πόλις τὸ καλῶς συνομολογῆσαι. ἃ δ᾽ οὖν τοῖς τότε συλλεγεῖσι κεκύρωται περὶ τῶν χρεῶν τάξεως οὐδὲν χαλεπὸν διασαφῆσαι. προξενήτῃ γάρ, ὃν ἂν οἱ δημόσιοι ἡμῖν τραπεζῖται διὰ τῶν προβούλων καταστήσωσιν, ἀποστελεῖ ἐπὶ πέντε μὲν ἔτη ἡ Ἀργυραίων πόλις ἑπτακισχίλια τάλαντα κατ᾽ ἐνιαυτόν, ἕκτῳ δ᾽ ἤδη ἔτει ἐντελεῖς ἀποτίσει τοὺς τόκους· τὰ δὲ χρήματα ταῦτα διατακτέον ὧδε· ἀντὶ γὰρ τοῦ ἐπὶ πέντε ἡμιωβολίοις γενήσεται ἐπὶ ῥητὸν χρόνον ὁ τοῦ τε πρώτου δανείσματος καὶ τοῦ πρὸς τὴν ὑδραγωγίαν τόκος ἐπὶ δυοῖν ἤδη ὀβολοῖν· τῶν δὲ δημοσίᾳ ἠγγυημένων ἀντὶ τοῦ ἐπὶ τρίσιν ὀβόλοις ὁ ἐπὶ πέντε ἡμιωβολίοις· τοῖς δὲ δὴ ἄλλοις ἅπασιν ἔσται δραχμὰς ἑξήκοντα λαβεῖν παρὰ μνᾶν ἑκάστην τῶν ἐν τῷ συμβόλῳ ἐγγεγραμμένων.

D O you not see, said Alciphron, staring full at Crito, that all
this hangs by *tradition* ?   And tradition, take my word for
it, gives but a weak hold : it is a chain, whereof the first links
may be stronger than steel, and yet the last as weak as wax, and
as brittle as glass.   Imagine a picture copied successively by
a hundred painters, one from another ; how like must the last
copy be to the original !   How lively and distinct must an image
be, after a hundred reflections between two parallel mirrors !
Thus like and thus lively do I think a faint vanishing tradition,
at the end of sixteen or seventeen hundred years.   Some men
have a false heart, others a wrong head ; and where both are true,
the memory may be treacherous.   Hence there is still something
added, something omitted, and something varied from the truth :
and the sum of many such additions, deductions, and alterations,
accumulated for several ages, do, at the foot of the account, make
quite another thing.

                                                BERKELEY.

ΔΙΑΒΛΕΨΑΣ οὖν ὁ Ἀλκίφρων πρὸς τὸν Κρίτωνα, Οὐχ ὁρᾷς, ἦ δ᾽ ὅς, πάντα τὰ τοιαῦθ᾽, ἅτ᾽ ἐξ ἀκοῆς μόνον τῆς παρὰ τῶν παλαιῶν ἐξηρτημένα, διαδοχῇ μάλ᾽ ἀβεβαίῳ σάφ᾽ ἴσθ᾽ ὅτι, καθάπερ ἁλύσει τινὶ τοὺς μὲν ἄνω κρίκους, ἐὰν τύχωσιν, ἀδάμαντος ἀρρηκτοτέρους τοὺς δὲ κατωτέρω οὔτε κηροῦ συντονωτέρους ὑάλου τε κραυροτέρους ἐχούσῃ, μόγις συνεχό-μενα; εἰ δὲ βούλει, ἀναγραψάντων εἰκόνα τὴν αὐτὴν ἑκατὸν ἑξῆς ζωγράφων, ἀπομιμουμένου δὴ ἑκάστου τὴν ἑτέρου ἀεὶ γραφήν, πῶς ἂν οἴει ὁμοιότητος ἔχειν τὴν ὕστατον γραφεῖσαν πρὸς τὸ παράδειγμα; ἐπεί τοι καὶ δύο κατόπτρῳ εἰ καθισταίης ἀντιπροσώπω, γελοῖον ἂν δήπου τῆς γ᾽ ἐναργείας ἕνεκεν ἀποδειξαίτην τὸ εἴδωλον τὸ ἑκατοντάκις ἑκατέρωθεν ἑκατέ-ρωσε μετερρυθμισμένον· οὐδ᾽ ἧττον οἶμαι ἀσαφής τε καὶ ἐξίτηλος ἡ διὰ χιλίων καὶ ἑπτακοσίων ἐτῶν μνήμη παραδεδο-μένη. τοῖς μὲν γὰρ ἐμπέφυκεν ἀδικία, τοῖς δ᾽ ἀλογία τῇ ψυχῇ· οἷς δ᾽ ἄρα μηδετέρα, τό γε τῆς μνήμης οὐκ ἂν ἐπαρκοῖ. ὥστ᾽ ἀεὶ προσγενόμενόν τι ἢ ἀπογενόμενον ἢ καὶ ἀμῶς γέ πως ἀλλοιούμενον διαφθείρει τὴν ἀλήθειαν· τῶν δ᾽ ἐπὶ τοσοῦτον χρόνον διαμαρτανομένων τὸ σύμπαν εἰ λογίσαιο, οὐδὲν σμικρὸν τὰ συμβάντα τῶν κατ᾽ ἀρχὴν φαίνοιτ᾽ ἂν παραλλάττοντα.

O N peeping in and looking towards the further end, I saw a lamp burning with a dim reddish flame, and the head of a woman, bent downwards, as if reading by its light. I could see nothing more for a few moments. At length, as my eyes got used to the dimness of the place, I saw that the part of the rude building near me was used for household purposes ; for several rough utensils lay here and there, and a bed stood in the corner. An irresistible attraction caused me to enter. The woman never raised her face, the upper part of which alone I could see distinctly ; but, as soon as I stepped within the threshold, she began to read aloud in a low and not altogether unpleasing voice, from an ancient little volume which she held open with one hand on the table, upon which stood the lamp. What she read was something like this :

So, then, as darkness had no beginning, neither will it ever have an end. So, then, is it eternal. The negation of aught else is its affirmation. Where the light cannot come, there abideth the darkness. The light doth but hollow a mine out of the infinite extension of the darkness. And ever upon the steps of the light treadeth the darkness ; yea, springeth in fountains and wells amidst it, from the secret channels of its mighty sea. Truly, man is but a passing flame, moving unquietly amid the surrounding rest of night ; without which he could not be, and whereof he is in part compounded.

GEORGE MACDONALD, *Phantastes.*

ΕΝΤΑΤΘΑ δὴ ἐγὼ ἐγκύψας τε καὶ πρὸς τἀπέκεινα βλέψας εἶδον λυχνὸν φλογὶ ἀμαυρᾷ καὶ ὑπό τι ἐρυθρᾷ καιόμενον, καὶ γυναῖκα ὅσον τὴν κεφαλὴν νενευκυῖαν, ὥς τι πρὸς τὸ φῶς ἀναγιγνώσκουσαν. ὀλίγον γε μὴν χρόνον οὐδὲν παρὰ ταῦθ' ἑώρων, ἔπειτα μέντοι, ὥς μοι ξυνείθιστο τὰ ὄμματα τῷ σκοτεινῷ τοῦ τόπου, ᾐσθόμην τὸ πρὸς ἐμοῦ μέρος τοῦ φαύλου οἰκήματος πρὸς τὰς χρήσεις τὰς οἰκείας παρεσκευασμένον· σκεύη τε γὰρ ἄττα οὐ πάνυ σπουδαῖα παρέκειτ' ἔστιν ὅπῃ, καὶ κλίνη ἐν γωνίᾳ τινὶ εἱστήκει. βίᾳ δ' οὐκ οἶδ' ὅπως ἐπαγόμενος εἰσῆλθον. ἡ μέντοι γυνὴ τὸ πρόσωπον, οὗ τὸ ἄνω μόνον μέρος σαφῶς κατεῖδον, οὐκ ἦρεν· ἐπειδὴ δὲ τάχιστ' ἔσω ἐγενόμην, ἤρξατο φωνῇ οὔτε λαμπρᾷ οὔτε πάνυ ἀηδεῖ ἀναγιγνώσκειν ἀπὸ βιβλίου τινὸς σμικροῦ τε καὶ παλαιοῦ, ὃ δὴ θἀτέρᾳ χειρὶ ἐπὶ τῆς τραπέζης ἀναπεπτάμενον κατεῖχεν, ἐφ' ἧς ὁ λύχνος ἔστη· ἀνεγίγνωσκε δὲ δή τι τοιόνδε·

οὕτω δὴ ὁ σκότος οὔτ' ἀρχάν ποκα ἦχεν οὔτ' ὦν ἑξεῖ τελευτάν· ἀίδιος ὦν ἐντί. ἑτέρω γὰρ ὁτωῶν στέρησις, τούτω φάσις. ὅκα δὲ τὸ φῶς οὐκ ἔχει διελθῆν, ταύτᾳ σκότος μένει. τὸ γὰρ φῶς οὐδὲν ἄλλο ἢ φωλεόν τινα κοιλαίνει ἐκ τῶ περιέχοντος σκότω ἀπείρω ἐόντος. αἰεὶ δ' ἐπὶ τοῖς ἴχνεσι τῶ φωτὸς φοιτῇ ὁ σκότος· ἀνακηκίει μὲν ὦν ἐν αὐτῷ νάμασι καὶ παγαῖς ἐξ ὀχετῶν ἀφανέων τᾶς τῶ σκότω θαλάσσας ἀναπληρευμέναις. καὶ μὰν ἄνθρωπος οὐδὲν ἄλλο ἐντὶ ἢ φλὸξ παριοῖσα, ἄνω κάτω ταρασσομένα καττὰν τᾶς νυκτὸς ἀταραξίαν τᾶς περιεχοίσας, ἄπειρον ἔσσαν· ἃς ἄνευ οὐδὲ δύναιτό κα εἶμεν, ἐκ δ' αὐτᾶς πᾷ μὲν ἐντὶ σύνθετος, πᾷ δ' οὐκί.

AFTREWARD it befelle upon a day, that the Cane rood with a fewe Meynee, for to beholde the strengthe of the Contree, that he had wonnen : and so befelle, that a gret multytude of his Enemyes metten with him ; and for to ӡeven gode ensample of hardynesse to his peeple, he was the firste that faughte, and in the myddes of his Enemyes encountred ; and there he was cast from his Hors, and his Hors slayn. And when his folk saughe him at the Erthe, thei weren alle abassched, and wenden he had ben ded, and flowen everych one ; and hire Enemyes aftre, and chaced hem : but thei wiste not that the Emperour was there. And whan thei weren comen aӡen fro the Chace, thei wenten, and soughten the Wodes, ӡif ony of hem had ben hid in the thikke of the Wodes ; and sum thei founden and slowen hem anon. So it happened that as thei wenten serchinge, toward the place where the Emperour was, thei saughe an Owle sittynge upon a tree aboven him ; and than thei seyden amonges hem, that there was no man, be cause that thei saughe that Brid there : and so thei wenten hire wey ; and thus escaped the Emperour from Dethe. And thanne he wente prevylly, alle be nighte, tille he cam to his folk, that weren fulle glad of his comynge, and maden gret thankynges to God inmortalle, and to that Bryd, be whom here Lord was saved.

SIR JOHN MAUNDEVILE.

ΜΕΤΑ δ' ὧν ταῦτα ἔτυχέ κοτε ὁ βασιλεὺς μετ' ὀλίγων
ὀπεώνων ἱππαζόμενος, ὡς ἐποψόμενος τὴν χώρην τὴν κατε-
στρέψατο, ὅκως ἔχοι κράτεος. καὶ συνέβη οἱ μεγάλῳ πλήθεϊ
τῶν πολεμίων καταλαμφθῆναι· ὁ δ' ἐν νόῳ ἔχων παράδειγμα
ἀνδρηίης τοῖσι ἑωυτοῦ ἀποδέξασθαι πρῶτος ἐπορμηθεὶς ἐς τὸ
μέσον τῶν ἐναντίων ἤλασε· ἐνθαῦτα δὲ αὐτός τε ἀπ' ἵππου
κατέπεσε καὶ ὁ ἵππος ἀπέθανε. ὀρέοντες ὧν μιν χαμαὶ
κείμενον καὶ τεθνηκέναι οἰόμενοι ἐξεπλάγησάν τε οἱ περὶ
αὐτὸν καὶ ὡς εἶχεν ἕκαστος διέφευγον· οἱ δὲ σφέας ἐδίωκον
οὐκ εἰδότες παρεόντα τὸν βασιλῆα. ἀπενεχθέντες δὲ τῆς
διώξιος ἐδιζέατο ἤδη ἐν τῇσι ὕλῃσι εἴ τινες ἀνὰ τὰ λοχμοειδέα
κατακρυπτοίατο· μετεξετέρους δὲ καταλαβόντες ἀπ' ὧν
ἔσφαξαν. συνέβη σφι ἄρα ἐν τῇ ζητήσι ἐγχριμπτομένοισι
αἰεὶ τῷ τόπῳ οὗπερ ὁ βασιλεὺς ἐκεύθετο γλαῦκα ἰδεῖν ὕπερ-
θεν αὐτοῦ δενδρέῳ ἐπεζομένην· ἰδόντες δὲ ἔλεγον κατ' ἑωυτοὺς
ὡς οὐδεὶς ἀνδρῶν πάρεστι, οὐδὲ γὰρ ἄν κου τὸ ὄρνεον πέλας
ἔσκε. καὶ οἱ μὲν ἀπῆλθον, ὁ δὲ βασιλεὺς οὕτω σωθεὶς λάθρα
ὑπεξήιε νύκτωρ, καὶ πρὸς τοὺς ἑωυτοῦ ἀπίκετο. ἀπικόμενον
δέ μιν ἀπεδέκοντό τε περιχαρέως καὶ θυσίας μεγάλας ἐποι-
εῦντο θεοῖσί τε τοῖσι ἀθανάτοισι καὶ δὴ τῷ οἰωνῷ τῷ διασώ-
σαντι τὸν δεσπότην.

NOW they had not gone far till a great mist and darkness fell upon them all; so that they could scarce, for a great while, the one see the other. Wherefore they were forced for some time to feel for one another by words; for they walked not by sight. But anyone must think that here was but sorry going for the best of them all; but how much worse for the women and children, who both of feet and of heart were but tender! Yet so it was, that through the encouraging words of him that led in the front, and of him that brought them up behind, they made a pretty good shift to wag along.

The way was also here very wearisome, through dirt and slabbiness. Nor was there on all this ground so much as one inn or victualling-house wherein to refresh the feebler sort. Here therefore was grunting, and puffing, and sighing, while one tumbleth over a bush, another sticks fast in the dirt, and the children, some of them, lost their shoes in the mire; while one cries out, I am down; and another, Ho, where are you? and a third, The bushes have got such a fast hold on me, I think I cannot get away from them.

JOHN BUNYAN.

ΠΡΟΧΩΡΗΣΑΣΙ τοίνυν οὐ πολύ τι τῆς ὁδοῦ ὁμίχλη τις αὐτοῖς καὶ σκότος ἰσχυρὸν περιεχύθη, ὥστ' ἐπὶ συχνὸν χρόνον μόγις παρεῖναι ἄλλον ἄλλῳ κατιδεῖν. τέως μὲν οὖν ἔδει διὰ λόγων ἐπιψηλαφᾶν ἀλλήλων, ἐπεὶ δι' ὄψεώς γ' οὐκέτ' ἦν πορεύεσθαι. καὶ παντὶ δὴ ῥᾴδιον εἰκάσαι ὡς ἀηδὴς καὶ τοῖς ἐρρωμενεστάτοις ἐγίγνεθ' ἡ πορεία, μὴ ὅτι τοῖς τε παιδίοις καὶ ταῖς γυναιξίν, αἷς οὔτε τὸ τῶν ποδῶν οὔθ' ὁ θυμὸς σφόδρ' ἀντήρκει. ξυνέβη δ' ὅπως ὑπό τε τοῦ ἔμπροσθεν ἡγεμόνος τοῦ θ' ἑτέρωθεν ὀπισθοφυλακοῦντος παραθαρρυνομένοις οὐ πάντων φαυλότατα προκόπτειν. οὐ μὴν ἀλλ' ἐπιπονωτάτη γ' ἦν ἡ ὁδός, ἅτε πηλώδης τ' οὖσα καὶ γλίσχρα· καὶ καθ' ἅπασαν τὴν χώραν οὔτε καταγώγιον ἦν οὔτε μαγειρεῖον οὐδὲ ἕν, ὥστ' ἀναπαύεσθαι τοὺς ἀσθενεστέρους. ἐνταῦθ' ἄρα ᾠζόντων ἦν ἀκούειν καὶ ἀσθμαινόντων καὶ στεναζόντων, ὁπόθ' ὁ μέν τις θάμνῳ προσπταίσειεν, ὁ δὲ τῷ πηλῷ ἐμπαγείη, τῶν δὲ παιδίων ἔστιν ἃ τὰ ὑποδήματα κατὰ τὸν βόρβορον ἀπολέσειε· καὶ ἄλλος μέν, Ἄπολλον, ἀναβοᾷ, κατέπεσον δή· ἄλλος δέ, Οὗτος, ποῦ ποτ' εἶ; ἔτι δ' ἄλλος, Ὥς μου ἔχονται αἱ ἀσπάλαθοι· οὐ γὰρ οἶμαι μήποτ' αὐτῶν ἀπαλλαγῶ.

WHAT is Love, and why is it the chief good, but because it is an overpowering enthusiasm? Never self-possessed or prudent, it is all abandonment. Is it not a sort of admirable wisdom, preferable to all other advantages, and whereof all others are only secondaries and indemnities? because this is that in which the individual is no longer his own foolish master, but inhales an odorous and celestial air, is wrapped round with awe of the object, blending for the time that object with the real and only good, and consults every omen in nature with tremulous interest. When we speak truly—is not he only unhappy who is not in love? his fancied freedom and self-rule, is it not so much death? He who is in love is wise and is becoming wiser, sees newly every time he looks at the object beloved, drawing from it with his eyes and his mind the virtues which it possesses. Therefore if the object be not itself a living and expanding soul, he presently exhausts it. But the love remains in his mind, and the wisdom it brought him : and it craves a new and higher object. And the reason why all men honour love, is because it looks up and not down ; aspires and not despairs.

EMERSON.

ΤΙ οὖν δὴ τὸν ἔρωτα διοριζόμενοι ὡς μέγιστον ἀγαθὸν σεμνύνομεν αὐτόν, εἰ μὴ ὅτι κατοκωχή τις μετ' ἐνθουσιασμοῦ γίγνεται; οὐδέποτε γὰρ οὔτ' ἔμφρων οὔτ' εὐλαβὴς ὢν πάντα μὲν πέφυκε προέσθαι, δαιμονίαν μὲν δή τινα κέκτηταί γε σωφροσύνην, ᾗ τἆλλα πάντα, ὅσ' ἀγαθὰ ἐπιγίγνεται, ὕστερά τε καὶ οὐκ ἀντάξια ὑποτακτέον. ἐνταῦθα γὰρ ἤδη ἕκαστος οὐκέτι τοῦ ἑαυτοῦ δῆθεν κρατεῖ μετ' ἀνοίας, ἀλλ' ἀναπνοῇ θείᾳ καὶ ἀμβροσίῳ χρώμενος αἰδῶ τινὰ τοῦ κάλλους ἠμφίεσται, ὡς ὄντος δὴ τὸ τηνικαῦτα τοῦ ἀληθινοῦ τε καὶ μόνου ἀγαθοῦ, σπουδῇ δ' ἐπτοημένος ἤδη πάντα τὰ τῆς φύσεως ὡς ἐκεῖνο αἰνιττόμενα ὑπολαμβάνει. ἐὰν γὰρ οὖν τἀληθὲς βουλώμεθ' εἰπεῖν, δυσδαιμονεῖν τε φήσομεν μόνον τὸν μὴ ἐρῶντα, τὸν δ' ἐλεύθερον δοκοῦντ' εἶναι καὶ αὐτοῦ ἐγκρατῆ ἀτεχνῶς τεθνάναι. ὁ δ' αὖ ἐρῶν φιλοσοφεῖ τε καὶ φιλοσοφίας πορρωτέρω ἀεὶ γίγνεται· καὶ ὁπόταν τὴν ἐρωμένην θεωρῇ, οἷον ἀναβλέπει πάλιν, τὰς ἀπ' ἐκείνης καλλονὰς τοῖς τ' ὀφθαλμοῖσι καὶ τῇ ψυχῇ ἀπαρυτόμενος· ὥστ' ἐὰν μὴ ᾖ αὐτὸ τὸ ἐρώμενον ψυχή τις ζῶσα καὶ βλαστάνειν ὡρμημένη, οὐ διὰ πολλοῦ ἐξήντληκεν. οὐ μὴν ἀλλ' ὅ τ' ἔρως τῇ ψυχῇ παραμένει καὶ ἡ ἐξ ἐκείνου σοφία· ἵεται οὖν ἐπὶ καινόν τι καὶ τελειότερον. ταῦτ' ἄρα πάντες ἄνθρωποι προτιμῶσι τὸν ἔρωτα, ὡς ἄνω δὴ ἀλλ' οὐ κάτω βλέποντα, καὶ ἀντεχόμενον μὲν τοῦ καλοῦ ἀπειρηκότα δ' οὐδεπώποτε.

ALCIPHRON is above forty and no stranger either to men or books. I knew him first at the Temple, which, upon an estate's falling to him, he quitted to travel through the polite parts of Europe. Since his return he has lived in the amusements of the town, which, being grown stale and tasteless to his palate, have flung him into a sort of splenetic indolence. The young gentleman, Lysicles, is a near kinsman of mine, one of lively parts and a general insight into letters, who, after having passed the forms of education, and seen a little of the world, fell into an intimacy with men of pleasure and free-thinkers, I am afraid much to the damage of his constitution and his fortune. But what I most regret is the corruption of his mind, by a set of pernicious principles, which, having been observed to survive the passions of youth, forestall even the remote hopes of amendment. They are both men of fashion, and would be agreeable enough, if they did not fancy themselves free-thinkers. But this, to speak the truth, has given them a certain air and manner, which a little too visibly declare they think themselves wiser than the rest of the world. I should therefore not be at all displeased if my guests met with their match, where they least expected it—in a country farmer.

BERKELEY.

ΕΣΤΙ δὴ ὁ μὲν Ἀλκίφρων πλέον ἢ τεττεράκοντα γεγονὼς ἔτη, οὔτ' ἀνθρώπων οὔτε γραμμάτων ἄπειρός τις ὤν. ἐγὼ δὲ τὸ πρῶτον ξυνεγενόμην αὐτῷ ἐν τῷ Λυκείῳ· ἔπειτα κλῆρόν τινα παραλαβὼν ἀπεφοίτησέ τε καὶ κατὰ πόλεις τὰς Ἑλλάδος μάλιστα πεπαιδευμένας ἀπεδήμει. κατελθὼν μέντοι ταῖς ἐν τῇ πόλει διατριβαῖς καθ' ἡδονὴν χρώμενος ἐδιαιτᾶτο. αἱ δ' ἤδη ἀπογευσαμένῳ ἔωλοι γενόμεναι εἰς ῥᾳθυμίαν τινὰ μετὰ δυσκολίας κατέστησαν. τὸ δὲ μειράκιον, Λυσικλῆ λέγω, ἐμοί τ' ἀγχιστείᾳ προσήκει, καὶ εὐφυὴς ἅμα καὶ μουσικῇ μετρίως ἠσκημένος ἐστί. τούτῳ τοίνυν κατὰ τὰ νόμιμα ἤδη παιδευθέντι καὶ τῶν πραγμάτων μετρίως ἀποπειρωμένῳ ξυνέβη οἰκείως προσομιλῆσαί τισιν πρὸς ἡδονήν τε ζῶσι καὶ ἅττ' ἂν αὐτοῖς δοκῇ νομίζουσιν. ὧν δέδοικα μὴ πολλὰ καὶ χαλέπ' ἀπέλαυσεν εἴς τε τὴν ὑγίειαν καὶ τὴν οὐσίαν· πολὺ δὲ μᾶλλον ἀγανακτῶ εἰ καὶ τὰ ἤθη διέφθαρται ὑπὸ τῶν μοχθηρῶν δοξῶν, δι' ἅς, ἅτε ὑπὲρ τὰ διὰ τῆς ἡλικίας πάθη παραμενούσας, οὐ πολλή τις ἐλπὶς περιγίγνεται τοῦ ποτὲ σωφρονῆσαι. ἐστὸν μὲν οὖν ἀμφὼ τῶν χαριεστέρων δοκούντων εἶναι, καὶ ἥκιστ' ἂν ἀηδεῖς εἶεν, εἰ μὴ ἐπ' ἐλευθερίᾳ δὴ τῆς γνώμης καλλωπίζοιντο· νῦν δ', εἰ δεῖ τἀληθὲς εἰπεῖν, διὰ τοῦτο θρύπτεσθόν πως σεμνυνομένω, ὥσθ' ὑπό τι δηλοτέρω ἐστὸν νομίζοντε σοφωτέρω τῶν ἄλλων εἶναι. ὥστ' οὐκ ἂν πάνυ ἀχθοίμην εἰ τὼ παρ' ἐμοὶ ξενιζομένω Ἀνταίῳ Ἡρακλέους τυχοίτην οἵου σχολῇ γ' ἂν ἠλπιζέτην, ἀνδρὸς γεωργοῦ ὄντος.

The Rev. Dr Opimian. A beautiful fiction.

Mr Falconer. If it be a fiction. The supernatural is confined to the dream. All the rest is probable ; and I am willing to think it true, dream and all.

Opim. You are determined to connect the material with the immaterial world, as far as you can.

Falc. I like the immaterial world. I like to live among thoughts and images of the past and the possible, and even of the impossible, now and then.

Opim. Certainly there is much in the material world to displease sensitive and imaginative minds ; but I do not know anyone who has less cause to complain of it than you have. You are surrounded with all possible comforts, and with all the elements of beauty, and of intellectual enjoyment.

Falc. It is not my own world I complain of. It is the world on which I look " from the loopholes of retreat." I cannot sit here like one of the Gods of Epicurus, who, as Cicero says, was satisfied with thinking through all eternity "how comfortable he was." I look with feelings of intense pain on the mass of poverty and crime ; of unhealthy, unavailing, unremunerative toil, blighting childhood in its blossom, and womanhood in its prime ; of " all the oppressions that are done under the sun."

Opim. I feel with you on all these points ; but there is much good in the world ; more good than evil, I have always maintained.

T. L. PEACOCK, *Gryll Grange.*

ΑΡΙΣΤΩΝΥΜΟΣ. ΘΗΡΩΝ.

ΑΡ. καὶ χαριέντως γε μεμυθολόγηται.

ΘΗ. εἴ γ' ἄρα καὶ μεμυθολόγηται. τὸ μὲν γὰρ τερατῶδες κατ' ὄναρ μόνον φαντάζεται, τὰ δ' ἄλλ' ἅπαντα εἰκότα μέν ἐστιν, ἀληθῆ δ' ἔγωγ' ἂν ἡδέως οἰοίμην εἰρῆσθαι αὐτά τε καὶ τὸ ὄναρ.

ΑΡ. ὡς δόξαν σοι λέγεις τὸν ὁρατὸν τόπον ὅσον ἂν ἐξῇ τῷ ἀοράτῳ πως ἀναφέρειν.

ΘΗ. ἀρέσκει γάρ μοι τὰ ἀόρατα, ἀεὶ δὲ πρὸς ταῖς φροντίσι τε καὶ εἰκόσιν ὢν τῶν ποτὲ γενομένων ἢ ἐνδεχομένων γενέσθαι, καὶ νὴ Δί' ἔστιν ὅτε τῶν μηδαμῶς ἐνδεχομένων, σφόδρ' ἀγάλλομαι.

ΑΡ. ἀμέλει δὴ τῶν κατὰ τὰ ὁρατὰ πολλὰ μὲν ἂν ἀπαλῇ ψυχῇ καὶ ἀπὸ Μουσῶν κατασχομένῃ μάλ' ἀηδῶς ἂν ἔχοι· σὺ μέντοι ὢν ἔγνωχ' ἁπάντων ἥκιστα δίκαιος εἶ ἀγανακτεῖν, ὅτῳ γε πᾶσαι πάντῃ εὐπάθειαι καὶ πάντα τὰ τῶν διὰ φιλοκαλίας τε καὶ φιλοσοφίας προσγιγνομένων ἡδονῶν ἄφθονα κεχορήγηται.

ΘΗ. ἀλλ' οὐ ταῦτά γ', ὦ δαιμόνιε, μέμφομαι, ἀλλ' ἐκεῖν' ἅπερ δὴ οἷον ἀπὸ περιωπῆς τινὸς ἀφορῶν θεῶμαι. οὐδὲ γὰρ ἀνεχοίμην ἂν κατὰ τοὺς θεοὺς ἐκείνους, οὓς ὑπετυπώσαντο δή τινες, τὸν ἅπαντα χρόνον καθήμενός τε καὶ ἐνθυμούμενος, τὸ τοῦ Περικλέους, οἳ εὖ πάσχω· ὑπερφυῶς μὲν οὖν ὡς ἄχθομαι πάνθ' ὁρῶν μεστὰ μὲν ἀδικούντων καὶ πτωχευόντων, μεστὰ δὲ τῶν ἔργα οὔθ' ὑγιεινὰ οὔτ' ὠφέλιμα οὔτε λυσιτελῆ ἐργαζομένων, ὥστε τοῖς μὲν παιδίοις τὸ ἄνθος, ταῖς δὲ γυναιξὶν ἀποβλαφθῆναι τὴν ὥραν, καὶ "πάνθ' ὅσ' ἥλιος τρέφει" τῷ ὄντι εἶναι "ὕβρεως ἀνάπλεα."

ΑΡ. κἀμοί τοι ταῦτὰ ξυνδοκεῖ ἅπερ καὶ σοί· οὐ μὴν ἀλλὰ πολλά τε κατ' ἀνθρώπους τἀγαθά, καὶ πλείω γ', ὡς νῦν τε καὶ πάλαι ἰσχυρίζομαι, τἀγαθὰ τῶν κακῶν.

SIR Thomas Hutchinson continued with the parliament, was firm to their cause, but infinitely desirous that the difference might rather have been composed by accommodation, than ended by conquest; and therefore did not improve his interest to engage the country in the quarrel, which, if he could have prevented, he would not have had come to a war. He was however clearly on the parliament's side, and never discouraged his two sons, who thought this prudential tardiness in their father was the declension of that vigour which they derived from him, and which better became their youth. It is true, they were the foremost in point of time, and in degree, except a piece of a nobleman that was after drawn in, who owned the parliament's interest in their country.   LUCY HUTCHINSON.

I HOLD that there is a general beauty in the works of God, and therefore no deformity in any kind or species of creature whatsoever. I cannot tell by what logick we call a toad, or a bear, or an elephant, ugly; they being created in those outward shapes which best express the actions of their inward forms; and having passed that general visitation of God, who saw that all that he had made was good, that is conformable to his will, which abhors deformity, and is the rule of order and beauty. There is no deformity but in monstrosity; wherein, notwithstanding, there is a kind of beauty; nature so ingeniously contriving the irregular parts, as they become sometimes more remarkable than the principal fabric. To speak yet more narrowly, there was never anything ugly or mis-shapen, but the chaos; wherein notwithstanding, to speak strictly, there was no deformity, because no form; nor was it yet impregnated by the voice of God.   SIR THOMAS BROWNE.

Ὁ γὰρ Ἡγησίας βεβαίως μὲν καὶ αὐτὸς τοῖς τοῦ δήμου ταὐτὰ ἐφρόνει, πάντων δὲ μάλιστ' ἂν ἑλόμενος τὴν στάσιν μετὰ ξυμβάσεως διαλῦσαι, ὥστε μὴ διαπολεμηθῆναι, παρὸν αὐτῷ πλέον ἄλλων τὴν πόλιν ἐς τὸ στασιάσαι κατεπείγειν, οὔτε ταύτῃ ὥρμητο οὔτ' ἂν εἴ τι εἶχε κωλύειν ἐκπολεμωθῆναι αὐτοὺς ἂν εἴασεν. οὐ μὴν ἀλλὰ σαφῶς εὔνους ἦν τῷ δήμῳ καὶ προθυμουμένοιν τοῖν υἱοῖν οὔτ' ἠναντιοῦτο οὐδὲν διά τε τὸ ἐμβριθὲς τῆς προμηθίας ἔννοιαν ἐνεποίει ὡς ἀπαμβλύνοιτ' ἄρ' ἦν αὐτοῦ παραλαβόντε τῇ ἡλικίᾳ μᾶλλον πρέπουσαν παρειχέτην ὀξύτητα. ἦσαν γὰρ χρόνῳ τε πρῶτοι καὶ δὴ καὶ γένει, πλήν γε τῶν λεγομένων εὐπατριδῶν οὐκ οἶδ' ὅτου ὕστερον ἐπακτοῦ, τῶν κατὰ τὴν ἐκείνου χώραν τῷ δήμῳ ξυμπρασσόντων.

ΚΑΤΑ γοῦν τὴν ἐμὴν δόξαν τοῖς ὅσ' ἐκ θεοῦ γέγονε πάρεστι κοινῇ κάλλος τι· οὐδ' ἄρα γένει οὐδενὶ οὐδ' εἴδει ζῴων ὁτῳδήποτ' ἐμπέφυκεν αἶσχος οὐδέν. τίνι γὰρ οὖν λόγῳ πειθόμενοι φρῦνον ἢ ἄρκτον ἢ ἐλέφαντα ὡς αἰσχρὸν ὀνειδίζομεν; ἐπεὶ τάς γε μορφὰς τὰς αἰσθητὰς ἐνδεδυμένοι τὰς ἄρισθ' ἑκάστῳ τὴν ἔμφυτον ἰδέαν διὰ τῶν σωμάτων ἀπομιμουμένας οἷον εὐθύνας ἤδη τῷ θεῷ δεδώκασι τῷ πάνθ' ὅσα δεδημιούργηκεν ἀγαθά τ' ἐπικαλέσαντι καὶ κατὰ νοῦν ἑαυτῷ τῷ πάντα τε τὰ αἰσχρὰ ἀποστρεφομένῳ στάθμην τε παρέχοντι κόσμου τε καὶ καλλονῆς. αἰσχρὸν μὲν οὖν οὐδὲν εἰ μὴ τὸ παρὰ φύσιν· καὶ μὴν ἔτι καὶ ἐνταῦθ' αὖ ὑπολείπεται καλόν τι, ἅτε τῆς φύσεως ἐμμελέστατα μεταπλαττούσης τὰ ἑαυτῇ ὑπεναντία, ὥστε καὶ ἐκπρεπέστερ' ἔστιν ὅτε ἀποδεῖξαι τῶν ὅθεν παρεξέβη. εἰ δὲ βούλει ἔτ' ἀκριβέστερον εἰπεῖν, οὐδέποτ' ἦν αἰσχρὸν οὐδέν, πλήν γ' ἐκείνου τοῦ πάντα ὁμοῦ· ἀλλ' οὐδὲ γὰρ τούτῳ κατὰ τὸν ὀρθὸν λόγον οὐδεμία ἐνῆν δυσμορφία, ᾧ γε μηδὲ μορφή, ἅτ' οὐδέπω ὑπὸ θείας ἐπιπνοίας ἀναζωπυρουμένῳ.

H.   13

IF however from too much conversing with material objects, the soul was gross and misplaced its satisfaction in the body, it reaped nothing but sorrow; body being unable to fulfil the promise which beauty holds out; but if accepting the hint of these visions and suggestions which beauty makes to his mind, the soul passes through the body and falls to admire strokes of character, and the lovers contemplate one another in their discourses and their actions, then they pass to the true palace of beauty, more and more inflame their love of it, and by this love extinguishing the base affection, as the sun puts out the fire by shining on the hearth, they become pure and hallowed. By conversation with that which is in itself excellent, magnanimous, lowly, and just, the lover comes to a warmer love of these nobilities and a quicker apprehension of them. Then he passes from loving them in one to loving them in all, and so is the one beautiful soul only the door through which he enters to the society of all true and pure souls. In the particular society of his mate, he attains a clearer sight of any spot, any taint, which her beauty has contracted from this world, and is able to point it out, and this with mutual joy that they are now able, without offence, to indicate blemishes and hindrances in each other, and give to each all help and comfort in curing the same. And beholding in many souls the traits of the divine beauty, and separating in each soul that which is divine from the taint which it has contracted in the world, the lover ascends to the highest beauty, to the love and knowledge of the Divinity, by steps on this ladder of created souls.

EMERSON.

ΕΑΝ μὲν οὖν, ἔφη, ἡ ψυχή, ἅτε τῷ σωματοειδεῖ λίαν ὡμιληκυῖα, ἀνάπλεώς τε αὐτὴ γένηται καὶ παρεσφαλμένην τὴν τέρψιν περὶ τὸ σῶμα ἴσχῃ, ἀλγηδόν' ἄλλως καρπώσεται, ἀτελοῦς δὴ ὄντος σώματος τῶν διὰ καλλονῆς ὑποσημαινομένων· κατιδοῦσα δ' αὖ καὶ ἰχνεύσασα ᾗπερ ὑφηγεῖται τὸ καλὸν θέαμα, ἐπειδὰν τὸ σῶμα ὑπερβᾶσα τὰ τῶν ἠθῶν ἤδη ἀγασθῇ, κατὰ δὲ τοὺς λόγους καὶ τὰ ἐπιτηδεύματα τὼ ἐραστὰ θεωρῆτον ἀλλήλω, οὕτως ἤδη ἐπ' αὐτὸ ἀφικνεῖσθον τὸ τῆς καλλονῆς ἱερόν· ἀφικομένω δ' ἀναζωπυρούμενον ἀεὶ τρέφετον αὐτῆς τὸν ἔρωτα, τούτῳ τε, καθάπερ ὁ ἥλιος τὸ παρ' ἡμῖν πῦρ μαραίνει, τὴν φαύλην ἐπιθυμίαν ἀποσβεννύοντε καθαρὼ καὶ ὁλοκλήρω ἀπαλλάττεσθον. ξυνὼν γὰρ οὖν ὁ ἐραστὴς τῷ καθ' αὑτὸ ἀγαθῷ καὶ γενναίῳ καὶ ἀτύφῳ καὶ δικαίῳ ὀρέγεταί τε τῶν τοιούτων μᾶλλον ἤδη καὶ ῥᾷον αἰσθάνεται· καὶ ἀρχόμενος μὲν ἐν μιᾷ ἀσπάζεται, ὕστερον δ' ἐν πάσαις, εἴσοδόν γ' εὑρόμενος τὴν μίαν καλὴν ψυχὴν εἰς τὸν τῶν καθαρῶν καὶ ἀψευδῶν θίασον ἁπασῶν. τῇ δὲ δὴ ξυννόμῳ διαφερόντως προσομιλῶν, ἐάν πού τινι κηλῖδι τῶν παρ' ἀνθρώποις πλημμελειῶν τὸ κάλλος αὐτῆς ἀμαυρωθῇ, καθορᾷ τε σαφέστερον δείκνυσί τε μετὰ πολλῆς ἀμφοτέρων εὐφροσύνης, ὡς αἴσχη τ' ἄρα καὶ ἐνδείας ἀλλήλοιν φράσαι μὲν ἀλύπως ἤδη δυναμένων πᾶσαν δ' εὐπορίαν καὶ ῥᾳστώνην τοῦ ἰᾶσθαι παρεχόντων. ἔτι δ' ἐν πολλαῖσιν ἅμα ψυχαῖς τὰ τοῦ θείου κάλλους ἐνορῶν ἀπεικάσματα, ὥστ' ἐφ' ἑκάστης τό τε θεῖον καὶ τὸ ὑπὸ τῆς ἐνθάδε διαίτης ἐφθαρμένον διαγνῶναι, ὥσπερ ἐπαναβαθμοῖς ὁ ἐραστὴς ταῖς γεννηταῖς ψυχαῖς χρώμενος οὕτως ἐπὶ τὸ φανότατον κάλλος ἐπάνεισιν αὐτοῦ τε τοῦ θείου τελειότατον ἔρωτα καὶ ἐπιστήμην.

IF on the great theatre of this earth, amongst the numberless number of men, to die were only proper to thee and thine, then undoubtedly thou hadst reason to grudge at so severe and partial a law. But since it is a necessity, from the which never an age by-past hath been exempted, and unto which those which be, and so many as are to come are thralled (no consequent of life being more common and familiar), why shouldest thou with unprofitable and nothing availing stubbornness, oppose so inevitable and necessary a condition? This is the highway of mortality, our general home, behold what millions have trod it before thee, what multitudes shall after thee, with them which at the same instant run! In so universal a calamity, if Death be one, private complaints cannot be heard: with so many royal palaces, it is small loss to see thy poor cabin burn. Shall the heavens stay their ever-rolling wheels (for what is the motion of them but the motion of a swift and ever-whirling wheel which twinneth forth and again upwindeth our life?) and hold still time, to prolong thy miserable days, as if the highest of their working were to do homage unto thee? Thy death is a piece of the order of this All, a part of the life of this world; for while the world is the world, some creatures must die and others take life. Eternal things are raised far above this orb of generation and corruption, where the first matter, like a still flowing and ebbing sea, with diverse waves, but the same water, keepeth a restless and never-tiring current. What is below, in the universality of its kind, not in itself, doth abide: *Man* a long line of years has continued, *this man* every hundredth is swept away. This air-encircled globe is the sole region of Death, the grave, where everything that taketh life must rot, the lists of fortune and change, only glorious in the inconstancy and varying alterations of it, which, though many, seem to abide one, and being a certain entire one, are ever many.

WILLIAM DRUMMOND.

ΣΤ μὲν οὖν, εἰ δὴ οἷον ἐπὶ σκηνῆς τοῦ βίου ἀναριθμήτοις τοῖς ἄλλοις ξυναγωνιζομένῳ αὐτῷ τε καὶ τοῖς σαυτοῦ μόνοισιν ἴδιον ἦν τὸ ἀποθανεῖν, ξυγγνώμης τοι πολλῆς δικαίως ἂν ἠξίου ἀγανακτῶν ὡς χαλεπὰ καὶ ἄνισα πάσχοις· νῦν δ᾽ ἐπειδὴ τῆς τοιαύτης ἀνάγκης, ἅτε πᾶσι δὴ καὶ πάντῃ ἀκολούθου ὄντος τῷ ζῆν τοῦ τεθνάναι, ἀτέλεια οὐδενὶ οὐδεπώποτ᾽ οὐδεμία ἐγίγνετο, ὥστε μὴ οὐ πάντας τοὺς γεγονότας τε καὶ ὄντας καὶ ἐσομένους δουλεύειν αὐτῇ, πῶς ἄρ᾽ ἂν αὐθαδείᾳ ματαίᾳ τε καὶ ἀνονήτῳ χρώμενος ἄφυκτόν γε καὶ ἀναγκαῖον δυσφοροίης πάθος; ἔστι γὰρ δὴ αὕτη πᾶσι θνητοῖς οἷον λεωφόρος, ἧπερ παροικοῦσαι σκόπει δὴ ὅσαι μὲν μυριάδες ἀνθρώπων ἤδη προβεβήκασιν, ὅσαι δὲ σοῦ τε καὶ τῶν ἅμα σοὶ θεόντων ὕστεροι ἐπιβήσονται. ὅπου τοίνυν πάγκοινος ἡ δυστυχία, εἴ γε δυστυχὴς ὁ ἀποθνήσκων, οὔτ᾽ ἄν τινος ἀποδεχοίμεθα ἴδια δυσχεραίνοντος, πολλῶν τε δὴ ὥσπερ ξυγκατακαιομένων τῶν ἱερῶν φαῦλόν τί που ἡ τῆς σῆς καλύβης διαφθορά. μῶν γὰρ ἐπισχήσει ὁ οὐρανὸς τὰς ἀιδίας περιφοράς, αἲ δὴ ὥσπερ ὠκυτάτοις τε καὶ ἀεικινήτοις τροχοῖς τὸν ἡμέτερον βίον οἷον ἐκπηνισάμεναι πάλιν ξυνελίττουσι, καὶ τὸν χρόνον ἰόντ᾽ ἀποπαύσει, ἵνα τῷ σοὶ δὴ ζωήν τιν᾽ ἀπομηκύνῃ, ὡς ἐπ᾽ οὐδὲν κρεῖττον τὴν ἐργασίαν λαχὼν ἢ τὰ σὰ θεραπεύειν; ἀλλὰ σὺ γὰρ εἰς τὸν τοῦ παντὸς οὐρανοῦ κόσμον τε καὶ βίον τὸν σαυτοῦ ξυντελεῖς θάνατον· ἕως γὰρ ἂν οὖν ξυνεστήκῃ τόδε τὸ πᾶν, ἐξ ἄλλων ἀποθνησκόντων ἄλλ᾽ ἄττα ζωὴν λήψεται. ἀμήχανον γὰρ οὖν ὅσον ὑπερέχει τὸ αἰώνιον τοῦ τῇδε κύκλου τοῦ γενέσεως τε καὶ φθορᾶς μετέχοντος, ἔνθα δὴ τὸ κατ᾽ ἀρχὴν ὑποκείμενον, πελάγους ἐοικὸς παλιρροίᾳ κλύδωσι μὲν ἄλλοτ᾽ ἄλλοις ὕδασι δὲ τοῖς αὐτοῖς κυμαινούσῃ, κίνησιν ἄπαυστόν τε καὶ ἀκοίμητον ἀεί ποτε κινεῖται. ὥστε τὰ κάτω κατ᾽ εἶδος ἀλλ᾽ οὐ καθ᾽ ἕκαστον μόνιμα· τὸ μὲν γὰρ ἀνθρώπινον γένος πολλὰς ἐτῶν διατελεῖ μυριάδας, ὁ δ᾽ ἄνθρωπος ὁδὶ καθ᾽ ἑκατοντηρίδ᾽ ἑκάστην ἠφάνισται. ἡ δ᾽ ὑπ᾽ ἀέρος ἡμῖν κεκλυσμένη σφαῖρα οἷον θανάτου γέγονε τέμενος, ἐν ᾧ πᾶσαι μὲν στασιάζουσι τύχης μεταβολαί, πάντα δὲ τὰ ζωῆς ποτὲ μετασχόντ᾽ ἀνάγκη διασαπῆναι· ἐπειδὴ μέχρι τούτου μόνον ἀξιόλογον γίγνεται, ὡς διὰ παντοίων ἰὸν μεταλλαγῶν τε καὶ ἀλλοιώσεων, αἵπερ δὴ πολλαὶ μὲν οὖσαι δοκοῦσιν ἓν ἑστάναι, εἰς ἓν μέντοι καὶ ὅλον ξυνεστῶσαι, πολλαὶ αὖ φαντάζονται.

AT this *Christian* modestly smiled, and said, This man, with whom you are so taken, will beguile with this tongue of his twenty of them that know him not.

Faith.   *Do you know him then?*

Chr.   Know him! Yes, better than he knows himself.

Faith.   *Pray what is he?*

Chr.   His name is *Talkative*, he dwelleth in our Town; I wonder that you should be a stranger to him, only I consider that our Town is large.

Faith.   *Whose Son is he?   And whereabout doth he dwell?*

Chr.   He is the son of one *Saywell*, he dwelt in *Prating-row*; and he is known of all that are acquainted with him by the name of *Talkative* in *Prating-row*: and notwithstanding his fine tongue, he is but a sorry fellow.

Faith.   *Well, he seems to be a very pretty man.*

Chr.   That is to them that have not through acquaintance with him, for he is best abroad, near at home he is ugly enough : your saying, that he is a *pretty man*, brings to my mind what I have observed in the work of the Painter, whose Pictures shews best at a distance ; but very near, more unpleasing.

Faith.   *But I am ready to think that you do but jest, because you smiled.*

JOHN BUNYAN.

ΠΡΟΣ ταῦτα δὴ ὁ Θεώνυμος ἠρέμ' ὑπογελάσας Οὗτος ἄνθρωπος, ἔφη, ὦ Πιστία, ὑφ' οὗ σὺ κηλεῖ, τοιαῦτ' ἐπᾴδων καὶ συχνοὺς ἂν αἱροῖ τῶν αὐτὸν μὴ γιγνωσκόντων. Σὺ γὰρ αὐτόν, ἦ δ' ὅς, ὦ Θεώνυμε, ὁ Πιστίας, ἐγνώρικας; Ἀκριβέστερον μὲν οὖν ἔγωγ', ἔφη, ἢ αὐτὸς αὐτόν. Ἀλλ' εἰπέ μοι, ἔφη, ποῖός τίς ἐστι. Τὸ μὲν ὄνομα αὐτῷ, ἦ δ' ὃς ὁ Θεώνυμος, Ἀμφίλαλος, οἰκεῖ δὲ ἐν τῇ ἡμετέρᾳ πόλει· ὥστ' ἐθαύμασα δή σου ἀγνοοῦντος αὐτόν, πλήν γ' ὅτι πολυάνθρωπος, οἶμαι, ἐστὶν ἡ πόλις. Τίνος οὖν ἐστιν υἱός; ποῦ δὲ καὶ οἰκεῖ; Πατρὸς μέν, ἔφη, ἐστί τινος Εὐγλώσσου, Ἀδολέσχηθεν. ἅπασι γὰρ οὖν τοῖς γνωρίμοις περιβόητός ἐστιν Ἀμφίλαλος Ἀδολεσχεύς· ἀλλὰ καίπερ δεινὸς ὢν λέγειν φαῦλός τίς ἐστιν εὖ ἴσθ' ὅτι τὴν φύσιν. Καίτοι φαίνεταί γ', ὦ Θεώνυμε, μάλ' ἐπίχαρις ὁ ἀνήρ. ὁ δέ, Τοῖς γε μὴ ἱκανῶς, εἶπεν, ὦ Πιστία, διασκεψαμένοις· ἐπεὶ θύρασι μὲν κάλλιστος πέφυκε φαίνεσθαι, οἴκοι δὲ κομιδῇ δυσειδής. ἀτάρ, ὃ σὺ νῦν δὴ εἶπες, ἐπίχαριν τὸν ἄνδρα προσαγορεύων, τῶν σκιαγραφημάτων μ' ἀνέμνησε, τῶν πόρρωθεν ὁρῶντι ἐμμελέστατ' ἐχόντων, ἐγγύθεν δ' ἀηδεστέρων. Ἀλλὰ σχεδόν τι, ἦ δ' ὃς ὁ Πιστίας, παίζειν σ' ὑποπτεύω· ἐγέλασας γάρ.

A POEM is the very image of life expressed in its eternal truth. There is this difference between a story and a poem, that a story is a catalogue of detached facts, which have no other connexion than time, place, circumstance, cause, and effect ; the other is the creation of actions according to the unchangeable forms of human nature, as existing in the mind of the creator, which is itself the image of all other minds. The one is partial, and applies only to a definite period of time, and a certain combination of events which can never again recur ; the other is universal, and contains within itself the germ of a relation to whatever motives or actions have place in the possible varieties of human nature. Time, which destroys the beauty and the use of the story of particular facts, stripped of the poetry which should invest them, augments that of poetry, and for ever developes new and wonderful applications of the eternal truth which it contains.

SHELLEY.

ΕΣΤΙ μὲν οὖν ἡ ποίησις τῷ ὄντι τύπος τοῦ βίου κατὰ τὴν οὐσίαν τὴν αἰώνιον ὑποτυπούμενος. κατὰ τάδε γὰρ διαφέρουσιν ἥ τε ποιητικὴ καὶ ἡ λογοποιική, ὅτι ἡ μὲν πράγματ᾽ ἄττα καθ᾽ ἕκαστα διηγεῖται, κοινῇ μὲν τῶν καιρῶν τε καὶ τόπων τῶν τ᾽ ἄλλων ξυμβεβηκότων, ὥσπερ κοινῇ γε καὶ τῶν ξυναιτίων, ἄλλου γε μὴν οὐδενὸς ξυμμετέχοντα· ἡ δὲ ποιητικὴ πράξεων γίγνεται δημιουργὸς κατὰ τὰ περὶ τὴν ἀνθρωπείαν φύσιν παραδείγματα τὰ ἀεί θ᾽ ὡσαύτως ἔχοντα καὶ τῷ τῶν πάντων φυτουργοῦ ἐνόντα νῷ τῷ καὶ πασῶν ἄλλων διανοιῶν οἷον τύπῳ καθεστῶτι. ἐκείνη μὲν τοίνυν, ἅτ᾽ ἐν μέρους εἴδει οὖσα, περὶ χρόνον τέ τιν᾽ ὡρισμένον γίγνεται καὶ πραγμάτων ξυμπλοκὴν τῶν οὐδέποτ᾽ αὖθις ἅμα ξυνοισομένων· ἡ δὲ εἰς τὸ πᾶν βλέπουσα δύναμίν τιν᾽ ἔμφυτον εἴληχεν ὧν ἄν ποτ᾽ ἐνδέχηται τοῖς ἀνθρώποις προαιρεῖσθαί τε καὶ πράττειν πᾶσίν τε καὶ παντοίοις μεταλαμβάνειν. ἐπεὶ καὶ ὁ χρόνος ὁ τὴν τῶν ἔργων καθ᾽ ἕκαστα διήγησιν, ψιλωθεῖσαν γε τοῦ παρὰ Μουσῶν προσήκοντος ἂν αὐτῇ κόσμου, τὸ κάλλος καὶ τὴν χρῆσιν ἀφαιρούμενος, τὰ τῆς ποιητικῆς ἔτι μᾶλλον ξυνεπικοσμεῖ· ἡ γὰρ ἀλήθεια ἀεὶ μὲν κατὰ ταὐτὰ μένει, ἀεὶ δὲ καινά τε καὶ θαυμαστὰ μετενδυομένην εἴδη.

FOR the assured truth of things is derived from the principles of knowledge, and causes which determine their verities. Whereof their uncultivated understandings scarce holding any theory, they are but bad discerners of verity and in the numerous track of error, but casually do hit the point and unity of truth. Their understanding is so feeble in the discernment of falsities, and averting the errors of reason, that it submitteth to the fallacies of sense, and is unable to rectifie the errors of its sensations. Thus the greater part of mankind, having but one eye of sense and reason, conceive the earth far bigger than the sun, the fixed stars lesser than the moon, their figures plain, and their spaces from the earth equidistant. For thus their sense informeth them, and herein their reason cannot rectifie them; and therefore, hopelessly continuing in their mistakes, they live and die in their absurdities; passing their days in perverted apprehensions and conceptions of the world, derogatory unto God and the wisdom of creation.

SIR THOMAS BROWNE.

ΤΗΝ γὰρ οὖν τῶν ὄντων ὄντως ἀλήθειαν κατὰ τὴν τῶν ἀρχῶν μέτιμεν ἐπιστήμην καὶ τῆς τοῦ ὃ ἔστιν αἰτίας. οὗτοι δὲ ἀπαιδεύτῳ τῇ διανοίᾳ οὐδεμιᾶς, ὡς ἔπος εἰπεῖν, τῶν τοιούτων θέας ἁπτόμενοι φαυλοί τινες ἀπέβησαν πρὸς τὴν τοῦ ὄντος διάγνωσιν, καὶ μετὰ τῶν πολλῶν τε καὶ ἀνοήτων εἰκῇ πλανώμενοι, ἄστοχοι, ὅσον μὴ τύχῃ τινί, γίγνονται τῆς μιᾶς τε καὶ ἁπλῆς ἀληθείας. εἰς τοσόνδε τοίνυν ἀμηχανεῖ ἡ 'κείνων διάνοια τά τε ψευδῆ διιδεῖν καὶ τὰς τοῦ λογισμοῦ κατευθῦναι πλάνας, ὥστε ταῖς διὰ τῶν αἰσθήσεων ἐξαπατωμένη γοητείαις τὰ πρὸς τῶν παθημάτων σφάλματ' οὐ δύναταί ποτ' ἀναλαβεῖν. αὐτίκα οἱ πολλοί, ἅτ' οὐχ ἕτερον μὲν τὸν τοῦ σώματος ὀφθαλμὸν ἕτερον δὲ τὸν τῆς ψυχῆς κεκτημένοι, τὴν μὲν γῆν πολλαπλασίαν δοξάζουσιν εἶναι τοῦ ἡλίου, τὰ δ' ἄστρα τὰ ἀπλανῆ τῆς σελήνης ἐλάττω, ἐπίπεδόν τ' ἔχοντα τὸ σχῆμα καὶ πάντ' ἴσον ἀφεστηκότα τῆς γῆς· ταῦτα γὰρ ἀπὸ τῆς ὄψεως ἀπαγγελλόμενα οὐκ ἐπαρκεῖ ὁ νοῦς ἐπανορθῶσαι. τοιγάρτοι τῆς ἀμαθίας ἀποροῦντες διεκδῦναι τοιαύταις πλημμελείαις ἐνδιαιτῶνταί τε καὶ ἐναποθνῄσκουσιν, ἀνάπαλιν τρέφοντες τὰς περὶ τῶν ὄντων δόξας τε καὶ πίστεις, θεῶν γ' ἀναξίως ὀλιγώρως τε τῆς τῶν πάντων δημιουργίας ὑπειλημμένας.

Mr Forester. He whose heart has never glowed with a generous resolution, who has never felt the conscious triumph of a disinterested sacrifice, who has never sympathised with human joys or sorrows, but when they have had a direct and palpable reference to himself, can never be acquainted with even the semblance of happiness. His utmost enjoyment must be many degrees inferior to that of a pig, inasmuch as the sordid mire of selfish and brutal stupidity is more defiling to the soul than any coacervation of mere material mud can possibly be to the body. The latter may be cleared away with two or three ablutions, but the former cleaves and accumulates into a mass of impenetrable corruption, that bids defiance to the united powers of Hercules and Alpheus.

Sir Telegraph Paxarett. Be that as it may, every man will continue to follow his own fancy. The world is bad enough, I dare say ; but it is not for you or me to mend it.

T. L. PEACOCK, *Melincourt.*

ΥΛΑΝΔΡΟΣ, ΠΛΗΞΙΠΠΟΣ.

ΥΛ. εἶτ', ὦ θαυμάσιε, ὅστις μηδέν ποτ' ἐλευθέριον αὑτῷ ξυνειδείη προθυμουμένῳ μηδ' ἀγαλλομένῳ γ' ὡς τὸ ἑαυτῷ ξυμφέρον γενναίως προεμένῳ, μηδ' οἷς οἱ ἄλλοι χαίροιέν τε καὶ λυποῖντο μήτε ξυνησθείη μήποτε μήτε ξυναχθεσθείη, ὅ τι μὴ ἐναργὲς εἴη πᾶν εἰς ἑαυτὸν τεῖνον, ἔστιν ὅπως ὁ τοιοῦτος κἂν ὄναρ εὐδαιμονίας τι γεύσαιτο; ἐπεί τοι χὦταν ἡσθῇ γ' ὅτι σφοδρότατα κινδυνεύει τῶν ὑῶν μακρῷ φαυλότερος εἶναι, ἅτ' ἐν ἀμαθίας φορτικῆς καὶ θηριώδους καλινδούμενος βορβόρῳ τινὶ πολὺ μιαρωτέρῳ καὶ ψυχὴν μᾶλλον λυμαινομένῳ ἢ κἂν ξύμπας ὁ γεώδης πηλὸς τὸ σῶμα λωβήσαιτ' ἐπιπλαττόμενος. τοῦ μὲν γὰρ ἂν δὶς ἢ τρὶς λουόμενος ἀπαλλάττοιτό τις· ὁ δὲ ξυντέτηκέ τε καὶ ξυμπέπηγεν εἰς ὄγκον ἀκάθαρτον καὶ ἀδιάλυτον, ὃν οὐδ' ἂν Ἡρακλῆς ἅμα καὶ Ἀλφειὸς δύ' ὄντε ῥᾳδίως ἀφανισαίτην.

ΠΛ. ἀλλ' οὐδὲν γὰρ ἧττον, ὦ Ὕλανδρε, ἔμελλε πᾶς τις τὰ αὑτῷ δόξαντα ποιεῖν. φαῦλα γάρ, εἰ βούλει, γεγονόθ' ὅτι μάλιστα τἀνθρώπεια πράγματα ὅμως ἐγώ τε καὶ σὺ οὐκ ἔχομεν ἀκεῖσθαι.

A^ND in that yle there is a gret Marvayle, more to speke of than in ony other partie of the World. For alle manere of Fyssches, that ben there in the See abouten hem comen ones in the ʒeer, eche manere of dyverse Fyssches, on maner of kynde aftre other ; and thei casten hem self to the See Banke of that yle, so gret plentee and multitude, that no man may unnethe see but Fyssche ; and there thei abyden 3 dayes : and every man of the Contree takethe of hem as many as hem lykethe : And aftre, that manere of Fyssche, aftre the thridde day, departethe and gothe into the See. And aftre hem, comen another multitude of Fyssche of another kynde, and don in the same maner as the first diden other 3 dayes. And aftre hem, another ; till alle the dyverse maner of Fyssches han ben there, and that men han taken of hem, that hem lykethe. And no man knowethe the cause wherfore it may ben. But thei of the Contree sayen, that it is for to do reverence to here Kyng, that is the most worthi Kyng, that is in the World, as thei seyn....I knowe not the resoune whi it is : but God knowethe. But this, me semethe, is the moste marveylle, that evere I saughe. For this mervaylle is aʒenst kynde, and not with kynde, that the Fissches, that han fredom to enviroun alle the Costes of the See, at here owne list, comen of hire owne Wille to proffren hem to the dethe, with outen constreynynge of man : and therfore I am syker, that this may not ben, with outen a gret tokene.

Sir John Maundevile.

ΕΝ δὲ τῇ νήσῳ ταύτῃ γίνεται θῶμα ἐξαίσιον καὶ
ἀξιολογώτατον τῶν ἄλλων χωρέων ἁπασέων. ἅπαξ γὰρ
ἔτεος ἑκάστου ἀπικνέονται παντοῖοι ἰχθύες οἱ ἐν τῇ ἐκεῖ
θαλάσσῃ ἐόντες, ἕτερα ἐπ' ἑτέροισι τὰ γένεα ἕκαστα,
ἐκπεσόντες δὲ προκέαται ἐπὶ τῇσι ἠιόσι οὗτοι πολλοί τε καὶ
ἄφθονοι ὥστε μὴ ῥηίδιον εἶναι μηδενὶ μηδὲν ἰδεῖν εἰ μὴ τοὺς
ἰχθύας. ἐνθαῦτα δὲ μένουσι τρεῖς ἡμέρας· αἱρεῦσι δὲ αὐτῶν
οἱ ἐπιχώριοι ὁκόσους περ ἂν βούληται ἕκαστος. μετέπειτεν
δὲ τὸ μὲν γένος τοῦτο τεταρταῖον οἴχεται ἐπαναχωρέον ἐς τὴν
θάλασσαν· μετὰ δ' αὐτὸ ἀπικόμενον ἕτερόν τι πλῆθος
ἰχθύων ἑτέρας τρεῖς ἡμέρας τωὐτὰ ποιεῦσι κατάπερ οἱ
πρότεροι· μετὰ τοῦτο δ' ἔτι ἄλλοι, ὥστε τελευτῶντες
ἅπαντες οἱ ἐκεῖθεν ἰχθύες κατὰ τὰ γένεα ἀπίκαται· αἱρεῦσι
δὲ οἱ ἄνθρωποι τοὺς ἂν ἐθέλωσι. καὶ μὴν διὰ τί γε ποιεῦσι
ταῦτα ἐπίσταται μὲν οὐδείς, φάσκουσι μέντοι οἱ αὐτόθεν
ἀπικνέεσθαι αὐτοὺς ὡς τὸν βασιλέα σφι προσκυνήσοντας,
ἐόντα δὴ πάντων ἀξιώτατον βασιλεύειν. ἐγὼ μὲν ὧν τὴν
αἰτίην οὐκ οἶδα, θεὸς δ' ἂν εἰδείη κου. ἔστι μέντοι πάντων
πρηγμάτων τῶν ἤδη ἐπεῖδον ἀξιοθωμαστότατον. τέρας γὰρ
ἦν καὶ οὐ κατὰ φύσιν ἀλλὰ παρὰ φύσιν δὴ οἱ ἰχθύες περὶ τὰ
παραθαλάσσια ἐλεύθεροι ἐόντες ὅκως βουλοίατο κύκλῳ
περιπολέειν ὑπ' οὐδενὸς ἀνθρώπων ἀναγκάζοντος προΐεντο
ἑωυτοὺς ἀποθανεῖν. τῶν εἵνεκα πέπεισμαι μήκοτ' ἂν συμ-
βῆναι ταῦτα μὴ οὐκὶ ἐπὶ μεγάλῳ τεῳ σημείῳ γινόμενα.

THE ancient sages parabled that Love, if he be not twin born, yet hath a brother wondrous like him called Anteros; whom while he seeks all about, his chance is to meet with many false and feigning desires, that wander simply up and down in his likeness: by them in their borrowed garb, Love, though not wholly blind, as poets wrong him, yet having but one eye, as being born an archer aiming, and that eye not the quickest in this dark region here below, which is not Love's proper sphere, partly out of the simplicity and credulity which is native to him, often deceived, embraces and consorts him with these obvious and suborned striplings, as if they were his mother's own sons; for so he thinks them, while they subtilly keep themselves most on his blind side.   But after a while, as his manner is, while soaring up into the high tower of his Apogaeum, above the shadow of the earth, he darts out the direct rays of his then most piercing eyesight upon the impostures and twin disguises that were used with him, and discovers that this is not his genuine brother, as he imagined; he has no longer the power to hold fellowship with such a personated mate: for straight his arrows lose their golden heads, and shed their purple feathers, his silken braids untwine, and slip their knots, and that original and fiery virtue, given him by fate, all on a sudden goes out, and leaves him undeified and despoiled of all his force; till finding Anteros at last, he kindles and repairs the almost faded ammunition of his deity by the reflection of a coequal and homogeneous fire.

MILTON.

ΟΙ γὰρ οὖν παλαιοί τε καὶ σοφοὶ τοιάδ᾽ ἐμυθολόγουν.

Ἔρωτι γάρ, καθάπερ φασίν, γέγονεν ἀδελφός, εἰ καὶ μὴ δίδυμος, ἀλλὰ θαυμασίως γ᾽ ὡς αὐτῷ προσεμφερής, ἐπίκλην ἔχων Ἀντέρως· ὅνπερ ὁ Ἔρως πανταχῇ μετερχόμενος, Ἱμέροις ἐντυγχάνει πολλοῖς τε καὶ πολλὰ προσποιουμένοις, ἄνω κάτω, ὡς ἕκαστος ἔτυχε, περιπλανωμένοις κατ᾽ ἐκείνου θ᾽ ὁμοίωσιν ἐσχηματισμένοις· ὑπ᾽ οὖν τούτων ὁ Ἔρως, ἅτ᾽ ἀλλοτρίοις εἵμασι κατεσκευασμένων, καίπερ τυφλὸς μὲν δὴ οὐκ ὤν, ὅπερ αὐτοῦ οἱ ποιηταὶ καταψεύδονται, μονόφθαλμος δέ· ἐπεὶ καὶ ἐγεννήθη γε τοξότης σκοποῦ ἐφιέμενος· καὶ δὴ τὸν μόνον ὀφθαλμὸν οὐ λίαν ὀξὺν ὡς κατὰ τὴν ἐνθάδε σκοτεινὴν χώραν καὶ οὐδαμῶς πατρίδα κεκτημένος, ἔτι δὲ καὶ αὐτὸς φύσει ἁπλοῦς τε καὶ εὔπειστος ὤν, οὕτω δὴ πολλάκις ἐξαπατηθεὶς ἀσπάζεταί τε ταῦτα τὰ παρατυγχάνοντα καὶ ὑπόβλητα μειράκια καὶ ξύνεστιν αὐτοῖς, οὖσιν, ὡς οἴεται, τῆς αὐτοῦ μητρὸς ἐκγόνοις· οἱ δ᾽ εὖ μάλα διαφυλάττονται κατὰ τὸ ἀνόμματον ἰόντες μέρος. μετὰ δ᾽ αὖ χρόνον τινὰ ἀναπετόμενος, ὡς εἴωθεν, εἰς τὴν ἀνωτάτω μετέωρον περιωπήν, οἷπερ οὐκέτ᾽ ἐπέχει ἡ ἀπὸ τῆς γῆς σκιά, οἷον ἀπακοντίζει τὸ τοῦ ὄμματος βλέμμα, τότ᾽ ἤδη ὀξύτατον ὄν, ἐπὶ τὰς ἀλαζονείας τε καὶ εὐπρεπεῖς μετασχηματισμοὺς οἷς ξυνεγένετο, ὥστ᾽ ἀναγνωρίσαι ἤδη οὐκ ἄρ᾽ ὄνθ᾽ ἕκαστον ὃν ᾤετο ἀδελφόν. ἐκ τούτου μὲν οὖν οὐκέτ᾽ ἔχει ἀποδέχεσθαι τὴν οὕτω προσποιητοῦ ὁμιλίαν ἑταίρου· αὐτίκα γὰρ δὴ οἵ τ᾽ οἰστοὶ τὰς χρυσᾶς αἰχμὰς ἀπέβαλον, κατερρύη τε τὰ πτερὰ τὰ πορφυρᾶ· καὶ ἐξείλικταί γ᾽ ἡ εὔπλεκτος χορδὴ καὶ τὰ ἄμματα διαλέλυται· ἡ δ᾽ ἀπ᾽ ἀρχῆς διάπυρος ἀρετὴ ἐξαίφνης ἀπέσβεσται, ὥστε τὴν ἰσχὺν ἀφηρημένον καὶ οὐδὲ θεὸν ἔτι ὄντα ἀποφαίνειν, ἕως ἂν τελευτῶν τὸν Ἀντέρωτα καταλάβῃ. καταλαβὼν δὲ καὶ τὰς τοῦ ὁμοίου τε καὶ συμφυοῦς ἀπορροὰς πυρὸς ἀποδεχόμενος τὴν τῆς θείας οὐσίας ὅσον οὐ διημαυρωμένην αὐγῶν παρασκευὴν ἀναζωπυρεῖ πάλιν καὶ ἀποπληροῖ.

NOR do we hereby reject or condemn a sober and regulated astrology; we hold that there is more truth therein than in astrologers; in some more than many allow, yet in none so much as some pretend. We deny not the influence of the stars, but often suspect the due application thereof; for though we should affirm that all things were in all things, that Heaven were but earth celestified, and earth but Heaven terrestrified, or that each part above had an influence upon its divided affinity below; yet how to single out these relations, and duly to apply their actions, is a work oftimes to be effected by some revelation and Cabala from above, rather than any philosophy or speculation here below. What power soever they have upon our bodies, it is not requisite that they should destroy our reasons, that is, to make us rely on the strength of nature, when she is least able to relieve us; and when we conceive the Heaven against us to refuse the assistance of the earth created for us.

SIR THOMAS BROWNE.

ΟΤ τι μὲν δὴ παντελῶς γε ἀπωθοῦμεν τὴν ἀπὸ τῶν ἄστρων μαντείαν, ἐάν τις μετρίως τε καὶ ἐμμελῶς μετίῃ· ἀληθευούσῃ γὰρ ἔοικε διαφερόντως τῶν αὑτῆς προφητῶν, ὧν εἰσὶ μὲν οἳ μᾶλλον τοῦ πολλοῖς δοκοῦντος ὑγιαίνουσιν, οὐδείς γε μὴν ὅσον ἔνιοι ἐπαγγέλλονται. ἐπεὶ κράτος μέν τι τῶν ἀνθρωπείων ταῖς ἄνω περιφοραῖς ἐνεῖναι, οὐκ ἂν ἀπαρνηθείην, τὸ δ᾽ ὅπῃ οὐκέτ᾽ ἐναργές. κἂν γάρ τις τὰ πάντα φῇ τοῖς πᾶσιν ἐνυπάρχειν, ὥστ᾽ ἐκ γῆς μὲν αἰθέρα μεταφυομένης γενέσθαι, ἐξ αἰθέρος δὲ γῆν, καὶ τῶν ἄνωθεν μορίων ἑκάστων ἕκαστα τὰ τῇδε κεχωρισμένα, ἅτ᾽ ὄντα ξυγγενῆ, ἀπολαύειν· ταῦτα μέντοι πάντα ὡς πρὸς ἄλληλα διασαφηνίσαι, ὁποῖα πάσχειν τε καὶ ποιεῖν πέφυκε, θείας τάχ᾽ ἂν φαίνοιτο ἑρμηνείας καὶ τελετῆς δεόμενον μᾶλλον ἢ σοφίας τε καὶ θεωρίας ἀνθρωπίνης. τοίγαρ τῶν μὲν σωμάτων ἡμῖν δύναιτ᾽ ἄν, εἰ τύχοι, ἐφάψασθαι, τὸν δὲ νοῦν οὐδέν τι μᾶλλον προσῆκε διαφθείρειν, ὥστ᾽ ἀξιοῦν τῇ φύσει ξυμμαχούσῃ πιστεύειν, ἐν ᾧ γ᾽ ἥκιστ᾽ ἂν ἡμᾶς ὠφελοῖ, καὶ τὰ μὲν τοῦ οὐρανοῦ δυσμενῶς πρὸς ἡμᾶς ἔχειν οἴεσθαι, τὴν δὲ γῆν τὴν βοηθεῖν ἡμῖν πεφυκυῖαν ἀτιμάζειν.

ZEUS, as certain poets, even older and wiser than Homer, affirm, when he was creating the human race, moulded them all out of earth : but whereas he made the most part out of common clay and pretty nearly alike, there were two races which, either by accident or design, he made different, both men and women, from the rest, and of different materials. The first was made of woodland soil, trodden and purified and consecrated by the feet of Nymphs ; for such places are they wont to haunt. And this effluence of the Nymphs worked so upon those who were made of this earth, that bearing as they did in their bodies and souls the footprints of Nymphs, they became lovers of the woods and meadows, and of all things that therein live and breathe ; so that they loved and understood the trees and flowers and herbs and wild creatures of all kinds ; yes, and the great living earth herself ; and from her they passed to the knowledge of the whole universe and all that it encompasses, all which are one through harmony and community of being. These are they whom Zeus chose for his servants, and named philosophers.

The other race was formed of the dust of shooting stars, which fell to earth and crumbled away there. These, in virtue of their heavenly origin, clung to all that is heavenly and divine : and since Music is the true utterance of the Gods, they became servants and lovers of the Muses ; so that whenever they hear a strain of music that is truly divine (for the earthly counterfeit is an abomination and a sacrilege to them), they are overwhelmed and carried out of themselves, and become divine instead of human : and they serve the Muses with exceeding joy so long as they live. And the diviner of these are called musicians, and the more mortal, poets. And such have their portion with the Gods ; but to the multitude they seem unpractical triflers.

Ο γὰρ Ζεύς, ὥσπερ εἴρηται ὑπὸ ποιητῶν τινῶν ἔτι καὶ Ὁμήρου παλαιοτέρων τε καὶ σοφωτέρων, ὅτ' ἐδημιούργει τὸ ἀνθρώπινον γένος, τὸ πᾶν ἐκ γῆς ἔπλαττεν· ἀτὰρ τοὺς μὲν πολλοὺς ἔκ τε πηλοῦ τοῦ προστυχόντος ξυνεπήγνυ καὶ σχεδόν τι παραπλησίους ἀλλήλοις, δύο δέ τινε γένεε, εἴτε τοῦτο βουλόμενος εἴτε κατὰ τύχην τινά, διαφέροντε τῶν ἄλλων καὶ ἐξ ἑτεροίων στοιχείων ἄνδρας τε καὶ γυναῖκας ἀπετεκτήνατο. οἶν ἐπὶ τὸ ἕτερον γῇ ἐχρήσατο κατὰ τὰς ὕλας γενομένῃ, τοῖς ποσὶ τοῖς Νυμφῶν πολλάκις στειβομένῃ καὶ οὕτω κεκαθαρμένῃ τε καὶ ἱερωμένῃ· καὶ γὰρ ἐθάμιζον ἐκεῖναι εἰς τοὺς τοιούτους τόπους· αὕτη δὲ δὴ ἡ τῶν Νυμφῶν ἀπορροὴ οὕτω διέθηκε τοὺς ἐκεῖθεν πεπλασμένους, ὥστ' ἐν τοῖς τε σώμασι καὶ ταῖς ψυχαῖς ἴχνη τὰ Νυμφῶν φέροντας ἐραστὰς ἤδη γενέσθαι τῶν θ' ὑλῶν καὶ τῶν λειμώνων καὶ εἴ τι αὐτοῖς ἔνεστιν ἔμψυχόν τε καὶ ἔμπνουν. ἅτ' ἐρῶντες ἄρα ξυνίεσαν τά τε δένδρα καὶ τὰ ἄνθη καὶ τὰς πόας καὶ τὰ ζῷα τὰ ἄγρια, καὶ δὴ καὶ αὐτὴν τήνδε τὴν μεγάλην τε καὶ ἔμφρονα γῆν· ἐντεῦθεν δ' ἐπιστήμης ἐλάβοντο ἅπαντος τοῦ κόσμου καὶ ὅσων περιέχει, πάντων γε δι' ἁρμονίας τε καὶ ὁμοπαθείας ἑνὸς εἶναι πεφυκότων. καὶ τούτους μὲν Ζεὺς ὀπαδοὺς ἑαυτῷ ἑλόμενος φιλοσόφους ἐπωνόμασε.

τὸ δ' αὖ ἕτερον γένος ἐξ ἄστρων τινῶν ἀττόντων κονίας ξυνεκράθη, ἃ ἐπὶ γῆν πεσόντα οὕτω κατέψηκτο. οὗτοι οὖν κατὰ τὴν οὐρανίαν γένεσιν παντὶ ὅσον οὐράνιον καὶ θεῖον προσέφυσαν. ἅτε δὲ τῆς μουσικῆς θεῶν οὔσης ἀληθεστάτης διαλέκτου, Μουσῶν θεράποντές τε καὶ ἐρασταὶ ἐγένοντο· ὥσθ' ὁπόταν μουσικῆς φωνῆς τῆς γε θείας ἀκούσωσι (τὸ γὰρ μίμημα τὸ χθόνιον μυσαττόμενοι ἀποδιοπομποῦνται), ἐξεπλάγησάν τε καὶ οὐκέθ' ἑαυτῶν γενόμενοι θεῖοί τινες ἤδη καὶ οὐκ ἀνθρώπινοι ἀπέβησαν, καὶ καθ' ὅσον ἂν ζῶσι Μούσαισι μετὰ περιχαρείας δουλεύουσι. καὶ τούτων οἱ μὲν θειότεροι ἐπίκλην ἔχουσι μουσικοί, οἱ δὲ θνητοειδέστεροι ποιηταί. οἱ μὲν οὖν τοιοῦτοι θεοῖς ξυνθιασῶται γεγόνασι· τοῖς δὲ πολλοῖς ἀδολέσχαι τε καὶ ἀτεχνῶς λῆρος φαίνονται.

LISTEN to *me*, said the Demon, as he placed his hand upon my head. The region of which I speak is a dreary region in Libya by the borders of the river Zaïre. And there is no quiet there nor silence. The waters of the river have a saffron and a sickly hue, and they flow not onward to the sea, but palpitate for ever and for ever beneath the red eye of the sun with a tumultuous and convulsive motion. For many miles on either side of the river's oozy bed is a pale desert of gigantic water-lilies. They sigh one unto the other in that solitude, and stretch towards the heaven their long and ghastly necks, and nod to and fro their everlasting heads. And there is an indistinct murmur which cometh out from among them, like the rushing of subterrene water. And they sigh one unto the other.

But there is a boundary to their realm—the boundary of the dark, horrible, lofty forest. There, like the waves about the Hebrides, the low underwood is agitated continually. But there is no wind about the heaven. And the tall primeval trees rock eternally hither and thither with a crashing and mighty sound. And from their high summits, one by one, drop everlasting dews. And at their roots strange poisonous flowers lie writhing in perturbed slumber. And overhead, with a rustling and loud noise, the grey clouds rush westwardly for ever, until they roll, a cataract, over the fiery walls of the horizon. But there is no wind throughout the heaven. And by the shores of the river Zaïre there is neither quiet nor silence.

ΕΜΟΥ ἤδη ἄκουσον, ἦ δ' ὃς ὁ δαίμων, τὴν χεῖρά μοι προσβαλὼν τῇ κεφαλῇ. ἔστι γὰρ ἡ χώρα ἣν λέγω ἀτερπής τις Λιβύης τόπος παρὰ Ζαῖρην ποταμόν, οὗ δὴ οὔθ' ἡσυχία οὔτε σιγὴ πάρεστιν οὐδεμία. ἐκείνου δὲ τοῦ ποταμοῦ τὰ ὕδατα ἦν ἰδεῖν ὠχρά τε καὶ νοσώδη, οὐδ' εἰς θάλατταν διικνεῖτο, ἀλλ' ὑφ' αἱματωπῷ τῷ ἡλίῳ ἀναρροίαις βιαίαις τε καὶ οἰστρώδεσιν ἄνω κάτω ἱλλόμενα οὐδέποτ' ἀνεπαύετο. ἔνθεν δὲ καὶ ἔνθεν τοῦ ῥείθρου, ἑλώδους ὄντος, ἐπὶ πολὺ ἐρημία παρέτεινε λωτοῖσιν ὑπερμηκέσι λευκαινομένη. οἱ δὲ δι' ἐρημίας ἀνέστενον ἄλλος ἄλλον ἀμειβόμενοι, αὐχένας πρὸς οὐρανὸν μακρούς τε καὶ φρικώδεις προτείνοντες κορυφάς τ' ἀφθίτους σείοντες· ψόφος δέ τις ἀσαφὴς ἀπ' αὐτῶν ἵετο, ὕδατος ῥόθῳ ὑπογείῳ προσφερής, στεναγμῷ ἀλλήλους ἀνταμειβομένων. ὄρος μέντοι τῆς ἐπικρατείας ὥριστο αὐτοῖς ὕλη ὑψηλή τε καὶ φοβερὰ καὶ ἀνήλιος. ἐνταῦθα δέ, οὐδὲν ἧττον τῶν περὶ Θούλην λεγομένων κυμάτων, οἱ θάμνοι οἱ χθαμαλοὶ ἀεὶ ἐταράττοντο· ἄνεμός γε μὴν οὐδεὶς οὐδαμῇ τοῦ παντὸς οὐρανοῦ ἐγίγνετο. δένδρα μὲν οὖν ὠγύγιά τε καὶ ὑπερμεγέθη μετὰ κτύπου δεινοτάτου ἔνθεν καὶ ἔνθεν εἰσαεὶ ἐσάλευεν· ἀπὸ δ' ὑψηλῶν κορυφῶν κατεψάκαζον σταγόνες αἰωνίων δρόσων· καὶ περὶ τὰς ῥίζας ἄνθη ἐβλάστανε θαυμαστά τε καὶ θανάσιμα, καθάπερ οἱ καθ' ὕπνον τεθορυβημένοι λυγιζόμενα. ἄνωθεν δὲ μετὰ πολλοῦ ῥοίβδου αἱ νεφέλαι ἐπὶ δυσμὰς ἐνδελεχῶς ἐφέροντο, τελευτῶσαι δὲ ὑπὲρ τὸ τὸν οὐρανὸν περιέχον πῦρ καταρρηγνύμεναι ἔδυσαν. καίτοι ἄνεμός γε κατὰ τὸν οὐρανὸν οὐδεὶς οὐδαμοῦ ἦν. παρὰ δὲ Ζαῖρην ποταμὸν οὔθ' ἡσυχία παρῆν οὔτε σιγὴ οὐδεμία.

It was night, and the rain fell; and, falling, it was rain, but, having fallen, it was blood. And I stood in the morass among the tall lilies, and the rain fell upon my head—and the lilies sighed one unto the other in the solemnity of their desolation.

And, all at once, the moon rose through the ghastly mist, and was crimson in colour. And mine eyes fell upon a huge grey rock which stood by the shore of the river and was lighted by the light of the moon. And the rock was grey and ghastly and tall—and the rock was grey. Upon its front were characters engraved in the stone; and I walked through the morass of water-lilies, until I came close in to the shore, that I might read the characters upon the stone. But I could not decipher them. And I was going back into the morass, when the moon shone out with a fuller red, and I turned and looked again upon the rock and upon the characters—and the characters were DESOLATION.

And I looked upwards, and there stood a man upon the summit of the rock; and I hid myself among the water-lilies, that I might discover the actions of the man. And the man was tall and stately in form, and was wrapped up from his shoulders to his feet in the toga of old Rome. And the outlines of his figure were indistinct—but his features were the features of a deity; for the mantle of the night, and of the mist, and of the dew, had left uncovered the features of his face. And his brow was lofty with thought, and his eye wild with care; and in the few furrows upon

νὺξ μὲν οὖν ἦν, ὄμβρος δ᾽ ἐγίγνετο, ὃς πίπτων μὲν ὕδωρ,
πεσὼν δ᾽ αἷμα ἀνεφάνη. κἀμοὶ κατὰ τὸ ἕλος ἐν τοῖς λωτοῖς
τοῖσιν ὑψηλοῖς ἑστηκότι ὗέ θ᾽ ὁ ὑετὸς ἐπὶ τὴν κεφαλὴν καὶ
ἀνέστενον οἱ λωτοὶ πρὸς ἀλλήλους σεμνοτάτης δι᾽ ἐρημίας.
ἐξαίφνης τοίνυν δι᾽ ὁμίχλης λεπτῆς τε καὶ δυσειδοῦς
αἱματηρὰ ἰδεῖν ἀνέτειλεν ἡ σελήνη. ἀνατειλάσης δ᾽ ἀνέβλεψα
καὶ εἶδον πέτραν μέλαινάν τε καὶ ὑπερμεγέθη παρὰ τῇ ἠόνι
ἑστηκυῖαν σελήνης τε φέγγει ὑποφαινομένην. μάλα δέ τοι
μέλαινα ἦν ἡ πέτρα καὶ φοβερὰ καὶ ὑψηλή, καὶ οὐδὲν αὐτῆς
ὅ τι οὐ μέλαν. γράμματα μὲν δὴ ἐπὶ τῷ μετώπῳ ἦν ἐπιγε-
γραμμένη τῷ λίθῳ ἐγγεγλυμμένα· ἐγὼ δὲ διὰ τοῦ ἕλους καὶ
τῶν λωτῶν ἐβάδιζον, ὥστε τῇ ἀκτῇ πέλας παρίστασθαι,
ἰδεῖν βουλόμενος τὰ ἐν τῷ λίθῳ γεγραμμένα. ἄττα δ᾽ εἴη οὐκ
εἶχον μαθεῖν. μέλλοντι μέντοι εἰς τὸ ἕλος ἐπαναχωρήσειν
ἰσχυρότερόν πως καὶ ἐρυθρότερον ἐπέλαμψεν ἡ σελήνη·
στραφεὶς δὲ πάλιν αὖθις εἰς τὴν πέτραν καὶ τὰ γράμματα
προσέβλεψα. καὶ δὴ ταῦτ᾽ ἦν τὰ ἐπιγεγραμμένα, ερημιας
ιερον.

κἄπειτ᾽ ἀναβλέψας κατεῖδον ἄνδρ᾽ ἐπ᾽ ἄκρας τῆς πέτρας
ἑστῶτα· ἰδὼν δ᾽ ἀπεκρυψάμην ἐμαυτὸν κατὰ τοὺς λωτούς,
ἵνα τὸν ἄνδρ᾽ ἀθροίην ὅ τι τυγχάνοι δρῶν. καὶ μὴν εὐμήκης
τε τις ἰδεῖν ἐφαίνετο καὶ βασιλικός, καὶ ἀπ᾽ ὤμων δὴ μέχρι
ποδῶν στολὴν ἀρχαιοπρεπῆ τιν᾽ ἠμφιεσμένος ἦν, ὥστ᾽ ἀσαφῆ
μὲν τὰ τοῦ σχήματος ἐγίγνετο, τὴν δ᾽ ὄψιν θεῶν τινι ἰνδάλλετο·
κατά τε γὰρ νύκτα καὶ ὁμίχλην καὶ σελήνην καὶ τὴν δρόσον
ὅμως ἐμφανῆ πάντα τὰ τοῦ προσώπου ἀνεκεκάλυπτο. καὶ δὴ
φροντίδα γε μάλα γενναίαν τῷ μετώπῳ ἐσήμαινε, μερίμνας
μέντοι τοῖς ὄμμασι τοῖς θορυβουμένοις· καὶ ὥσπερ ἐν πίνακι
τῇ παρειᾷ οἷον ἐγγεγραμμένον μῦθον βαιοῖσι γράμμασιν

his cheek, I read the fables of sorrow, and weariness, and disgust with mankind, and a longing after solitude.

And the man sat upon the rock, and leaned his head upon his hand, and looked out upon the desolation. He looked down into the low unquiet shrubbery, and up into the tall primeval trees, and up higher at the rustling heavens, and into the crimson moon. And I lay close within the shelter of the lilies, and observed the actions of the man. And the man trembled in the solitude;— but the night waned, and he sat upon the rock.

And the man turned his attention from the heavens, and looked out upon the dreary river Zaïre, and upon the yellow ghastly waters, and upon the pale legions of the water-lilies. And the man listened to the sighs of the water-lilies, and to the murmur that came up from among them. And I lay close within my covert and observed the actions of the man. And the man trembled in the solitude;—but the night waned, and he sat upon the rock.

Then I went down into the recesses of the morass, and waded far in among the wilderness of the lilies, and called unto the hippopotami which dwelt among the fens in the recesses of the morass. And the hippopotami heard my call, and came, with the behemoth, under the foot of the rock, and roared loudly and fearfully beneath the moon. And I lay close within my covert and observed the actions of the man. And the man trembled in the solitude;—but the night waned, and he sat upon the rock.

ἦν ἀναγνῶναι ἄλγους τε πέρι καὶ καμάτου καταφρονήσεώς τ᾽
ἀνθρώπων ἐρημίας θ᾽ ἱμέρου. ὁ μὲν οὖν ἀνὴρ ἐπὶ τῆς πέτρας
αὑτοῦ καθήμενος τήν τε κεφαλὴν ἐπὶ τῇ χειρὶ ἐρείσας κατὰ τὰ
ἔρημ᾽ ἀφεώρα, τούς τε κάτω θάμνους χθαμαλούς τ᾽ ὄντας καὶ
ἀεὶ ταραττομένους, τά τε δένδρα τὰ ὑψηλὰ καὶ ὠγύγια,
ἄνωθέν τε τὸν ψοφοῦντα οὐρανόν, σελήνην τε τὴν φοινικοφαῆ.
ἐγὼ δ᾽ ὑπὸ τοῖς λωτοῖς ἐφεδρεύων ἐτήρουν ἅττα δρῴη. ὁ δ᾽
ἔτρεμ᾽ ἀνὰ τὴν ἐρημίαν· ἔφθινε μὴν ἡ νύξ, ὁ δ᾽ ἐπὶ τῆς πέτρας
ἔτι διετέλει καθήμενος.

ἔπειτ᾽ ἀπὸ τοῦ οὐρανοῦ ὁ ἀνὴρ ἀποβλέψας εἰς τὸν δεινὸν
ποταμὸν τὸν Ζαΐρην τὰ χλωρὰ καὶ δυσειδῆ ὕδατα περιεσκόπει
καὶ λωτῶν πολιῶν μυρίον πλῆθος, στεναζόντων δ᾽ αὐτῶν
ὑπήκουε καὶ ψόφον ἀσαφῆ ἀφιέντων. καὶ ἐγὼ μὲν ὑπὸ
σκέπης ἐλλοχῶν ἐτήρουν εἴ τι δρῴη· ὁ δ᾽ ἔτρεμ᾽ ἐν τῇ ἐρημίᾳ·
νύξ γε μὴν ἔφθινεν, ὁ δ᾽ ἐκάθητ᾽ ἔτ᾽ ἐπὶ τῆς πέτρας.

εἶτ᾽ ἐγὼ εἰς τὰ ἔσω καταβὰς τοῦ τέλματος, δι᾽ ἀβάτους
τοὺς λωτοὺς ἐβάδιζον καὶ τοὺς ἵππους τοὺς ποταμίους
ἐκάλουν τοὺς τὰ μάλισθ᾽ ἐλώδη κατὰ μέσον τῆς λίμνης
ἐνοικοῦντας· οἱ δ᾽ ἐπικαλοῦντος ὑπήκουόν τε καὶ ἐλθόντες
αὐτοί τε καὶ οἱ κροκόδειλοι ὑπ᾽ αὐτὴν τὴν πέτραν δεινῶς
τε καὶ φοβερῶς ὑπὸ τῇ σελήνῃ ὠρύοντο· ἐγὼ μέντοι ἀπο-
κρυφθεὶς τἀπὸ τοῦ ἀνδρὸς προσεδόκων· ὁ δ᾽ ἔτρεμ᾽ αὖθις ἐν
τῇ ἐρημίᾳ, ἔτι δ᾽ ὅμως ἐπὶ τῆς πέτρας καθημένῳ προῄειν
ἡ νύξ.

Then I cursed the elements with the curse of tumult; and a frightful tempest gathered in the heaven, where before there had been no wind. And the heaven became livid with the violence of the tempest—and the rain beat upon the head of the man—and the floods of the river came down—and the river was tormented into foam—and the water-lilies shrieked within their beds—and the forest crumbled before the wind—and the thunder rolled—and the lightning fell—and the rock rocked to its foundation. And I lay close within my covert and observed the actions of the man. And the man trembled in the solitude; but the night waned, and he sat upon the rock.

Then I grew angry and cursed, with the curse of *silence*, the river and the lilies, and the wind, and the forest, and the heaven, and the thunder, and the sighs of the water-lilies. And they became accursed, and *were still*. And the moon ceased to totter up its pathway to heaven—and the thunder died away—and the lightning did not flash—and the clouds hung motionless—and the waters sank to their level and remained—and the trees ceased to rock—and the water-lilies sighed no more—and the murmur was heard no longer from among them, nor any shadow of sound throughout the vast illimitable desert. And I looked upon the characters of the rock, and they were changed; and the characters were SILENCE.

εἶτα δὴ ἀρὰν ἐπηρώμην τῇ νυκτὶ πᾶσαν ταραχὴν ἐπα-
ρώμενος· ξυνέστη δ᾽ ἐν τῷ οὐρανῷ χειμὼν δεινότατος, καίπερ
οὐ γενομένου μέχρι δεῦρο ἀνέμου γ᾽ οὐδενός. ὑπὸ βίας ἄρα
τοῦ χειμῶνος πᾶς νοσώδης ἰδεῖν ἐγένεθ᾽ ὁ οὐρανός, καὶ ἐπὶ τὴν
κεφαλὴν τοῦ ἀνδρὸς ἐπέκειθ᾽ ὁ ὄμβρος, καὶ πολὺς καταφερό-
μενος ὁ ποταμὸς ἀφρῷ ἀνέζει. καὶ δὴ οἱ λωτοὶ κάτωθεν
ἀνωλόλυζον, ἠράττετο δ᾽ ἡ ὕλη ὑπὸ τοῦ ἀνέμου, καὶ ἐβρόντα
θ᾽ ἡ βροντὴ καὶ ἤστραπτεν ἡ ἀστραπή, αὐτόπρεμνος δ᾽
ἐσάλευεν ἡ πέτρα. ἐγὼ δ᾽ ἔπτησσον ἀποκεκρυμμένος καὶ
τὸν ἄνδρ᾽ ἐσκοπούμην ὅ τι ποιοίη. καὶ ὃς ἔτρεμε κατὰ τὴν
ἐρημίαν· διὰ δὲ φθίνουσαν τὴν νύκτ᾽ ἐκάθητ᾽ ἐπὶ τῇ πέτρᾳ.

ἐνταῦθ᾽ ἤδη ἀγανακτήσας ἀρὰν ἑτέραν ἐπηρώμην τὴν
σιγὴν τῷ τε ποταμῷ καὶ τοῖς λωτοῖς καὶ τῷ ἀνέμῳ και τῇ
ὕλῃ καὶ τῷ οὐρανῷ καὶ τῇ βροντῇ καὶ τῶν λωτῶν τῷ ψιθυ-
ρισμῷ καταρώμενος. τὰ δ᾽ οὖν τῇ ἀρᾷ κατασχόμενα ἠρέμησεν.
ἡ μὲν γὰρ σελήνη τῆς σφαλερᾶς οὐρανοῦ ἐπαύσατ᾽ ἀναβάσεως,
ἠμαυροῦτο δὲ τῆς τε βροντῆς ὁ πάταγος καὶ τῆς ἀστραπῆς
αἱ μαρμαρυγαί, ἀκίνητοι δ᾽ ἄνωθεν ἐφειστήκεσαν αἱ νεφέλαι.
τὸ δ᾽ αὖ ὕδωρ ἀναχωρῆσαν τῷ ῥείθρῳ ἐνέμεινε· ἅμα δὲ καὶ
σαλευόμενα κατεπαύσατο τὰ δένδρα οἱ δὲ λωτοὶ στενάζοντες·
ὥστ᾽ οὔτε ψιθύρισμ᾽ ἔτι παρ᾽ αὐτῶν οὔτε ψόφου σκιὰ δι᾽
ἀπεράντου τε καὶ διωλυγίου τῆς ἐρημίας οὐδαμῇ ἐγίγνετο.
σκεψάμενος δὲ τὰ ἐν τῇ πέτρᾳ γράμματα ᾐσθόμην μετα-
βεβλημένα· ἤδη γὰρ ἐνεγέγραπτο ϹΙΓΗ.

And mine eyes fell upon the countenance of the man, and his countenance was wan with terror. And, hurriedly, he raised his head from his hand, and stood forth upon the rock and listened. But there was no voice throughout the vast illimitable desert, and the characters upon the rock were SILENCE. And the man shuddered and turned his face away, and fled afar off, in haste, so that I beheld him no more.

————

Now there are fine tales in the volumes of the Magi—in the iron-bound melancholy volumes of the Magi. Therein, I say, are glorious histories of the Heaven, and of the Earth, and of the mighty Sea, and of the Genii that overruled the Sea, and the Earth, and the lofty Heaven. There was much lore, too, in sayings which were said by the Sibyls; and holy, holy things were heard of old by the dim leaves that trembled around Dodona—but, as Allah liveth, that fable which the Demon told me, as he sat by my side in the shadow of the tomb, I hold to be the most wonderful of all! And as the Demon made an end of his story, he fell back within the cavity of the tomb and laughed. And I could not laugh with the Demon, and he cursed me because I could not laugh. And the lynx which dwelleth for ever in the tomb, came out therefrom, and lay down at the feet of the Demon, and looked him steadily in the face.

EDGAR A. POE, *Silence: a Fable.*

εἶτά μοι τὸ πρόσωπον τοῦ ἀνδρὸς καθορῶντι χλωρὸν
ἐφάνη ὑπὸ δείματος· ἄρας δ' ἀπὸ τῆς χειρὸς τὴν κεφαλὴν
ἐπὶ τῇ πέτρᾳ ἀνίσταθ' ὡς ἀκροώμενος. ἀλλ' οὔτε γὰρ φωνὴ
διὰ πάσης τῆς ἐρημίας ἐγίγνετ' οὐδεμία, ἔν τε τῇ πέτρᾳ
μετεγέγραπτο CIΓΗ. φρίξας δ' ὁ ἀνὴρ διὰ τάχους ᾤχετο
φεύγων, ὥστ' οὐκέτ' αὐτὸν ἐπεῖδον.

πολλὰ μὲν οὖν καὶ καλὰ ἐν τοῖς τῶν Μάγων γέγραπται
γράμμασι, σιδηροδέτοις τε καὶ μελαίναις βίβλοις ἐγγεγραμ-
μένα. ἐκεῖ γὰρ κατάκεινται λόγοι πάγκαλοι τῶν τε μετεώρων
πέρι καὶ τῆς γῆς καὶ τῆς ἀπείρονος θαλάττης καὶ δὴ καὶ τῶν
νυμφῶν τῶν θάλαττάν τε καὶ γῆν καὶ τὰ ἀκρότατα τοῦ
αἰθέρος διακοσμουσῶν· ἔστι δὲ καὶ ἐν τοῖς ὑπὸ τῶν Σιβυλλῶν
εἰρημένοις πολλά τε καὶ σοφὰ λεγόμενα, καὶ ἱερὰ δὴ καὶ
δαιμόνι' ἔπη κατηκούσθη παρὰ τοῖς σκιεροῖς φύλλοις τοῖς ἀεὶ
περὶ Δωδώνην σαλευομένοις· οὗτος μέντοι ὁ μῦθος ὅν μοι
διηγεῖτο ὁ δαίμων ἐν τῇ σκιᾷ τοῦ τάφου παρακαθήμενος,
πάντων, ἴστω Ζεύς, ἔμοιγε δοκεῖ θαυμαστότατος. διαπεράνας
δ' οὖν τὸν μῦθον ὁ δαίμων εἰς τὸ κοῖλον τοῦ τάφου ἀναπεσὼν
ἐγέλασεν· ἐγὼ μέντοι οὐκ ἐδυνάμην συγγελάσαι· ὁ δ' οὐ
δυναμένῳ κατηρᾶτό μοι. κᾆθ' ὁ λὺγξ ὁ ἀεί ποτ' ἐν τῷ τάφῳ
κατοικῶν ἐξελθὼν ἐκεῖθεν παρά τε ποσὶ κατεκλίθη τῷ δαίμονι
καὶ συντόνως εἰς τὸ πρόσωπον ἐπέβλεπεν.

AS the song concluded, the stream bore my little boat with a gentle sweep round a bend in the river; and lo! on a broad lawn which rose from the water's edge with a long green slope to a clear elevation from which the trees receded on all sides, stood a stately palace, glimmering ghostly in the moonshine: it seemed to be built throughout of the whitest marble. There was no reflection of moonlight from windows—there seemed to be none; so there was no cold glitter; only, as I have said, a gentle shimmer. Numberless shadows tempered the shine, from column and balcony and tower. For everywhere galleries ran along the face of the building; wings were extended in many directions, and numberless openings, through which the moonbeams vanished into the interior, and which served both for doors and windows, had their several balconies in front communicating with a common gallery that rose on its own pillars. Of course I did not discover all this from the river, and in the moonlight. But, though I was there for many days, I did not succeed in mastering the inner topography of the building, so extensive and complicated was it.

Here I wished to land, but the boat had no oars on board. However I found that a plank, serving for a seat, was unfastened and with this I brought the boat to the bank, and scrambled on shore. Deep soft turf sank beneath, as I went up the ascent towards the palace. When I reached it, I saw that it stood on a great platform of marble, with an ascent, by broad stairs of the

ΕΠΕΙΤΑ τὸ μὲν μέλος ἐτελεύτα, ἠρέμα δ' ἔφερε τὸ ῥεῦμα τὴν ἄκατον κατ' ἀγκῶνα τοῦ ποταμοῦ· ἐνταῦθα δ' ἤδη ἐν εὐρεῖ καὶ χλωροτάτῳ λειμῶνι ἐπὶ μακρὸν ἀναβαίνοντι ἀπ' ἄκρου τοῦ ὕδατος ἀνὰ λεῖόν τινα λόφον, ἀφ' οὗ πανταχόθεν ἀφειστήκει τὰ δένδρα, σεμνή τ' ἦν καὶ βασιλικὴ οἴκησις δαιμόνιόν τινα τρόπον ὑπὸ τῆς σελήνης στίλβουσα· πᾶσα γὰρ ᾠκοδόμητο, ὡς ἰδεῖν γ' ἐφαίνετο, ἐκ λίθων ὅ τι μάλιστα λευκοτάτων· οὐδεμία γε μὴν ἀνταύγεια τῆς σελήνης ἀπὸ θυρίδων ὡς ἀφ' ὑάλου ἐγίγνετο· οὐδὲ γὰρ ἐνεῖναι ἐδόκουν· ὥστ' οὐδὲν ψυχρὸν ἀντέλαμπεν, ἀλλ', ὅπερ εἶπον, δαιμόνιόν τι ὑπέστιλβε. καίτοι σκιαί γε μυρίαι ἀνεμίχθησαν τῇ αὐγῇ κιόνων τ' ἄπο καὶ παστάδων καὶ πύργων. πανταχῇ γὰρ περίδρομοι τοὔμπροσθεν τῆς οἰκίας περιέθεον, οἷον δὲ κέρατ' ἄττα προσῳκοδόμητο πολλαχόσε καὶ πόροι δὴ πάμπολλοι ἐνῆσαν, εἰσόδου θ' ἅμα καὶ τοῦ φωτὸς ἕνεκα· ἡ γοῦν τῆς σελήνης αὐγὴ δι' αὐτῶν εἰς τὰ ἐντὸς ᾤχετο διαπερῶσα· οἷς ἐπῆν ἑκάστῳ διηρές τι ἴδιον, ὅθεν εἰς κοινὴν στοὰν ἦν παριέναι κίοσι καὶ αὐτὴν περικεκοσμημένην. ταῦτα μὲν οὖν, ὡς εἰκός, οὐ πάντα κατεῖδον ἀπὸ τοῦ ποταμοῦ καὶ κατὰ σελήνην θεώμενος· οὐδὲ γάρ, καίπερ ἐνθάδε πολλὰς ἡμέρας διαιτώμενος, τὰ ἐντὸς τῆς οἰκίας παμμεγέθους τ' οὔσης καὶ τὰ μάλιστα πεποικιλμένης οἷός τ' ἦ παντελῶς διερευνᾶν.

ἐνταῦθα δὴ ἐκβῆναι μὲν ἐβουλόμην, ἐρετμοὶ δ' οὐκ ἐνῆσαν τῇ ἀκάτῳ· ἴκριόν τι μέντοι, ὃ καὶ ἕδραν παρεῖχε, λελυμένον ηὗρον, ᾧ τὸ πλοῖον πρὸς τὴν ἀκτὴν προσβιβάσας ἐπὶ τὴν γῆν μόγις ἀνερριχώμην. βαθεῖα δὲ καὶ μαλακή μοι ἐπὶ τὴν οἰκίαν ὑπῆν ἀναβαίνοντι ἡ πόα· καὶ ἀφικόμενος δὴ κατεῖδον αὐτὴν μεγάλῳ ἐπιπέδῳ ἐφεστῶσαν λίθοις ἠδαφισμένῳ, ἐφ' ἣν πανταχῇ διὰ πλατέων βαθμῶν λιθίνων ἦν

same, all round it. Arrived on the platform, I found there was
an extensive outlook over the forest, which, however, was rather
veiled than revealed by the moonlight. Entering by a wide
gateway, but without gates, into an inner court, surrounded on
all sides by great marble pillars supporting galleries above, I saw
a large fountain of porphyry in the middle, throwing up a lofty
column of water, which fell, with a noise as of the fusion of all
sweet sounds, into a basin beneath; overflowing which, it ran in a
single channel towards the interior of the building. Although
the moon was by this time so low in the west, that not a ray of
her light fell into the court, over the height of the surrounding
buildings; yet was this court lighted by a second reflex from the
sun of other lands. For the top of the column of water, just as it
spread to fall, caught the moonbeams; and like a great pale lamp,
hung high in the night air, threw a dim memory of light (as it
were) over the court below. This court was paved in diamonds
of white and red marble. According to my custom since I entered
Fairyland, of taking for a guide whatever I first found moving in
any direction, I followed the stream from the brim of the fountain.
It led me to a great open door, beneath the ascending steps of
which it ran through a low arch, and disappeared. Entering here
I found myself in a great hall surrounded with white pillars, and
paved with black and white. This I could see by the moonlight,
which, from the other side, streamed through open windows
into the hall. Its height I could not distinctly see. As
soon as I entered, I had the feeling, so common to me in the
woods, that there were others there besides myself, though
I could see no one and heard no sound to indicate a presence.

ἀνάβασις· ἐντεῦθεν δ᾽ ἤδη ἐπὶ μακρὸν ἦν ἐπισκοπεῖν τὰ τῆς
ὕλης, ἀμαυρότερόν γε μήν, ὡς κατὰ σελήνην, εἰς ὄψιν ἰόντα.
μετὰ ταῦτ᾽ οὖν δι᾽ εὐρείας μὲν εἰσόδου ἄνευ δὲ πυλῶν οὔσης
εἰσελθὼν ἐπὶ τὴν ἔσω αὐλήν, περὶ ἣν δρόμος ἦν λίθινος κίονας
παμμεγάλους ἔχων, εἶδον ἐν μέσῳ μεγάλην στήλην λίθου
πορφυροῦ, ὅθεν ἀνεκήκιεν ὕδατος πολὺ πλῆθος ἐπ᾽ ἀμήχανον
ὕψος φερόμενον καὶ εἰς δεξαμενήν τινα χαμαὶ αὖ καταπίπτον,
ὥστε παντοίας μὲν εὐαρμοστοτάτας δ᾽ ἀφιέναι ἠχάς· ἐντεῦθεν
δ᾽ ὑπερβὰν ἑνὶ ὀχετῷ ἀπέρρει πρὸς τἀντὸς τοῦ οἰκοδομήματος.
καὶ αὐτὴ μὲν ἡ σελήνη τοσοῦτον ἤδη ἐπὶ τὰς δυσμὰς πρου-
κεχωρήκει, ὥστ᾽ οὐδὲν ἔτι τοῦ φέγγους ὑπὲρ τῶν πέριξ
οἰκοδομημάτων, ὑψηλῶν ὄντων, ἐπεῖχεν ἀπ᾽ αὐτῆς ἐπὶ τὴν
αὐλήν, ὅμως δὲ δευτέρᾳ τινὶ ἀνακλάσει ἀπ᾽ ἐκτόπου τοῦ ἡλίου
πᾶς ὁ τόπος ὑπέλαμπεν. ἡ γὰρ κορυφὴ τοῦ ὕδατος τοῦ
ἀναπηδῶντος, ἀναπεπταμένη ἤδη ὡς καταπεσουμένη, τῆς
σελήνης κατέλαβε τὰς ἀκτῖνας, ὥστε λαμπάδι ἐμφερὴς
μεγάλῃ μὲν ὑπὸ δέ τι ἀμυδρᾷ, διὰ νυκτὸς ἄνωθεν ἀνακρεμασ-
θείσῃ, φωτὸς οἷον ὑπόμνημά τι κατὰ τὴν αὐλὴν διεδίδου.
αὕτη δὲ δὴ ἡ αὐλὴ λίθοις λευκοῖς ἑτέροις τ᾽ ἐρυθροῖς
φορμηδὸν ἔστρωτο. ἐγὼ μὲν οὖν, καθάπερ εἰώθη, ἐξ οὗ τῆς
Νυμφῶν χώρας ἐπιβὰς ἔτυχον, ὅτῳ δὴ πρώτῳ ἐντύχοιμί ποι
κινουμένῳ, τούτῳ μεθέπεσθαι, καὶ τούτῳ νῦν τῷ ῥεύματι
παρηκολούθουν ἀπὸ τῆς πηγῆς ῥέοντι. καὶ τὸ μὲν ἀγαγόν
μ᾽ εἰς μεγάλην θύραν ἀνεῳγμένην ὑπὸ τῶν ἀναβαθμῶν
δι᾽ ὀπῆς τινὸς ἀφανισθὲν ᾤχετο. ἐγὼ δὲ τῇδ᾽ εἰσελθὼν
κατ᾽ οἴκημα μέγιστον ἔτυχον γενόμενος, κίονάς τε λευκοὺς
πέριξ ἔχον καὶ μέλασι καὶ λευκοῖς κατεστρωμένον λίθοις,
ὥς γέ μοι ὑπὸ τῆς σελήνης ἐφαίνετο διὰ τῶν θυρίδων
ἐξ ἐναντίας ἐπιλαμπούσης. ὅπως μέντοι ἔχοι τοῦ ὕψους
οὐχ οἷός τ᾽ ἦ σαφῶς κατιδεῖν. καὶ εὐθὺς δή μοι εἰσελ-
θόντι ξυνέβη τοιόνδε τι πάθος πάσχειν, οἷον καὶ πρότερον
πολλάκις κατὰ τὴν ὕλην, ὡς ἑτέρων τινῶν παρόντων, ἀλλ᾽
οὐκ ἐμοῦ μόνου. καίτοι οὐχ ἑώρων γ᾽ οὐδὲν οὐδέ τι ἤκουον, ὥς

Since my visit to the Church of Darkness, my power of seeing the fairies of the higher orders had gradually diminished, until it had almost ceased. But I could frequently believe in their presence, while unable to see them. Still, although I had company, and doubtless of a safe kind, it seemed rather dreary to spend the night in an empty marble hall, however beautiful ; especially as the moon was near the going down, and it would soon be dark. So I began at the place where I had entered, and walked round the hall, looking for some door or passage that might lead me to a more hospitable chamber. As I walked, I was deliciously haunted by the feeling that behind some one of the seemingly innumerable pillars, one who loved me was waiting for me. Then I thought she was following me from pillar to pillar as I went along, but no arms came out of the moonlight, and no sigh assured me of her presence.

At length I came to an open corridor, into which I turned ; notwithstanding that, in doing so, I left the light behind. Along this I walked with outstretched hands, groping my way ; till arriving at another corridor, which seemed to strike off at right angles to that in which I was, I saw at the end a faintly glimmering light, too pale even for moonshine, resembling rather a stray phosphorescence. However, where everything was white, a little light went a great way. So I walked on to the end, and a long corridor it was. When I came up to the light, I found it proceeded from what looked like silver letters upon a door of ebony, and to my surprise, even in the house of wonder itself, the letters formed the words, *The Chamber of Sir Anodos.* Although I had as yet no claim to the honour of a knight, I ventured to conclude that the chamber was indeed intended for me ; and, opening the door without hesitation, I entered.

GEORGE MACDONALD, *Phantastes.*

τινὸς παραγενομένου. ἐπεί τοι ἀφ' οὗ τὸ τῆς Σκοτίας ἱερὸν ἀφικόμην, κατ' ὀλίγον ἤδη εἰς ἀδυναμίαν, ὡς ἔπος εἰπεῖν, τοῦ τῶν Νυμφῶν τάς γε θειοτέρας ὁρᾶν καθειστήκη· οὐ μὴν ἀλλὰ πολλάκις παρεῖναί γ' αὐτὰς καίπερ οὐχ ὁρῶν ἐμαντευόμην. πρὸς ταῦτα μέντοι, εἰ καὶ τινῶν ξυνουσίας ἐτύγχανον, καὶ ταύτης γ' ἤκισθ', ὡς εἰκός, βλαβερᾶς, ἐδυσωπούμην τι εἰ ἐν οἰκήματι λιθίνῳ καλλίστῳ μὲν ἐρήμῳ δὲ νυκτερεύειν μέλλοιμι, ἄλλως τε καὶ ὅτι τῆς σελήνης ὅσον οὐκ ἤδη δυομένης σκότον ἔδει αὐτίκα μάλ' ἐπιγενέσθαι. ἀρξάμενος οὖν ὅθεν εἰσῆλθον περιεπάτουν τὸ οἴκημα, εἴ που θύραν τιν' ἢ διέξοδον εὕροιμι, καθ' ἣν ξενῶνος ἂν ἐπιτηδειοτέρου ἐπιτύχοιμι. οὕτω δὲ προβαίνοντά μ' ὑπέδυ τερπνότατόν τι πάθος, ὥστε μοι ἰνδάλλεσθαι ὄπισθεν ἑνός γέ τινος τῶν κιόνων, ἀναριθμήτων δὴ εἶναι δοκούντων, περιμένειν οὐκ οἶδ' ἥντινα τὴν ἐμὲ φιλοῦσαν. καὶ δὴ καὶ ἔπεσθαί μοι ἐφαίνετο κατὰ τοὺς κίονας στείχοντι· οὐ μέντοι οὔτε χεῖρας ἐκ τοῦ ἀσαφοῦς τῆς σελήνης ἐξέτεινέ τις, οὔτ' ἀναπνοὴ παροῦσαν ἐμήνυε.

τελευτῶν μὲν οὖν διόδου τινὸς ἀκλείστου ἔτυχον, καθ' ἥνπερ ἐτραπόμην, καίπερ οὕτω τὸ φῶς καταλείπων. προύβαινον δ' ἐκτεταμέναις ταῖς χερσὶ ψηλαφῶν· κἄπειτ' ἐφ' ἑτέραν ἀφικόμενος δίοδον ἐπὶ τὸ ἐγκάρσιον, ὡς ἐδόκει, ἀποτείνουσαν τῆς προτέρας, ταύτης κατὰ τἄσχαθ' ὑποφαινόμενον ἀπεῖδον φέγγος μάλ' ἀμαυρὸν καὶ ὠχροτέραν ἢ καὶ κατὰ σελήνην, ταῖς ᾀττούσαις λαμπάσι ταῖς ἐν ἑλώδεσι τόποις μᾶλλον ἀπῃκασμένον. οὐ μὴν ἀλλὰ διὰ τὴν πανταχόθεν λευκότητα φῶς πάνυ ὀλίγον ἐπήρκει, ὥστ' ἐπὶ τὸ τέλος τῆς διόδου μακροτάτης οὔσης προὐχώρουν. προσελθὼν οὖν ἐπὶ τὸ φῶς ᾐσθόμην ἀπορρέον ἀπὸ γραμμάτων, ὡς ἐφαίνετ', ἀργυρῶν θύρᾳ προσηρτημένων ἐξ ἐβένου ἀπειργασμένῃ. καὶ πολλὰ δὴ πρότερον θαυμάσας τὰ κατὰ ταύτην τὴν οἰκίαν ἔτι μᾶλλον ἐθαύμασα τὰ γράμμαθ' ὁρῶν τάδε σημαίνοντα· ΘΑΛΑΜΟΣ ΑΝΟΔΟΥ ΤΟΥ ΒΑΣΙΛΕΩΣ. ἐγὼ μὲν οὖν τὴν βασιλέως τιμὴν οὔτ' εἶχον πώποτε οὔτ' ἔχειν ἠξίωσα, ᾤμην μέντοι κινδυνεύειν τὸν θάλαμον ὡς ἐμοὶ παρεσκευάσθαι· ἀδεῶς οὖν τὴν θύραν ἀνοίξας εἰσῆλθον.

AND ʒee schulle undirstonde that it is grete drede for to pursue the Tartarines, ʒif thei fleen in Bataylle. For in fleynge thei schooten behynden hem, and sleen both men and Horse. And whan thei wille fyghte, thei wille schokken hem to gidre in a plomp ; that ʒif there be 20000 men, men schalle not wenen, that there be scant 10000. And they cone wel wynnen lond of Straungeres, but thei cone not kepen it. For thei han grettre lust to lye in Tents with outen than for to lye in Castelle or in Townes. And thei preysen no thing the wytt of other naciouns. And amonges hem Oyle of Olyves is fulle dere : for thei holden it for fulle noble medicyne. And alle the Tartarienes han smale Eyen and litille of Berd, and not thikke hered but schiere. And thei ben false and traitoures : and thei lasten noght that thei behoten. Thei ben fulle harde folk, and moche peyne and wo mow suffren and disese, mo than ony other folk : for thei ben taught therto in thire owne Contree of ʒouthe : and therfore thei spenden, as who seythe, righte nought.

And when any man schalle dye, men setten a spere besyde him : and whan he drawethe towardes the dethe, every man fleeth out of the Hous, tille he be ded ; and aftre that thei buryen him in the Fieldes. And whan the Emperour dyethe, men setten him in a Chayere in myddes the place of his tent : and men setten a Table before him clene, covered with a cloth, and there upon Flesche and divere Vyaundes, and a Cuppe fulle of Mare's milk. And men putten a Mare besyde him with hire Fole, and an Hors sadeled and brydeled, and thei leyn upon the Hors Gold and Silver gret quantitee : and thei putten abouten him gret plentee of Stree : and then men maken a gret pytt and a large ; and with the Tent and alle theise other thinges thei putten him in Erthe. And thei seyn that whan he schalle come in to another World, he schalle not ben with outen an Hows, ne with outen an Hors, ne with outen Gold and Sylver : and the Mare schalle ʒeven him Mylke, and bringen him forth mo Hors, tille he be wel stored in

ΤΟΥΤΟ δὲ χρὴ ἐπίστασθαι, ὡς οὐκ ἄνευ μεγάλου
κινδύνου διώκοι τις ἂν Ἀριμασπούς, ἐὰν ἐκ μάχης φεύγωσι·
ἅμα γὰρ φεύγοντες τοξεύουσι ἐς τὸ ὀπίσω καὶ ἄνδρας τε καὶ
ἵππους ἀποκτείνουσι. ἐπεὰν δ' ἐς μάχην ἴωσι, ἐς στῖφος
συνειλεῦνται οὕτω πυκνὸν ὥστε, ἐὰν δισμύριοι παρέωσι,
μόλις ἂν οἰηθείη τις ὡς μύριοί εἰσι. καὶ ἀγαθοὶ μέν εἰσι τὴν
τῶν γειτόνων καταστρέψασθαι, κατέχειν δὲ φαυλότεροι· ἐπεὶ
αἱρέονται κατὰ σκηνὰς μᾶλλον αὐλίζεσθαι ἢ ἐν τειχίσμασι
καὶ πόλισι· ἄλλως δὲ οὐδενὸς ἀξιοῦσι τὴν τῶν ἄλλων
σύνεσιν. παρὰ μὲν ὦν τούτοισι τὸ ἔλαιον κάρτα τίμιον,
ὡς δὴ φάρμακον ἐὸν ἄριστον. πάντες τοίνυν Ἀριμασποὶ
σμικροὺς ἔχουσι τοὺς ὀφθαλμοὺς καὶ φαύλους πώγωνας,
δασέας μὲν οὐδ' ὁτιῶν, εὐθέας δέ. πρὸς δὲ τούτοισι ἀπατηλοὶ
τὴν φύσιν καὶ ἄπιστοι, καί τι ὑποσχόμενοι οὐδὲν ἐθέλουσι
ἐπιτελέειν. καρτεροὶ μέντοι εἰσὶ τὰ μάλιστα πρὸς τὸ πόνους
τε καὶ ὀδύνας καὶ ταλαιπωρίας ἀνέχεσθαι· τοῦτο γὰρ ἐν τῇ
ἑωυτῶν χώρῃ ἐκ παίδων δεδιδάχαται· διόπερ οὐδεμίαν, ὡς
ἔπος εἰπεῖν, δαπάνην ποιεῦνται.

ἐπεὰν δὲ τελευτήσειν μέλλῃ Ἀριμασπὸς ἀνήρ, ἱστᾶσι οἱ
ἄλλοι ἔγχος πλησίον αὐτῷ· εἶτα, ὅταν ἤδη ἐγγὺς γένηται τοῦ
θανάτου, ἀπ' ὦν πέφευγε πᾶς τις τῆς οἰκίης, ἕως ἂν τεθνήκῃ·
ὕστερον δὲ θάπτουσί μιν κατὰ τοὺς ἀγρούς. ὅταν δὲ δὴ ὁ
βασιλεὺς ἀποθάνῃ, κατίζουσί μιν ἐπὶ θώκῳ κατὰ μέσον τῆς
σκηνῆς, παρὰ δὲ τράπεζαν τιθέασι καθαράν, λίνῳ ἐπικεκα-
λυμμένην, ἐπὶ δ' αὐτῇ κρέα τε καὶ ἄλλα σιτία καὶ φιάλην
ἱππείου γάλακτος· ἔτι δὲ θήλειαν μὲν ἵππον μετὰ τοῦ πώλου
προσφέρουσι, ἔρσενα δ' ἵππον ἐπιππίοισι ἐσκευασμένον, ἐπὶ
δὲ ἀργύρου τε καὶ χρυσοῦ ἄφθονον πλῆθος· πέριξ δὲ καλάμην
στορεννύασι μάλα πολλήν. ἔπειτεν τάφρον βαθεῖάν τε καὶ
μεγάλην ἀνορύξαντες τὸν βασιλέα αὐτόν τε καὶ τὴν σκηνὴν
καὶ τἆλλα πάντα χρήματα ὑπὸ γῆς θάπτουσι. φάσκουσι
γάρ, ἐπεὰν ἐς Ἀίδεω ἀπίκηται, οὐδενός μιν ἐπιδεέα γενήσεσθαι,
οὔτ' οἰκίης οὔτ' ἵππου οὔτ' ἀργύρου, τὴν δὲ ἵππον γάλα οἱ
πορσυνέειν ἅμα τ' ἵππους ἐπιτέξεσθαι, ὥστ' εὖ κατεσκευασ-

the tother World.   For thei trowen that aftre hire Dethe, thei
schalle be etynge and drinkynge in that other World, and solac-
ynge hem with hire Wifes, as thei diden here.   And aftre tyme,
that the Emperour is thus entered, no man schalle be so hardy as to
speke of him before his Frendes.   And ȝit natheles, somtyme falleth
of manye, that thei maken him to be entered privylly be nighte,
in wilde places, and putten aȝen the Grasse over the Pytt, for to
growe ; or elle men coveren the Pytt with Gravelle and Sond, that
no man schalle perceyve where, ne knowe where the Pytt is, to
that intent, that never aftre, none of his Frendes schulle han
mynde ne remembrance of him.   And thanne thei seyn that he
is ravissht into another World, where he is a grettre Lord, than he
was here.   And thanne aftre the Dethe of the Emperour, the 7
Lynages assemblen hem to gidere, and chesen his eldest Sone, or
the next aftre him, of his Blood: and thus thei saye to him ; Wee
wolen and wee preyen and wee ordeynen, that ȝee be oure Lorde
and oure Emperour.   And thanne he answerethe, ȝif ȝee wile that
I reyne over ȝou, as Lord, do everyche of ȝou that I schalle
cōmanden him, outher to abyde or to go ; and whomsoever that I
cōmaunden to ben sleyn, that anon he be sleyn.   And thei
aunsweren alle with o voys, What so evere ȝee cōmanden, it
schalle be don.   Then seythe the Emperour, Now undirstondethe
wel, that my woorde from hens forthe, is scharpe and bytynge as
a Swerde.   After men setten him upon a blak Stede, and so
men bryngen him to a Chayere, fulle richely arrayed, and there
thei crownen hym.   And thanne alle the Cytees and gode Townes
senden him riche presentes, so that at the iourneye, he schalle
have more than 60 Chariottes charged with Gold and Sylver, with
outen jewelles of Gold and preciouse Stones, that Lordes ȝeven
him, that ben with outen estimacioun : and withouten Hors and
Clothes of Gold and of Camakaas and Tartarynes that ben with-
outen nombre.

                              SIR JOHN MAUNDEVILE.

μένον ἐκεῖ διαιτᾶσθαι. νομίζουσι γὰρ ἀποθανόντες ἐδωδῆς τε
καὶ πόσιος ἀπολαύσεσθαι καὶ τῇσι γυναιξὶ χρήσεσθαι,
κατάπερ καὶ ἐνθάδε. ἐπειδὴ δὲ ἤδη ὁ βασιλεὺς κατὰ τοῦτον
τὸν τρόπον ταφῇ, οὐδεὶς ἔτι τοσοῦτον ἔχει θράσος ὡς
ὀνομάζειν μιν ἐναντίον τῶν φίλων. ἀτὰρ ὦν δὴ ἕνα γε ἐκ
πολλῶν βασιλέων ἔστιν ὅτε κατὰ τάδε θάπτουσι. κρύφα
γὰρ νύκτωρ ἀν᾽ ἐρήμους τόπους κατορύσσουσι, καὶ τὴν πόην
ἐπὶ τὴν τάφρον ἀποκατιστᾶσι, ὥστε πάλιν βλαστάνειν· εἰ
δὲ μή, συγχωννύασι αὐτὴν πολλῇ χάλικι καὶ ψαμάθῳ, ὅκως
μηδεὶς μήτ᾽ αἰσθήσεται μήτ᾽ ἐπιστήσεται ὅκου ἐστὶ τὸ
ὄρυγμα· οὕτω γὰρ οὐδέν᾽ ἔτι τῶν φίλων οὔτε φροντίδα οὔτε
μνήμην οὗ διασώσεσθαι. ἤδη ὦν, ὥς γε λέγουσι, ἐς ἄλλον
τινὰ τόπον ἀνήρπασται, ἵνα περ ἔτι μέζων καὶ δυνατώτερός
ἐστι ἢ καὶ ἐνθάδε. ἀποθανόντος δ᾽ ὦν τοῦ βασιλέος, συνα-
γερθέντες οἱ τῶν ἑπτὰ γενεέων τὸν υἱὸν αὐτοῦ τὸν πρεσβύ-
τατον, ἢ ὅστις ἂν ἄγχιστα οἱ τῇ γενέσι πεφύκῃ, αἱρεῦνται,
ἀγορεύουσι δὲ οἱ τοιάδε· Τοῦτο δή, φασί, βουλόμεθα καὶ
παραιτεύμεθα καὶ ἐντέλλομεν, ὅκως ἡμέων σὺ ἄρχων τε καὶ
βασιλεὺς γενήσεαι. ὁ δ᾽ ἀμείβεται, Εἰ ὦν ἐμὲ βούλεσθε
ἄρχειν τε καὶ βασιλεύειν ὑμέων, ποιέειν χρὴ ἕκαστον ὅ τι ἂν
ἐγὼ οἱ ἐπιτάξω, εἴτ᾽ ἀπιόντα εἴτε παραμένοντα· ἐὰν δέ τινα
κελεύσω ἀποκτεῖναι, αὐτίκα μάλα τεθνάτω. οἱ δὲ μιῇ πάντες
γνώμῃ ἀποκρινόμενοι, Ὅ τι ἂν δή, φασί, κελεύσῃς, τοῦτο
πεπράξεται. Νῦν ὦν, φησί, σαφέως ἴστε τὸ ἐμὸν στόμα ἐς
τὸ λοιπὸν δριμύ τ᾽ ἐὸν καὶ μαχαίρης ὀξύτερον. εἰπόντα ὦν
ταῦτα ἐπ᾽ ἵππου μέλανός μιν ἀναβιβάζουσι, οὕτω δ᾽ ἐπὶ
θρόνον τινὰ ἄγουσι μεγαλοπρεπέως ἠσκημένον, ἐνθαῦτα δὲ
βασιλέα ἀναφαίνουσι. μετὰ δὲ πᾶσαι αἱ πόλιες καὶ κῶμαι
ἀξιόλογοι δῶρα οἱ μεγάλα ἀποστέλλουσι, ὥστε πορευομένῳ
πλείονας ἢ ἑξήκοντα ἀμάξας συνέπεσθαι χρυσοῦ τε καὶ ἀργύ-
ρου μεστάς, πρὸς δὲ τούτοισι ἀγάλματα χρύσεα καὶ λίθους τὰς
μάλιστα τιμίας καὶ πάσης ἀξίης ὑπερεχούσας, ὑπ᾽ ἀνδρῶν
κορυφαίων δεδωρημένας, ἔτι δὲ ἵππους καὶ ὑφὰς διαχρύσους,
καὶ εἵματα παμπληθέα, οἷα δὴ οἱ ἐπιχώριοί τε καὶ περικτίονες
μάλ᾽ ἐπισταμένως ποικίλλουσι.

MANY marvellous tales are told of that country, and not the least marvellous is this. Once upon a time it was governed by a great king, who had but one child, a daughter, of exceeding beauty. For indeed they say that Aphrodite herself was present at the naming-day of the child, and conferred on her the gift of beauty passing the beauty of women, and also something of her own name, for she called the maid Aphroanassa. But though the goddess was thus gracious, there was trouble in store for the child, arising from the jealousy of some spirit malicious to mankind, as shall yet be seen. For a long time, however, all went well: the child grew in stature and in beauty, until she became the world's wonder for loveliness. Sweet was she too and gracious, nor could one easily say whether she were lovelier in soul or in body. And to all these charms she added a quick wit, a solid understanding, and a fondness for study, together with the love of whatsoever is beautiful; so much so, that she became the most accomplished lady in the land; nor did anything come amiss to her which can refine and strengthen the soul. By all who knew her she was adored; while, as to the king her father, he daily thanked all the gods, and especially Aphrodite, not for his kingdom and his store of gold, but forasmuch as he had such a daughter.

But when the maiden had come to her eighteenth year, the trouble began. For the envious spirit, of whom I spoke, having no doubt some ancient grudge against the king and his family, had laid away in the house a spindle, the point of which he had dipped in poison, thereby compassing the death of the maid. For the spindle was quaint and of exquisite craft; and the princess was fond of spinning: so that it could scarce fail of winning her attention whenever she saw it. But Aphrodite, knowing what was toward, and loving the maiden, counterplotted as follows. The gods indeed are not wont to balk each other altogether; for

ΠΟΛΛΟΙ μὲν δὴ καὶ θαυμάσιοι λέγονται περὶ ταύτης τῆς χώρας λόγοι, οὐχ ἥκιστα δ' ὃν ἔρχομαι λέξων. πάλαι γάρ ποτ' ἦρχεν αὐτῆς μέγας βασιλεύς, ᾧ παῖς μόνη ἦν θήλεια, ὑπερφυῶς δὴ ὡς καλή. καὶ γάρ, ὡς ἔφασαν, αὐτὴ ἡ Ἀφροδίτη τοῖς τῆς παιδὸς παροῦσ' ἀμφιδρομίοις ἐδωρήσατ' αὐτῇ καλλονὴν θειοτέραν τιν' ἢ κατὰ τὸ τῶν γυναικῶν κάλλος, ἅμα δὲ τὴν ἑαυτῆς τρόπον τιν' ἐπωνυμίαν, Ἀφροάνασσαν ὀνομάζουσα. καὶ ἡ μὲν θεὸς εἰς τοσοῦτον ἵλεως ἐγένετο, βασκανίᾳ δὲ δαίμονός του τῷ ἀνθρωπίνῳ δύσφρονος γένει κάκ' ἄττα ἔμελλεν εἰσαῦθις, ὥσπερ καὶ δεδείξεται, ἀποβήσεσθαι. συχνόν γε μὴν χρόνον πάντα καλῶς εἶχεν· ἡ γὰρ παῖς φυῇ τε καὶ κάλλει ηὐξάνετο, ὥστε τελευτῶσα τῆς ὥρας ἕνεκα θαῦμα πάντας ἐπ' ἀνθρώπους ἐγένετο· ἅμα δὲ καὶ ἡδεῖά τ' ἦν καὶ χαρίεσσα· οὐδὲ ῥᾳδίως ἂν εἶπέ τις πότερον τὰ τῆς ψυχῆς ἢ τὰ τοῦ σώματος εἴη ἐρασμιωτέρα. πρὸς δ' ἅπασι τούτοις ἀγχινοίᾳ τ' ἐχρῆτ' ὀξυτάτῃ καὶ ξυνέσει βεβαίᾳ καὶ μαθήσεως προθυμίᾳ καὶ πάντων γ' ὅσα καλὰ τοιούτῳ ἔρωτι, ὥστ' εἴ τις ἄλλη τῶν γυναικῶν τῶν ἐπιχωρίων σοφωτάτη καὶ μουσικωτάτη ἀπετελέσθη, πάντ' ἀσμένως ἀποδεχομένη δι' ὧν ἂν χαριεστέρα τε καὶ ἰσχυροτέρα ἡ ψυχὴ αὐτὴ ἑαυτῆς γένηται. ἑνὶ δὲ λόγῳ ὑπὸ πάντων μὲν τῶν γνωρίμων ὑπερεφιλεῖτο, ὁ δὲ πατὴρ θυσίας ὁσημέραι τοῖς τ' ἄλλοις θεοῖς καὶ δὴ καὶ Ἀφροδίτῃ ἐποιεῖτο, οὐ τῆς βασιλείας ἕνεκα καὶ τῶν πολλῶν χρημάτων, ὅτι δὲ οἱ γεγένηται ἡ τοιαύτη θυγάτηρ.

ἀλλὰ γὰρ ἐχούσης τῆς παρθένου ἤδη ὀκτὼ καὶ δέκα ἔτη τὸ κακὸν ἤρξατο. ὁ γὰρ δαίμων ἐκεῖνος ὁ φθονερός, ἅτε μνησικακῶν πού τι τῷ τοῦ βασιλέως γένει, ἀπέθηκέ ποι τῆς οἰκίας ἄτρακτον, ἧς τὸ ἄγκιστρον ἔβαψεν ἰῷ, ἐπὶ θανάτῳ τῆς παρθένου μηχανησάμενος· κομψὸν γὰρ ἦν τι Δαιδάλου τέχνημα, ἡ δ', ἅτε φιλέριθος οὖσα, οὐκ ἄρ' ἔμελλεν αὐτὴν περιόψεσθαι, ὁπότε περιτύχοι. γνοῦσα μέντοι Ἀφροδίτη τὸ γιγνόμενον καὶ τὴν παρθένον φιλοῦσα, τοιάδ' ἀντεμηχανᾶτο. τοῖς γὰρ οὖν θεοῖς οὐ νόμος ἐστὶν ἀλλήλοισι τὰ βουλεύματα

that beseems not the courtesy of the immortals : so she did not, as by her superior power she might, destroy the spindle or render it utterly harmless ; but she gave it to Athene, well-skilled in drugs, and said, Sister, of thy grace steep me this point in sleep instead of death ; but see the sleep be long. And Athene answered her, So shall it be, and the sleep shall be for a hundred years. So she salved the spindle with moly, and gave it back to her. Then Aphrodite took the spindle and laid it where she had found it ; but the malicious spirit she found some means to plague.

Afterwards the maiden, passing through the room where the spindle lay, saw it and took it up to admire the workmanship. And the point pierced her finger, and she fell into a deep sleep. But Aphrodite, who was present, unseen, lifted her and put her to bed for her sleep of a hundred years. And lest, when the maiden awoke, she should find her parents and friends all dead and herself alone in the world, Aphrodite ordained that the same sleep should fall on all the household : and so it was, that they all straightway fell fast asleep, each one just as he was, and silence and sleep reigned in the house.

Then the goddess planted a rose-bush beside the house : and it grew as never a rose grew yet ; for not only did it quickly surround the house with an impenetrable hedge, but spread out-ward and outward, till for a league on all sides of the palace there extended a dense thorny thicket, red with myriads of roses, through which hardly any beast, much less a human being, could have found a way. And Aphrodite said, So for a hundred years shall this rosy thicket bar the way to all mankind ; until the destined day arrives, when the hero, to whom by the Fates is this allotted, shall pass the barrier and find and wake the maiden from her sleep.

πάντως παρασφῆλαι· οὐδὲ γὰρ εὐσχῆμον ὡς παρὰ τοῖς
ἀθανάτοις· παρὸν οὖν τῇ περιουσίᾳ τῆς δυνάμεως χρῆσθαι,
ὥστ' ἤτοι διαφθεῖραι τὴν ἄτρακτον ἢ παντάπασιν ἀβλαβῆ
ποιῆσαι, τοιοῦτον μὲν οὐδὲν ἔδρασε, φέρουσα δ' ὡς τὴν
Ἀθηνᾶν, ἅτε φαρμάκων ἐπιστήμονα, Βούλει τί μοι, ἔφη, ὦ
ἀδελφή, χαρίσασθαι; ᾧ τινι οὖν μὴ θανασίμῳ ἀλλ' ὑπνοφόρῳ
χρῖσόν μοι τὴν ἄτρακτον τήνδε· ὅπως γε μὴν χρόνιος ἔσται ὁ
ὕπνος. Ἀθηνᾶ δέ, Τοῦτό σοι, ἔφη, γενήσεται· ὁ δ' ὕπνος
ἔσται ἑκατονταετής. εἶτα τῇ ἀτράκτῳ μῶλυ προσενέγκασα
παρέδωκε τῇ Ἀφροδίτῃ. ἡ δὲ λαβοῦσα εἰς τὸ αὐτὸ μὲν
ἀπεκατέστησεν, οὗπερ καὶ ηὗρεν· τῷ δὲ δαίμονι τῷ ἐπιχαιρε-
κάκῳ ἐμηχανήσατό τι ὥστε πράγματα παρέχειν.

μετὰ ταῦτα τοίνυν ἡ παρθένος, διιοῦσά ποτε τὸ οἴκημα,
ὅπου ἔκειθ' ἡ ἄτρακτος, ἰδοῦσ' ἀνῆρεν αὐτὴν ὡς τὴν εὐτεχνίαν
θεασομένη. εὐθὺς δ' ἔτρωσεν αὐτῇ τὸ ἄγκιστρον τὴν χεῖρα·
ἡ δ' εἰς ὕπνον μάλα βαθὺν ἔπεσεν· ἡ μέντοι Ἀφροδίτη, ἥπερ
ἀειδὴς οὖσα παρέστη, ἐβάστασέ τ' αὐτὴν καὶ ἐπὶ τὸ λέκτρον
ἔθηκεν ὡς τὰ ἑκατὸν ἔτη καθευδήσουσαν. εὐλαβουμένη δὲ
μή, ἐπειδὰν ἀνεγερθῇ, οἵ τε γονῆς καὶ φίλοι αὐτῇ τεθνηκότες
τύχωσι καὶ αὐτὴ πάντων παντάπασιν ἔρημος γένηται, διέταξεν
ὅπως ἅμα πᾶσι τοῖς κατὰ τὴν οἰκίαν ὁ αὐτὸς ὕπνος ἐμπέσοι,
ὥστε ξυνέβη πᾶσιν, ὡς ἕκαστος ἔτυχε, καταδαρθάνειν, καὶ
πανταχῇ ἠρεμία θ' ὑπῆρχε καὶ σιγή.

ταῦτα τοίνυν ἀνύσασα ἐφύτευσεν ἡ θεὸς ῥοδῆν οὐ
πόρρω τῆς οἰκίας· αὕτη δὲ δὴ τοσοῦτον ηὐξάνετο ὅσον οὐδεμία
πώποτε πρότερον· οὐδὲ γὰρ μόνον τὴν οἰκίαν ἕρκει ἀδιαβάτῳ
ταχέως περιέβαλεν, ἀλλὰ καὶ ἐπὶ πολλὰ στάδια πανταχόσε
ἀεὶ εἰς τὸ πρόσθεν ἐπενέμετο, ὥστε λόχμην παρέχειν βαθυ-
τάτην καὶ ἀκανθηροτάτην ῥόδοισι μυρίοις ἐρυθαινομένην· καὶ
δὴ σχολῇ γε καὶ θηρίον τι, μὴ ὅτι ἄνθρωπος, δι' αὐτῆς ἂν
εἶχε διαδῦναι. εἶπεν οὖν Ἀφροδίτη, Οὕτω δὴ ἑκατὸν ἔτη
πάντας ἀνθρώπους ἀπείρξει ὅδε οὐκ τῶν ῥόδων γενόμενος
φραγμός, ἕως ἂν ἡμέρα ἡ εἱμαρμένη ἀφίκηται, ἡνίχ' ἥρως, ᾧ
ἂν ταῦτ' ἐπικλώσωσι Μοῖραι, διαπεράσει τε καὶ τὴν παρθένον
εὑρὼν ἀναστήσει.

So she went her way towards Paphos; and as her word was, so it befel: for a hundred years went slowly by; and the briars grew thicker and ever thicker: and many a youth strove to pierce the tangle and discover the secret that lay beyond; but none could make his way therein so much as his own length.

But at last the day came on which the tale of the hundred years was fulfilled. On that day a noble youth, by name Alcidamas, the son of Alcamenes, was chasing wild boars in those parts. He was of the descendants of Zeus, a mighty man of his hands, comely to look upon, and gentle withal of heart. When he saw that wondrous growth of roses, he was struck with amazement, and drew near to examine it. And he too tried to enter it; but it happened not to him as to the others. For the branches disentangled themselves one from another and bent apart, until a pathway opened itself before him as he went, for the hand of Aphrodite was upon them. So he went along a narrow path that kept ever lengthening in front of him; and at last he reached the king's mansion. All was still there, and the gates were unbarred; so in he went. There he saw first the servants sleeping about the house, each interrupted in the middle of some task he was performing; then officers of state; then the king and the queen sleeping on their thrones; and he marvelled much thereat. Afterwards, as he went on, he came to a chamber, where were six or seven maidens lying asleep on rugs or on couches, and last, on a bed in the midst of them, a maid lovelier than all; and she also was fast asleep. Alcidamas was so much amazed by the scene and by the beauty of the maiden, Aphroanassa, that he hardly believed his own senses: yet, scarce knowing what he did, he knelt and kissed the maiden's hand. With that she opened her eyes and sate up in bed; her maidens likewise sprang to their feet; and from without came a sudden noise as of folk stirring in the house. And Aphrodite, floating past the window in her chariot, drawn of doves, looked in and smiled on them.

" The Sleeping Beauty."

ταῦτ' εἶπε, καὶ ἐπὶ Πάφου ἤδη ἀπήει· ὡς δ' ὁ λόγος αὐτῆς ἀπέφηνεν, οὕτω καὶ ἐγένετο. χρόνῳ τε γὰρ παρήει τὰ ἑκατὸν ἔτη, ἔτι δὲ πυκνότεραι ἐφύοντ' ἀεὶ αἱ ἀσπάλαθοι, ἃς πολλοὶ δὴ νεανίαι ἐπειρῶντο μὲν διελθόντες τὰ πέραν που ἀποκεκρυμμέν' ἀνερευνᾶν, οὐδείς γε μὴν περαιτέρω προχωρεῖν οἷός τ' ἦν ἢ ὅσον γε τὸ αὐτοῦ μῆκος.

τέλος μέντοι ἡμέρα ἐπεγένετο ἡ μοιριδία, ἐν ᾗπερ ἀπετετέλεστο ὁ τῶν ἑκατὸν ἐτῶν ἀριθμός. τηνικαῦτα δὲ δὴ γενναῖός τις νεανίας, 'Αλκιδάμας ὠνομασμένος ὁ 'Αλκαμένους, ἐτύγχανε κατ' ἐκείνην τὴν χώραν ἐπὶ κάπρων θήραν πορευόμενος· ἦν δὲ τῶν τοῦ Διὸς γεγονὼς ἐκγόνων, ἄλκιμος ὢν ἀνὴρ καὶ εὐειδὴς καὶ ἅμα πραότατος τὴν φύσιν. ὁ δ' οὖν ἰδὼν ὑπερφυές τι χρῆμα ῥόδων ἐξεπλάγη τε καὶ προσῆλθεν ἐποψόμενος. πειρωμένῳ δὲ καὶ αὐτῷ εἰσβῆναι ξυνέβη οὐδὲν ὅμοιον τοῖς ἄλλοις· οἱ γὰρ κλάδοι ἀνείλιττόν θ' ἑαυτοὺς καὶ ἀμφοτέρωσε ἀπέκλινον, ὥσθ' ὁδόν τιν' ἔμπροσθεν πορευομένου διοίγνυσθαι· μετεχείριζε γὰρ 'Αφροδίτη. προύβαινεν οὖν ἀνὰ στενὴν ἀτραπὸν ἀεὶ ἐκ τοὔμπροσθεν κατατεινομένην, τελευτῶν δὲ τὴν τοῦ βασιλέως ἀφίκετ' οἰκίαν. ἐνταῦθα δὴ πάντων ἠρεμούντων καὶ ἀκλείστων οὐσῶν τῶν πυλῶν εἰσῆλθε. καὶ πρῶτον μὲν τοὺς οἰκέτας εἶδε, ὥσπερ ἕκαστος κατελήφθη μεταξὺ ἐργαζόμενος, εἶτα τοὺς ἀμφὶ τὸν βασιλέα, ὕστερον δ' αὐτὸν τὸν βασιλέα καὶ τὴν βασίλειαν ἐπὶ τοῖν θρόνοιν καθεύδοντε· καὶ πολὺ δὴ ἐθαύμασεν ὁ 'Αλκιδάμας. μετὰ δὲ ταῦτα προϊὼν ἐπὶ θάλαμον ἦλθεν, ἐν ᾧ ἐκάθευδον παρθένοι μὲν ἓξ ἢ ἑπτὰ ἐπὶ τάπησιν ἢ στρώμασιν ἀνακεκλιμέναι, ἐν δὲ τῷ μέσῳ ἐπὶ κλίνῃ μία τις ἔκειτο τῶν ἄλλων ἁπασῶν ὡραιοτάτη, καθεύδουσα καὶ αὐτή. ὁ οὖν 'Αλκιδάμας τῇ τ' ἀτοπίᾳ τῶν παρόντων καὶ τῆς παρθένου 'Αφροανάσσης τῷ κάλλει καταπλαγεὶς τοῖς αὐτοῦ ὀφθαλμοῖς μόγις ἐπίστευεν· ὅμως δέ, καίπερ οὐ πάνυ τι εἰδὼς ὅ τι καὶ δρῴη, ἐπὶ γόνυ πεσὼν τὴν τῆς παρθένου ἐφίλησε χεῖρα. ἡ δ' αὐτίκα μάλα διάρασα τὰ βλέφαρα ἀνεκάθισεν ἐν τῇ κλίνῃ, αἱ δ' ἄλλαι ὀρθαὶ ἀνεπήδησαν. ἅμα δὲ καὶ ἔξωθεν αἰφνιδίως ψόφος ἐγένετο ὡς κινουμένων τινῶν ἐν τῇ οἰκίᾳ. παρὰ δὲ τὰς θυρίδας καὶ ἡ 'Αφροδίτη ἐν τῷ ἅρματι ὑπὸ τῶν πελειῶν ἠρέμα φερομένη καὶ εἰσβλέψασα προσεγέλεσεν αὐτοῖς.

INDEX OF AUTHORS

INDEX OF FIRST LINES

VERSE

PROSE

For EU product safety concerns, contact us at Calle de José Abascal, 56–1°, 28003 Madrid, Spain or eugpsr@cambridge.org.

www.ingramcontent.com/pod-product-compliance
Ingram Content Group UK Ltd.
Pitfield, Milton Keynes, MK11 3LW, UK
UKHW010731190625
459647UK00030B/193